la Margarita

la Margarita

ALBERTO LUNG

Labrador

© Alberto Lung, 2024
Todos os direitos desta edição reservados à Editora Labrador.

Coordenação editorial Pamela J. Oliveira
Assistência editorial Leticia Oliveira, Vanessa Nagayoshi
Direção de arte e capa Amanda Chagas
Projeto gráfico Marina Fodra
Diagramação Nalu Rosa
Preparação de texto Sérgio Nascimento
Revisão Jacob Paes

Dados Internacionais de Catalogação na Publicação (CIP)
Jéssica de Oliveira Molinari - CRB-8/9852

Lung, Alberto

    La Margarita / Alberto Lung.
    São Paulo : Labrador, 2024.
    352 p.

    ISBN 978-65-5625-686-3

    1. Lung, Margarita, 1961 – Biografia 2. Mulheres – Biografia 3. Crianças - Maus-tratos 4. Desigualdade social 5. Trabalho infantil I. Título

24-3887   CDD 920.72

Índice para catálogo sistemático:
1. Lung, Margarita, 1961 – Biografia

Labrador

Diretor-geral Daniel Pinsky
Rua Dr. José Elias, 520, sala 1
Alto da Lapa | 05083-030 | São Paulo | SP
contato@editoralabrador.com.br | (11) 3641-7446
editoralabrador.com.br

A reprodução de qualquer parte desta obra é ilegal e configura uma apropriação indevida dos direitos intelectuais e patrimoniais do autor. A editora não é responsável pelo conteúdo deste livro.
O autor conhece os fatos narrados, pelos quais é responsável, assim como se responsabiliza pelos juízos emitidos.

Para *la* Margarita e para Thiago,
que a fez florescer.

"When you punish a person
for dreaming his dream
Don't expect him to thank
or forgive you"[1]

The mountain goats,
The best ever death metal
band in Denton

[1] "Quando você pune uma pessoa por sonhar seus sonhos / Não espere que ela te agradeça ou te perdoe."

Eu que com estas mãos Eu que com estas mãos Eu que com estas mãos carreguei mais peso do que qualquer outra coluna de criança e ela teria quebrado em duas partes que nem palitinho de dentes mas segurou o tranco entortando em formato de *s* me outorgando uma bela corcunda vitalícia Eu que com estas mãos triturei milhares de grãos de soja para fazer milanesas a fim de trocar por roupa e mantimentos em um momento em que a moeda argentina deixou de ter qualquer valor e inventaram moedas paralelas desvalorizadas como o *patacón* o *Lecop* e o *BoFe* que por mais engraçado que pareçam ninguém queria ter uma na carteira Eu que com estas mãos toquei em químicos que durante a vida soube serem tóxicos dando uma textura craquelada e trincada a cada um dos meus dedos Eu que com estas mãos me impulsionei em tábuas de palcos para chegar perto de quem cantava minha liberdade Eu que com estas mãos carreguei meu filho pendurado na teta e mamando a cada passo subindo o morro e por isso meus peitos caíram até o final das costelas e nunca voltaram a se encher Eu que com estas mãos apaguei o fogo bíblico do bananeiro no quintal da cidade de desterro Eu que com estas mãos cortei cabelos suficientes para comprar um apartamento e um carro e uma casa e uma educação e uma vida

Eu que com estas mãos dei o que comer para meu irmão mais novo quando eu mesma segurava a fome e dividíamos os cigarros que comprávamos com as gorjetas de clientes benevolentes Eu que levantei estas mãos quando os jalecos brancos chegaram à noite e suas seringas me tratando como Vivien Leigh fazendo Blanche Dubois porque posso não ter lido muito mas sempre dei minhas voltas para assistir a filmes que me fizeram Eu que com estas mãos carreguei meu filho para hospitais com salas de espera carregadas de terror na sua primeira e segunda e – espero – nenhuma outra tentativa de suicídio e me pergunto mais de uma vez se a minha própria tentativa quando ele tinha onze anos provocou tudo isso Eu que com estas mãos levantei uma faca serrilhada e passei de cortar batata para ameaçar cortar o pinto de um *pelotudo* machista estuprador Eu que com estas mãos construí uma vida em dois países e duas línguas quando estudei de noite em uma turma mal frequentada para terminar a *primaria* e *secundaria* Eu que com estas mãos te martelei na cruz cristo sempre que te coloquei em xeque mesmo sem essa ser a minha verdadeira intenção mas tem umas coisas que nem bêbada do teu sangue consigo engolir que são as chupa-círio e aquelas que chegam cedo para ficar na frente do sacerdote que são as mesmas que preparam almoços santificados de domingo para padre pastor bispo ou arcebispo que escrevo em minúscula propositalmente Eu que com estes olhos azuis vi o anjo branco resplandecente salvando um dos dois enforcamentos E sou eu e meu filho *y nadie más.*

Capítulo I

Não me lembro de que ano era. O tempo no campo é medido em algo diferente de dias. Sabíamos em que estação estávamos pelo frio ou pelo calor, mas a maioria das vezes sabíamos que dia era porque íamos à missa aos domingos e o pastor falava da agenda da paróquia. Eu tenho certeza de que nasci em 5 de novembro de 1961, em Crucesitas Octava, departamento de Nogoyá, Argentina, 806 habitantes. Uma multidão. Também sei que me registraram com o nome de Margarita Lung, mas já faz um monte de invernos desde aquele dia. As festas de aniversário tampouco eram muito confiáveis para medir o tempo, já que participávamos todos de uma comemoração coletiva da igreja para as famílias mais pobres – e nós éramos pobres, mas sem usar a palavra, senão *la Mamá* Teresa teria um treco e cairia morta. De qualquer modo, não dava para parar e pensar muito porque sempre tínhamos algo a fazer, e quando o tempo começava a esfriar, era o momento de tosquiar as ovelhas. Minha responsabilidade era transformar tudo aquilo em fio de lã. *Mi Papá* Alberto sempre me escolhia porque eu costumava ser mais rápida que *la* Emérita e *la* Catalina. Elas eram gêmeas e um tanto mais velhas do que eu. Já *la* María, *la* Amanda e *la* Marta ainda tinham as mãos muito pequenas. *El* Hugo e *el* Eduardo tinham os afazeres que *Mamá* chamava de mais pesados. Mas a verdade é que ninguém tinha trabalhos leves, e eu fiquei puta da vida quando percebi que tudo o que os homens da casa faziam era pesado e tudo o que eu fazia era leve, não sabiam que o peso do trabalho leve um dia poderia me deixar com dores que só opioides domariam. Já *el* Carlitos se salvava por ser muito novo.

A máquina de fiar exigia um pouco de experiência e algo de preparação. Antes de começar eu xingava os hábitos das merdas das ovelhas que caminhavam sem parar pastando e se enchendo de abrolhos, uma erva daninha com frutos cheios de espinhos duros e muito afiados que perfuravam a pele das nossas mãos e pés quando corríamos descalços. Aos seis anos a pele das minhas mãos ainda era muito sensível, eu e minhas irmãs puxávamos os frutos um a um furando nossos dedos e, da metade para o final do trabalho, começávamos a sentir pequenos choques que escapavam até a espinha. Usávamos o único calçado que tínhamos, feito inteiramente de plástico, com pequenas ranhuras pelas quais se infiltravam as gotas de sereno geladas, fazendo as pontas dos dedos ficarem escurecidas como hematomas. Não dava para sentir nada, quase como se as extremidades já não estivessem mais ali. Isso era tudo o que menos gostava, mas era essencial para poder passar pela máquina de fiar. Funcionava deste jeito: o pé, num pedal, fazia a roda girar e começar a puxar a lã que se fixava no gancho da bobina principal. É difícil de explicar para alguém assim, só vendo para entender. Pode parecer simples, mas em dias com quatro graus negativos, um fio correndo pelas dobradiças dos dedos em alta velocidade ganha a dimensão de um estilete enferrujado. Quanto mais rápido você aperta o pedal, mais aumenta a velocidade do objeto cortante. Meu pai sempre dizia que me achava a mais rápida. E, bom. Eu. Eu não queria decepcionar ninguém, mesmo se isso significasse deixar um pouco do meu sangue no meio do novelo.

Comecei a fazer isso na virada dos cinco para os seis anos. As marcas desapareceram com o tempo, mas a memória ainda está sensível. Acho que foi no filme *Maus Hábitos* que uma das freiras disse que há uma grande beleza na deterioração física. Pode ser verdade, o campo te faz pensar assim: o sacrifício em primeiro lugar.

Minha mãe estava grávida *del* Orlando, que seria o seu décimo filho, ou décimo primeiro, mas é melhor deixar isso da contagem *quietito* porque *mi Mamá* voltaria da morte para calar a minha boca. Dizem que onde come um comem dois, mas a partir do quinto ou sexto a matemática não é assim tão simples. Onde comem dez, seis ficam com fome, e chegaria mais uma boca para encher de farinha em todas as suas texturas: tortas fritas, talharim caseiro, *kreppels*, *strudel* salgado que, com duas coxas de galinha e dois tomates, dava molho para todo mundo e, por vezes, uma lata grande de *membrillo* para comer a colheradas. *Mamá y Papá* tentavam manter os costumes que desceram pela árvore genealógica desde os ancestrais da Alemanha, que, por uma vontade de *la* Catarina, a Grande, passaram a maior parte do tempo morando como imigrantes às margens do Volga, na Rússia. Não tínhamos lugar nenhum para chamar de nosso desde a virada do século e nada mudou na minha infância. Morávamos de favor no campo de uma família que gostava da gente, mas que tinha regras estritas sobre as plantações e o cuidado dos animais deles. Nos davam um lugar provisório para morar e, em troca, colocávamos as nove crianças para trabalhar, mas pode ser que eu esteja sendo dura demais com eles, não tenho tanta certeza. A marca dos cortes nas mãos e pernas me deixa em dúvida, persistente como as feridas de um ferrete que carreguei pela vida adulta.

Mais de uma vez ouvi de *Papá*, sem se questionar, que os filhos que ele tivera foram criados para trabalhar e gerar dinheiro para a família. Era o mínimo que ele esperava, mas um dia chegou uma notificação oficial dizendo que todas as crianças teriam que começar a ir à escola obrigatoriamente, sob pena de lei. Para nós, foi uma festa, já que a única companhia que tínhamos a maior parte do tempo era a de outro irmão. *Mamá* nos levava em uma charrete esburacada puxada por um cavalo faminto e nós vestíamos um guarda-pó branco, a única roupa nova que ganhávamos em muito tempo, sempre sob ameaça de uma *paliza* de cinto caso voltasse sujo, já que *mi Mamá* lavava tudo à mão e dizia: "Não admito que filho meu fique emporcalhado como o pessoal miserável daquela escola". Palavras que se repetiam quase todos os dias da semana como um mantra do preconceito e da falta de autocrítica. Acabei herdando a mania de limpeza, mas deixei os preconceitos de lado. No total demorávamos mais de meia hora para chegar à escola, e no caminho cantávamos até que *Mamá* Teresa decidisse que não queria mais ouvir seus filhos, algo frequente.

Lembro que no primeiro dia estávamos bastante assustados, mas *la* Emérita, a mais velha das meninas, nos tranquilizava dizendo: "Agora vamos precisar trabalhar um pouco menos". Estava enganada. *Mamá* nos deixou no portão de entrada e foi embora. Eu e meus oito irmãos montamos todos juntos uma roda e logo percebemos que gostaríamos muito de um lugar tão diferente da nossa casa. Dava para ouvir um monte de crianças rindo e correndo pelo quintal até que o sino indicasse o início das aulas. No primeiro dia ganhei um apelido que ficou para sempre comigo: eu, loira, de olhos azuis e cabelo cortado à *la* Raffaela Carrà, que era o que dava para fazer com uma tesoura de cortar tecidos, virei *la Chula* Lung, que vem a ser algo como "a bonita"; e isso me distraiu da frustração de não saber como se segurava um lápis ou sequer tentar copiar o traçado das letras.

Mamá veio nos buscar ao meio-dia, e estávamos todos empolgados para contar o que tínhamos visto e aprendido, mas durou pouco tempo. Durante a viagem ela já começou a distribuir as tarefas acumuladas e disse para *la* Emérita que se preparasse porque *Papá* chegou do campo e encontrou sujas as roupas que ele havia deixado para lavar. Quando *Mamá* terminou de falar, todos sabíamos o que esperava pela Emérita, se fosse comigo, acho que pularia da charrete e me esconderia nos pastos altos dos terrenos abandonados sem nunca mais sair de lá.

Quando *Papá* nos viu chegar, nem se preocupou em cumprimentar ninguém. Sem apagar o cigarro, a fumaça seguindo seu caminhar, desceu *la* Emérita da charrete puxando-a pelos cabelos e gritando todo tipo de *Schimpfen* para todos os lados, amaldiçoando, além dela, sua própria vida.

"Você acha que por causa da escola vai se livrar das obrigações? Pensa assim e vai ficar *sin techo para dormir*."

"Faço, eu faço agora mesmo." A voz de *la* Emérita tremia tanto quanto as suas mãos.

"Vai pegar as roupas que deixei para lavar. Agora."

Quando ela voltou, *Papá* tinha o rebenque nas mãos, branco com dois anéis de aço; e na frente de todos, afirmando uma espécie de sabedoria violenta, ordenou:

"Levanta o guarda-pó." Ele não precisou falar duas vezes. *La* Emérita fez o que ele queria apertando os dentes em antecipação. "Filho meu nasceu para trabalhar. *Ahora, contá en voz alta.*"

O rebenque, que *Papá* sabia usar muito bem de tantas domas de cavalos, subiu quase até o teto e despencou nas costas de *la* Emérita.

"Um."

O segundo quase não esperou o primeiro.

"Dois."

Não quero continuar com as próximas oito, porque perto do final o rebenque, já manchado de sangue, indicava que qualquer um de nós poderia ser o próximo. *La* Emérita aguentou tudo sem chorar, *hija de puta*, e *Papá* costumava fazer isso também *con el* Hugo, o mais velho, e sempre da mesma forma: na sala, com todos olhando, sem deixar ninguém fechar os olhos.

"Que um sirva de exemplo para todos", disse *Papá* apontando cada um com o couro cru que segurava entre as mãos.

Na escola, no dia seguinte, *la* Emérita quase não conseguia caminhar sem que o tecido se colasse à carne. *La* Josefa, a professora, e *el* Salomon, o diretor, eram um casal dedicado totalmente ao ensino. Como perceberam que *la* Emérita andava *medio rara*, chamaram-na para conversar. Eu fiquei do lado de fora tentando ouvir, em vão. Quando ela saiu da sala, estava pálida como pedra de cal.

"Eles vão chamar *Papá y Mamá*." Ela segurava um papel na mão. "Mesmo eu pedindo para não fazerem isso. Falei que ia ser pior, mas não acreditaram."

A volta foi silente, *como le gustaba a mi Mamá*, mas o silêncio era apenas a falsa calma que já nos era conhecida. *La* Emérita entregou o papel para *el* Hugo pedindo algum conselho. Ele nos defendia sempre que podia, era o único que não ia para a escola porque tinha idade suficiente para trabalhar sem que lei nenhuma impedisse. Ele mesmo decidiu mostrar o bilhete. *Mamá* estava sozinha e *Papá* voltaria mais tarde porque levara as vacas ao pasto. Quanto mais ela lia mais se enraivecia, indignada. Sem dizer uma palavra, dobrou o papel e o guardou no bolso de seu vestido.

Ela mostrou o bilhete para *Papá*, mas antes pediu que todos fôssemos para o quarto que compartilhávamos entre os nove. De longe deu para ouvir o início da gritaria. Não sabíamos quem era a favor de quem, mas eu sentia – e estava com a razão – que os dois conspiravam contra nós. A verdade é que o resultado do bilhete não foi o que o diretor da escola esperava. Eles só ficaram mais espertos na hora de bater, faziam sem que outros pudessem perceber.

É esquisito pensar em como os atos violentos acabam por se infiltrar até a carne pelos poros de todos nós. Foi depois de muito tempo que conseguimos, uns melhor do que outros, nos desfazer de toda essa bagagem; a minha, me lembro de tê-la jogado pela janela de um trem, *el primer tren que tomé cuando salí de la casa de mi Mamá*. Mas ainda falta para falar disso, e o campo não nos permitia distração, já que, às quatro e meia da manhã, estaríamos de pé novamente para ordenhar as vacas, juntar os ovos e dar de comer aos cavalos. Tudo antes de sair para a escola que, naquele dia, nos veria chegar sozinhos, já que na noite anterior havia chovido, fazendo do caminho um lamaçal só, algo que *Mamá* preferiu não enfrentar com a charrete porque atolaria na terra mole, escorregadia, e não haveria cavalo que conseguisse tirar aquelas rodas de madeira lisa do barro. Por isso era melhor colocar botas e fazer o caminho a pé, algo que demorava muito mais do que a charrete, mas eu, *el* Carlitos e *la* Amanda éramos bastante privilegiados. Por sermos os mais novos, íamos em cima de uma égua semimansa. Não fosse por ela, nossas pernas magras e pequenas se enterrariam na lama até os joelhos. *El* Hugo se encarregava de montar a sela, que mesmo apertada ao máximo era folgada na magreza de *la Petisa*. Ela era uma égua que nasceu com três quartos das pernas que deveria ter e com uma atitude cinquenta por cento mais metida do que todos os cavalos da fazenda. *Mamá* costumava falar que tinha um gênio muito parecido com o dela, não queria nem chegar perto. "*Es un mamarracho de animal!*", dizia. A verdade é que era uma égua toda para nós, e como não costumávamos ter muitas coisas próprias, ela ganhava toda a atenção dos irmãos – para bem e para mal. Cresceu com a família e já reclamava sua aposentadoria fazia tempo, só que nenhum de nós queria que isso acontecesse, não exatamente por carinho. Nossa relação era bastante complicada. Naquele dia, subimos no lombo dela em direção à escola, balançávamos de um lado para o outro e às vezes viajávamos quase de lado, segurando as rédeas com força para não cair no chão. Durante todo o caminho, brigávamos para ser o primeiro a ter o direito de bater nela com o rebenque, um excesso que ajudava a descarregar no bicho o que descarregavam na gente, mas os ferimentos na bunda de *la* Petisa nunca chegavam a cicatrizar, tadinha. Mas eu batia nela também, com força e uma pontaria mais ou menos boa.

"É a sua vez, *Chula*", disse *el* Eduardo entregando o rebenque. "Levanta direito o guarda-pó. Se ele sujar, *Mamá* nos mata a todos."

Me ajeitei, imitando o que *Papá* fazia nas domas. Eu reproduzia seus trejeitos e acho que nunca dei uma surra na égua daquela forma, tanto que ela pulou o salto curto que conseguiu dar e fomos os três para o chão, enterrados em alguns centímetros de lama. Como não tínhamos o que fazer ali no meio do caminho, buscamos emudecer a voz de *Mamá* dentro das nossas cabeças, ou pelo menos tentávamos, mas tinha outro assunto nos preocupando naquele dia, mais urgente, que tentamos evitar ao máximo. *El* Eduardo foi o primeiro a falar:

"Vocês ouviram a tosse de *Papá* a noite toda?"

"*Yo lo escuché, parecía un chancho*", respondi.

"Faz semanas que ele está assim. Eu sei que foram ao médico outro dia, mas depois não ouvi mais nada", disse *la* Catalina. "Se fosse grave, já saberíamos algo, notícia *mala* entre os Lung se espalha como praga na lavoura."

"Quando ele está com os cavalos, fica parando porque não consegue respirar e se segura como se a coluna estivesse doendo. Sem *Papá*..."

"Vai, se ajeitem aí, porque precisamos chegar antes do sinal", disse *el* Eduardo, dando uma empurrada mais carinhosa en *la* Petisa, que voltou a andar sem manha. *La hija de puta* era diplomática, e o único que tinha uma relação normal com ela era *el* Hugo; parecia *el* Robert Redford em *Encantador de cavalos*, sem o charme, claro. Ele costumava conversar com a égua, e nós tínhamos certeza de que se entendiam.

Chegamos à escola atrasados e dando pena. Quando *la* Josefa, a *maestra* – que nos corrigia sempre que colocávamos um *el* ou *la* na frente de um nome próprio, pois falava que era má educação –, olhou para mim com espanto ao ver meu guarda-pó bicolor marrom e branco, porque intuía – imagino – que, com o que aconteceu *con la* Emérita, na nossa casa tudo era motivo para *una paliza*.

Pediu meu uniforme para lavar à mão no tanque de latão que armazenava a água da chuva – ela é uma dessas pessoas da qual não me esqueço nunca, uma aliada, e não tínhamos muitos aliados.

El Chueco, como chamávamos *el* Eduardo, amarrou *la Petisa* na sombra de um salgueiro-chorão que ainda derramava gotas de orvalho *y la maestra* viu na égua marcas muito parecidas àquelas que viu em *la* Emérita.

"*Yo les lavo las ropas, sin problemas.* Secam rápido aqui. Mas vocês precisam me prometer que não vão bater mais nessa égua desse jeito. *Juego de manos, juego de villanos.*"

Dios! Olha para quem ela falou isso.

Voltamos vestindo o mais impecável branco, tomando cuidado para não irritar *la Petisa*, vivíamos em um tratado de paz que duraria muito menos do que deveria. Chegou na fazenda e deitou na terra. Eu sabia que os cavalos saudáveis dormiam de pé, principalmente para fugir mais rápido se tivesse algum perigo por perto, deitar era um sinal de resignação – e a respiração dela parecia asmática, fazendo barulhos altos, porém mais leves do que os de *Papá*.

Quando entramos na casa vimos *la* Soledad, uma conhecida de *Mamá* que estava de favor cuidando dos pequenos. Ela disse que *Papá y Mamá* foram para Paraná, uma cidade muito mais longe do que qualquer um de nós já fora, quase duzentos quilômetros de caminhos de terra. *Papá no andava nada bien.*

"*Está muy enfermo. Se desmayó*", disse *la* Soledad, "os donos do campo vieram ajudar e saíram de carro para o hospital".

Quando ela se foi, ficamos todos em silêncio, somente o barulho do vento batia nas janelas, nada mais.

El Hugo, *la* Émerita e *la* Catalina tomaram as rédeas da casa. Mais tarde, entrei no quarto dos meus pais para ver se eles não se esconderam ali. Encontrei do lado da cama alguns lenços ensanguentados, e *la* Émerita veio atrás de mim, juntou e escondeu tudo.

"*Esto, Chula, no se lo cuentes a nadie.*"

Capítulo II

Estávamos sozinhos. A preocupação que tínhamos por *Papá* só crescia e as notícias que recebíamos eram escassas. Havia pouca ajuda para as tarefas do campo, os donos das terras mandaram dois peões ogros que *el* Hugo tentava comandar. *Mamá* sempre falou para as filhas que deveríamos nos manter longe deles porque se nos tocassem, ou se dessem um olhar prolongado na nossa direção, iam nos machucar e ficaríamos grávidas só de encostar – e isso era pecado, mesmo que impossível. Hoje sei que era preconceito dela, mas as ideias preconcebidas eram a única referência que tínhamos no nosso isolamento, e as histórias que circulavam entre as famílias conhecidas, e o que as outras crianças falavam na escola, eram tão trágicas que preferimos obedecer *Mamá* mesmo a distância. Ninguém queria ir morar num convento e entregar uma criança para adoção.

Ainda bem que tínhamos as gêmeas, nossas irmãs, que cuidavam de todos. Elas nos tratavam com rédeas curtas, mas pararam os espancamentos e o constante sacrifício – podíamos até brincar. *Con ellas la vida dolía mucho menos.*

Depois das notícias de *la* Soledad ficamos no escuro. Não me lembro exatamente por quanto tempo estivemos sozinhos, mas ouvi as gêmeas falando que já passara um mês desde que eles foram embora para o hospital. Todos nos perguntávamos se *Mamá* abrira as pernas e parira mais um irmão. Ela nunca nos contou sobre a gravidez. Dizia que, na verdade, comera muita abóbora e por isso estava inchada. Para nós era uma preocupação, porque seria mais um para dividir tudo, que já era pouco, e na noite daquele mesmo dia ouvimos ao longe o som do galope de um cavalo. Era *Mamá* com um pano branco e azul enroscado pelo corpo inteiro. Sem descer do bicho, sem se preocupar em falar nada, desfez o pano e entregou para *la* Catalina o corpo diminuto de um menino que nos foi apresentado como *el* Orlando Lung. *Uno más, uno más, que sea el último.*

Há muitas coisas negativas que posso falar da minha mãe, mas covardia não era uma delas. Fez duzentos quilômetros, no sol e na penumbra, com uma criança recém-nascida amarrada ao corpo, e para chegar mais rápido encurtou caminho por campos que desconhecia e cheios de riscos. E se não conseguisse ver algum arame farpado, e se o cavalo se assustasse com alguma cobra e derrubasse os dois, e se algum dono de fazenda ouvisse o barulho dos cascos e atirasse com uma espingarda? Fez tudo sozinha, ela e mais ninguém. Eu aprendi muito com essa coragem de *Mamá*. Desafiava caminhos para chegar onde precisava. Ela nos contou que *Papá* estava muito doente, que passara por uma cirurgia, e os médicos se preocupavam com uma possível infecção, e nem ela nem *Papá* voltariam por pelo menos três ou quatro meses. Na noite prévia ao retorno a Paraná, quando ela nos contou tudo, choramos dentro do nosso quarto. *Mamá* abriu a porta, suspirou um suspiro de desapontamento, como se estivesse dizendo meus filhos são fracos, e disse, forte e claro: "*Ni una lágrima más*".

Não nos permitimos a fraqueza. Lembro que algum tempo depois, não consigo precisar se muito ou pouco, estávamos na escola, sentados na terra, em uma roda sob a sombra de um ipê-amarelo completamente florescido – uma das minhas árvores preferidas, que usávamos como remédio para curar cicatrizes –, e *la* Amanda corria em círculos apoiando a mão na cabeça de cada um enquanto tentava falar o trava-línguas "*Erre con erre guitarra, erre con erre barril. Mira que rápido ruedan, las ruedas del ferrocarril*". Que emendava com outro: "*Pablito clavó un clavito. ¿Qué clavito clavó Pablito?*". No momento que terminava, quem se encontrava embaixo da mão dela tinha que levantar e a perseguir por todo o terreno da escola até *atrapar*. Eu perdia sempre, os outros eram maiores que eu.

Voltamos *con la Petisa* e, mesmo em dia de sol pleno, a terra quebrava deixando rachaduras no chão. Agora que *Mamá* não estava, abusávamos um pouco mais da égua do que de costume. As gêmeas não tinham nenhum sentimento de compaixão com o animal, mas na minha memória, durante esse tempo, paramos de bater nela, só o necessário para guiar o passo do seu galope resignado. Quando estávamos quase chegando em casa, ela começou a cambalear. Os três menores descemos, e *el* Eduardo tirou a sela e a carregou nas costas. Ela o olhou agradecida, e seguimos contra o vento e a poeira voando por todos os lados. Nesses dias de calor, precisávamos ter muito cuidado porque as cobras saíam do mato para tomar sol nos lugares descobertos. *El* Eduardo carregava um facão para nos proteger disso. Mas nem tudo era perigoso: nós adorávamos ver *las nutrias y las mulitas* correndo de um lado ao outro da estrada em pânico de serem descobertas. Quando apareciam, fazíamos um silêncio estelar. Era difícil para um grupo tão grande – e sempre tinha um dos meninos, vestindo a camiseta do mais *boludo*, que atirava uma pedra para ver o bicho correndo assustado.

Quando *el* Hugo nos viu chegar, percebemos que ele mantinha o olhar fixo, particularmente focado *en la Petisa*, que caminhava ao nosso lado, sem nada nem ninguém no lombo. Ele viu *el Chueco* carregando a sela e começou a rir, quase perdendo o fôlego. Uma surpresa, pelo menos na minha frente; costumava ser de uma austeridade de quem faz trabalho braçal o dia inteiro, dia após dia, e que carregava nas costas uma fazenda inteira, que não era dele ou da família – início de uma vida adulta que se impôs na frente de qualquer vontade própria.

"*Miralo al Chueco, che! Se transformó en caballo!* É hoje que eu mesmo te levo pros peões martelarem tuas ferraduras", disse *el* Hugo, rindo. "*Che, caminando así no creo que tengas mucho futuro.*"

O apelido *del* Eduardo era um pouco cruel, em retrospecto percebo isso, mas naquela época parecia divertido, sem maldade, ou com um pouquinho de ruindade, mas não muita. *Chueco* quer dizer "pernas tortas", uma condição que o fazia caminhar sempre com uma tendência para o lado esquerdo. *Mamá* dizia que o "defeito", palavra dela, ocorreu durante o parto, porque a única parteira disponível naquele dia era cega, só enxergava vultos; e na hora de puxar o menino algo deu errado. Quando ele começou a caminhar dava para perceber. Logo ganhou o apelido.

"*Chueco, tráeme la Petisa que quiero ver algo*", disse *el* Hugo. "*Qué mierda pensaron al sacarla en pleno rayo del sol?*"

Eu fui atrás deles, dissimulando fazer minhas tarefas.

"Na volta não aguentou e tivemos que descer, nem a sela ela conseguia carregar", disse *el Chueco*.

"Cavalo que não cumpre sua função é cavalo... Ela vai sofrer muito assim. *Mira cómo le tiemblan las patas*. Dorme sempre deitada...", disse *el* Hugo, com as duas sobrancelhas esticadas em direção à testa. Era mesmo um gesto de resignação.

"*Qué quieren hacer con ella?*", perguntei. "Se tocarem uma crina..."

"*Nada, Chula, no vamos a hacer nada*", disse *el* Hugo e me lembro de sentir que era uma mentira. Intuía a verdade, mas preferia não acreditar, se não acreditasse na mentira, não sobraria muito.

Naquela mesma semana, pelo caminho de terra de entrada ao campo, vimos um caminhão chegando devagar e desviando dos buracos, que não eram poucos, e estacionando perto da entrada da casa. Não havia nada escrito nas laterais da carroçaria, apenas se via o metal corrugado magnificando o reflexo do sol nos olhos, forçando a levantar a mão para conseguir enxergar algo. Nós não víamos muitos caminhões por lá, carro, quase nunca, e no céu não havia aviões e, mesmo que voassem em cima de nossas cabeças, naquela época não saberíamos reconhecer, mas aquele caminhão me assustava. Pensei que fosse *Mamá* trazendo o caixão de *Papá*, será que ele morreu? E se o diretor da escola tivesse falado com o orfanato, viriam de caminhão? Naquele momento a fazenda era governada por um bando de crianças e semiadultos, nenhuma *Mamá* ou *Papá*. Levariam *solo los chiquitos? Y a mi?*

El Hugo chamou todos para perto do caminhão, trazia *la Petisa* puxada por uma corda, e ela estava serena, a deixamos descansar desde aquele dia de calor, mas agora ela caminhava quase igual a *el Chueco*: quando queria andar em linha reta terminava caminhando em diagonal e relinchando.

"Está na hora de se despedir dela, para a fazenda só gera gastos. Logo vai precisar de um veterinário, que não conseguimos pagar, e acho que ninguém quer a ver nesse estado", afirmou *el* Hugo, seco como costumava ser, mas ao mesmo tempo fazendo carinho no pescoço dela. "E também precisamos do dinheiro da venda. Ela vai para um lugar melhor."

Estávamos todos, até as gêmeas que não gostavam muito dela, uma carregando *el* Orlando, os mais velhos se olhavam, mas nenhum falava nada, e nós, os mais novos, de olhos marejados, abraçamos o pescoço de *la Petisa* com força. Lembrei do que *Mamá* disse sobre *Papá, ni una lágrima más* – e mesmo sendo difícil, engoli o choro, eu também queria ser como os mais velhos. *El* Hugo entregou o cabresto para o homem que desceu do caminhão. Ele deu um tapa leve na bunda dela, a levou até o caminhão, fechou a porta, entregou o dinheiro combinado e deu partida. Quando o caminhão fez a volta, consegui ver algo escrito no para-choque traseiro, mas eu não conseguia ler naquela idade, *la* María sim. Ela viu a mesma coisa e, com a dificuldade de quem não terminou de ser alfabetizada, leu em voz alta:

FRI-GO-RÍ-FI-CO.

Lembro ainda do gosto salgado das lágrimas que se seguiram.

Com o passar dos anos entendi como morre um cavalo em um abatedouro, ainda bem que não sabia quando era criança. Nunca fui ingênua, sei que para comer carne é preciso matar um bicho, isso era do nosso cotidiano, mas o que diferenciava um cachorro de um cavalo? A Argentina é o maior exportador dessa carne – que não consome –, mas a coisa é que, antes de morrer, os cavalos recebem um tipo de sedativo, não muito, apenas para que não se mexam demais, não por compaixão, e sim porque a carne precisa ser a mais fresca possível e matar no último momento é de praxe. No frigorífico eles os penduram pelas patas traseiras, cabeça para baixo, acorrentando também uma das patas dianteiras. Com um corte certeiro no pescoço, o sangue flui como o barulho de uma chuva forte, manchando toda a cabeça do animal de vermelho-escuro. Eles se debatem muito pouco, a força já não fazendo parte de si, e quando a última gota de sangue cai, o mesmo açougueiro arranca todo o couro com uma facilidade que dá raiva – *ay, Petisa, el campo no es broma, nena.*

Tomávamos o café da manhã, um bolinho de milho dividido em nove fatias pequenas e uma panela inteira de *mate cocido*. *La* Catalina começou a contar com os dedos das mãos há quanto tempo estávamos sozinhos. "Acho que já se passaram seis meses." Durante todo aquele tempo não tivemos muita notícia de *Mamá y Papá*. Uma vez, quando o casal dono da fazenda veio ver como andavam as coisas, ou melhor, fiscalizar, nos contaram que *Papá* passou por uma cirurgia e se recuperava bem: "Logo, logo eles estão aqui", disseram após dar uma volta pelo terreno, "dá para ver que a fazenda precisa deles".

Lembro que me virei na direção das gêmeas e as duas ficaram coradas de raiva. Quando eles foram embora, *la* Emérita incorporou a voz de *Mamá*: "*Quiénes se creen que son estos*? Vir até aqui para falar *beschimpfen* da nossa família". Não adiantava nada falar pelas costas, mas falar na cara sempre foi uma dificuldade para os Lung – tudo era velado, menos para mim. Com o passar do tempo tomei gosto por levantar o dedo do meio e rasgar esse véu – fiz muito disso na vida para ser levada a sério.

No meio de uma manhã, vimos uma charrete se aproximando da casa, *Papá y Mamá* sentados juntos. Ela comandava os cavalos, e ele chacoalhava de um lado a outro um chapéu marrom com uma cordinha preta amarrada na base e, nos dedos, um cigarro grande e escuro. Uma fumaça semelhante à de uma máquina de trem. Ao chegarem mais perto ficamos preocupados porque a camisa dele tinha pequenas manchas de sangue, não muito grandes, mas todo sangue emite um alerta.

"*A ver, quiero verlos a todos,* fila indiana." Ele começou pelos menores, "*mira vos el Orlando como creció. Viste, Teresa*?". Ela não virou para olhar. "Marta, Carlitos, *Chula,* Amanda, vocês ficaram mais loiros nesse tempo todo?" Passou a mão na minha cabeça e continuou com um agradecimento aos mais velhos por tudo o que fizeram.

Entre os irmãos, nos olhávamos: quem era aquele homem que voltou do hospital? Não agia nem parecido com *Papá*. Para todos os que já tinham levado uma surra dele, vê-lo assim era muito angustiante, porque esperávamos pelo momento em que iria estourar, como se tivesse a verdadeira personalidade à espreita, pronta para tomar conta. Não aconteceu nada, e naquele mesmo sábado *comimos como reyes*. Algumas das pessoas que o conheceram no hospital, e que souberam da história dos Lung, deram de presente coisas que não tínhamos no campo. Uma sacola cheia de *caramelos de todos los colores, galletas saladas, tortas negras y buñuelos*, que *Papá* aceitou e que *Mamá* chamou de *limosna*, com desdém, e não comeu nada, "*yo no soy indigente.* As doações vão para a igreja, e da igreja, para os necessitados. *Algo que tampoco soy*".

Papá andava pelo campo como se nada tivesse acontecido. Às vezes apoiava a mão nas costelas e soltava um som de desconforto, mas nada além disso. Ficou seis meses internado, e em um momento em que estávamos só nós dois perguntei se ele me deixaria ver a cicatriz. Sempre fui curiosa com as marcas carregadas no corpo. Ele levantou a camisa, sorriu e explicou como o costuraram com um fio preto e que as pontinhas que davam para ver eram os pontos, e que o cirurgião enfiou a mão no buraco com uma faca para cortar um pedaço do seu pulmão que estava doente. Perguntei porque tinha uma gosma amarela saindo em algumas partes, e ele disse que isso significava estar sarando e sempre que penso em *Papá*, mesmo hoje, aos meus cinquenta e sete, mesmo com todas as memórias ruins, eu o imagino como a grama rala que insiste em crescer entre duas placas de cimento.

No domingo, *Mamá* nos acordou bem cedo para ir à igreja. Vestíamos roupas que ela mesma costurava. Fazia isso muito bem. Os tecidos dos vestidos das meninas eram feitos de toalhas de mesa. Para os meninos, camisa e gravata. Se tirassem uma foto de todos nós nos domingos de manhã e mostrassem para alguém que não nos conhecia, nunca diriam que a pobreza havia batido na nossa porta assim que *Mamá y Papá* se casaram, antes de qualquer um de nós existir.

Fomos de charrete, todos juntos, os mais velhos nos acompanhavam caminhando. Entre os irmãos, não queríamos repetir o que aconteceu *con la Petisa*. Mesmo assim, o cavalo só conseguia marchar muito pouco à frente dos que caminhavam. *Papá* não tinha medo de castigar o coitado, e ninguém discutia com ele, vai que a bondade adquirida recentemente acabasse. A mais ou menos seiscentos metros da igreja, *Mamá* fez o que fazia sempre, pediu para parar a charrete em um terreno baldio, e terminamos o caminho andando. Ela não queria que ninguém a visse naquelas tábuas remendadas e pregos oxidados, muito menos enquanto vestia seus brincos de pérola, herdados de uma tia que morreu fazia tempo. Eu sempre me perguntei por que não os vendia, mas com ela o orgulho ganhava sempre da lógica.

Lado a lado, *mis padres* formavam um casal elegante. Os dois eram muito bonitos, ela sempre com o cabelo recolhido, e ele portava sobrancelhas cheias que lhe davam personalidade. Os dois tinham olhos amendoados – característica que passaram para mim e que eu passei para meu filho –, e *Mamá* construiu uma aparência de muito mais com uma carteira de muito menos. *Dios me livre y me guarde* se alguém falasse sobre a falta de dinheiro com alguns dos outros fiéis.

Todos fomos santificados em nome do senhor, *amen*, e no momento do arrependimento aproveitei a linha direta com deus para pedir que *Papá* continuasse com o bom humor, que *Mamá* se contagiasse e que em algum momento me tirasse daquele lugar, porque do perdão eu não precisava – *bien gracias*.

Apenas duas famílias sabiam qual era nossa verdadeira situação econômica, os donos do campo e os Ritter, que moravam na fazenda logo depois da nossa. Eles também passavam pelo aperto de ter muitos filhos e pouca renda, mas uma vez por ano nos juntávamos para celebrar a castração dos terneiros. Mesmo que ainda faltasse um tempo para essa data, naquele ano, *Papá* quis adiantar a comemoração, porque segundo ele "todos merecemos *una fiesta* depois de tudo o que aconteceu". Nenhum de nós reclamou.

De manhã ele e *el* Hugo saíram cedo para, bem, como dizer, cortar as bolas dos terneiros para que não virassem touros, fazendo a engorda ser mais fácil e o animal ficar mais dócil. Era uma prática bastante comum. Naquela mesma noite, tínhamos um balde cheio de pares de testículos. *Papá* acendeu o fogo para deixar eles bem torradinhos, era uma delícia. Os Ritter chegaram com mais um balde enquanto eu, *la* María e *Mamá* acendíamos todas as lamparinas de querosene que tínhamos em casa, algumas penduradas nos galhos da árvore onde normalmente sentávamos para descansar. De longe, pareciam vaga-lumes que voavam com o soprar do vento. Abriram uma mesa longa com cavaletes e colocaram saladas feitas com o que tirávamos das hortas.

Somando todas as crianças, éramos quatorze. Com todos os adultos concentrados preparando o jantar, nos escondemos atrás da casa para montar cigarros feitos de erva-mate e folhas dos cadernos que nos davam na escola. A sensação era a de ser adulto, mas como *Papá* sempre escondia o tabaco, o resultado era tosse para todos os lados. Na minha vez, quase fiquei sem ar. "*Te pareces a Papá, Chula*", disse *el Chueco*, mas eu nem sorri nem reagi de qualquer outra maneira, porque para mim não era engraçado o som seco da tosse que levou a que cortassem um pedaço do seu pulmão.

Rogelio Ritter, o amigo mais próximo de *Papá*, trouxe um violão e, com a esposa Irene, começou a cantar clássicos do folclore celeste e branco. A *guitarra* chorava a cada estrofe: nós, argentinos, costumamos ser intensos. Começaram, então, a cantar *Luna Tucumana,* e todos os que sabíamos a letra fizemos o coro:

Yo no le canto a la luna
Porque alumbra nada más
Le canto porque ella sabe
De mi largo caminar

Os olhos de *el* Hugo se encheram de lágrimas, os de *Papá* também. Eles foram se sentar ao lado de *Mamá*, que soltou um grito de "¡Aro, aro, aro!" e começou a recitar *el* Martin Fierro – poema épico, sem muita pretensão, que conta a vida no campo de um *gaucho* – acompanhado ao fundo pelo violão, *mas o menos así:*

Yo nunca me he de entregar
A los brazos de la muerte;
Arrastro mi triste suerte
Paso a paso y como pueda,
Que donde el débil se queda
Se suele escapar el juerte

Naquela noite dormi muito bem, *Papá* caminhou em ziguezague até a cama, enquanto nós, as meninas, guardamos e lavamos tudo, claro – nesses momentos, eu praguejava a falta de consideração dos que fizeram mais sujeira. *Hombres y la reputa que te parió!* Bem no dia em que capamos um monte de machos.

No dia seguinte à festa da castração, era tradição se dedicar a preparar os salames e chouriços para comer durante todo o ano. Muitas vezes essa era a única proteína que comíamos. Por isso, mesmo sendo nojento, nos esmerávamos em fazer tudo direitinho. Isso significava lavar as tripas dos porcos, enquanto *Mamá* colocava tudo em uma bacia de madeira das que têm dois anéis de metal. O conjunto era nauseabundo, a madeira absorvia todo o líquido e a coisa toda começava a feder como um corpo em decomposição. Mesmo nunca tendo cheirado um cadáver, acho que devia ser parecido. *Papá* veio ver como andava o trabalho e, quando chegou perto, fez cara de nojo e se apressou para entrar na casa – depois fiquei sabendo que ele vomitou até a primeira mamadeira. Entramos preocupados, *Papá* estava com a camisa levantada e *Mamá* balançava a cabeça, negando o que via: a gosma amarela que eu vi alguns dias antes tomara completamente a cicatriz. *Mamá* pediu a *la* Emérita que trouxesse o álcool do banheiro e derramou sobre a ferida quase a garrafinha inteira. Sob gritos contidos, *Papá* parecia derrotado, *el* Hugo saiu a cavalo puxando a maior velocidade que o animal conseguia dar e encontrou um *gaucho* que tinha uma Estanciera e estava de saída para Paraná. *Gaucho que es gaucho no se niega a ayudar a sus pares.*

Mais uma vez sozinhos. Acho que foi uma semana, talvez. Quando *Mamá* voltou, *Papá* a acompanhava deitado em um caixão de madeira crua.

Do que adianta ficar bonzinho e morrer logo em seguida? Serve de que mostrar um lado carinhoso se for voltar num caixão? Para que fizemos tantos salames? Como é um velório? Vou poder tocar no corpo dele morto? E os olhos, estarão abertos ou fechados? Tenho roupa preta? É roupa preta que se usa? É obrigatório chorar? E se eu chorar? E se eu não chorar? Viria gente para o velório? Ele era livre de pecado? *Papá* vai para o céu? Quanto tempo demora para que *los gusanos se lo coman*? Para que tanto salame? Sem *Papá*, onde vamos morar? Como *el* Orlando vai conhecer *Papá* se ele morreu? E *la* Marta, que é pequena também? Agora que virou espírito, *Papá* consegue nos ouvir? Consegue ler meus pensamentos? Todas essas perguntas, o que faço delas? Precisávamos de tanto salame? É melhor ou é pior? *La Petisa*, a primeira morte que senti, pelo menos se transformou em carne, será que virou salame? Eu me sentia defraudada, com raiva, com saudade, conseguia sentir no corpo todas as surras que já levei, o que aliviava um pouco a falta. Todos os meus irmãos em silêncio, cada um com seus conflitos, mas as sensações pairavam no ar, deixando-o cada vez mais denso, como o cheiro doce de jasmim, que eu tanto detestava, tomando conta do ar no início das noites de verão.

O funeral aconteceu no campo em que morávamos, embaixo de uma das galerias num dia de sol. Todos os irmãos vestiam as roupas de ir à igreja, parados em uma fila com *Mamá* no final. Familiares, amigos e patrões começaram a chegar e a dar os pêsames para cada um de nós. Eu achava tudo aquilo muito estranho. Chegou a formar fila e cada vez chegava mais gente que nenhum de nós reconhecia. *Mamá* apontou que veio a família de *Papá* de Urdinarrain, mas ninguém da família dela. Ele foi velado um dia e uma noite inteiros. Ao redor do corpo, havia velas quilométricas, muito altas e amarelas, que jamais terminariam de queimar. Com a luz do dia se esvaindo, começaram a carnear dois cordeiros, presente dos donos da terra – *a Papá le encantava la carne de cordero*. Depois de tudo não consegui deixar cair uma lágrima e percebi que *Mamá* também não, muitos anos depois, ela me contou que ele batia nela da mesma forma que batia na gente. Isso foi uma explicação suficiente.

No enterro, lembro de olhar para o caixão aberto pensando que, logo, nunca mais voltaríamos a vê-lo. Lembro da imagem exata, não me esqueci mais. A verdade é que nunca sentimos saudades dele depois daquele dia e, do jeito dela, acho que *Mamá* conseguiu esquecer rápido, mesmo que na igreja dissesse o contrário.

Capítulo III

Passamos de doze para onze, todos vivendo o medo claro em nossos rostos, medo de quem não sabe o que está por vir. Na cabeça, inventávamos cenários trágicos e tínhamos a certeza de que logo, logo seríamos mandados embora da fazenda e que éramos donos de muito pouca coisa. *Para colmo la* Emérita contou que um dia apareceu um casal de Buenos Aires cheio de intenções duvidosas. Como chegaram naquele fim de mundo, não sei. Ela ouviu *Mamá* falando, ou melhor, negociando a "adoção" de alguns de nós. O seleto grupo: *la* Amanda, *el* Orlando e eu, por quê? Sempre havia alguém que estava atrás de crianças novas, brancas, loiras e de olhos claros. *La* Emérita disse que ofereceram um bom dinheiro, suficiente para recomeçar de maneira cômoda em algum outro lugar e, na situação em que estávamos, bom... Eu tive uma reação um pouco diferente, que me surpreendeu: aquele não seria um futuro melhor para mim?

Foi a religião que impediu o processo, ou melhor, a vergonha. *Mamá* não saberia como explicar na igreja por que os outros filhos não a acompanhavam mais e desistiu a contragosto.

Naquela mesma semana, o casal dono da fazenda chegou de carro, instaurando mais uma vez o clima de pânico entre nós. Desta vez ficaríamos *sin techo* sobre nossas cabeças? Eles conversaram com *Mamá* em privado por horas e acabaram dando de presente dois cavalos capengas, que, em conjunto com as ovelhas, vendidas por um bom preço, e também a ajuda dos vizinhos, somaram o suficiente para comprar um tereninho numa cidade próxima da qual nem eu nem meus irmãos tínhamos ouvido falar: Maciá. A única coisa que conseguimos descobrir é que se tratava da cidade nacional do mel, e na minha cabeça de criança imaginei que deveria ser um inferno conviver com abelhas o tempo todo.

Uma das coisas boas de ter muito pouco é que quando é necessário migrar para novas terras é bastante fácil transportar o nada, como um eco do que os nossos ancestrais viveram quando foram mandados embora das encostas do rio Volga. Tudo o que era nosso cabia em uma sacola grande de pano, suficiente para carregar as nossas roupas. Os móveis da fazenda eram dos donos, e a generosidade dos ex-patrões chegava até um certo ponto.

Nunca tivemos brinquedos, e acho que a única coisa de valor que transportávamos era um rádio de pilha no qual só *Mamá* podia tocar. Na charrete, todos juntos e apertados, pensando bem, éramos como a A Família Buscapé – aquele filme em que *la* Dolly Parton faz papel dela mesma – mas sem o dinheiro, claro, e sem o costume de juntar da estrada um *bicho muerto, Mamá no lo permitiría*.

No caminho se falou muito pouco – pela época do ano estávamos rodeados de pasto seco e plantações moribundas de milho, dando um aspecto dourado ao horizonte quando o sol batia no ângulo certo. Lembro de pensar que os Lung éramos como uma trepadeira seca: mantínhamos a estrutura mesmo sem ter um pingo de fôlego para levar a vida, e às vezes, somente às vezes, brotavam algumas raras folhas verdes, contadas com os dedos, que se desprendiam em poucos dias, voltando à secura.

Para quem nunca viu uma cidade – era o meu caso e o da maioria dos irmãos –, Maciá parecia imensa. Havia casas para todos os lados, ruas em diagonal que se cruzavam com outras ruas paralelas, todas de terra lisa, sem buracos, e, na frente de algumas das maiores casas, víamos carros com formas que nunca imaginamos existirem. Isso nos impressionava e, ao mesmo tempo, nos entristecia. *El Chueco* apontou o dedo para um prédio branco de paredes cujo pé direito poderia comportar um gigante, ele leu em voz alta: *Club Atlético de Maciá*. Eu era muito nova na época, por isso não me lembro dos números, mas acho que a cidade tinha por volta de dois mil habitantes. Para nós, eram mil novecentos e oitenta e oito pessoas a mais do que estávamos acostumados.

Mamá fez os cavalos diminuírem o galope puxando as rédeas, parou à frente de uma casinha longe de estar pronta, uma muito menor que a do campo, e disse: *"Pueden bajar, es acá que vamos a vivir. Tienen mucho trabajo por delante"*.

A verdade é que a casa ainda não era uma casa, em alguns pontos não tinha teto, não tinha nada. E não tinha chão, no lugar havia terra desnivelada. Se alguém apoiasse uma bolinha de gude e observasse o movimento, pareceria um tanto esquizofrênico. Tampouco tinha janelas, apenas buracos onde elas deveriam ser instaladas, e *Mamá* xingou de todas as formas *el* Joaquin, o pedreiro, que devia estar com a orelha queimando. Ele foi uma recomendação dos donos da fazenda, que ajudaram a pagar a maior parte da mão de obra. Por isso, reclamar era um tanto malcriado, mas, mesmo assim, *Mamá* repetiu algumas vezes: *"No se puede confiar en nadie"*.

Minhas irmãs e eu colamos duas camadas de papelão nas janelas, que, como isolante térmico, tinha a funcionalidade de um brinquedo sem pilhas. Com tudo coberto, partimos para limpar o banheiro, uma casinha de madeira em um dos cantos do terreno. Dentro tinha uma cadeira de madeira com um buraco cortado de modo grosseiro e uma bacia funda para onde ia tudo o que o intestino e a bexiga queriam descarregar.

 Nos anos que se seguiram, brigávamos para não sermos escolhidos para a limpeza do banheiro. Quando contei tudo isso a meu filho, na época que ele entrou na adolescência, logo ele perguntou: *"y la ducha, como hacían?"*. Respondi que só tínhamos a água morna aquecida no fogão a lenha e a ajuda de dois paninhos, um para se lavar e outro para se secar. Lembro que, no momento, pensei que ele não duraria uma semana se habitasse a Maciá dos meus primeiros anos de vida.

O primeiro a fugir foi *el* Hugo, não durou nem duas semanas. Construiu o galinheiro perto do banheiro *y partió*. De certa forma ele tentou sair do campo, mas o campo, *como un abrojo*, não quis sair dele. A cidade e os trabalhos disponíveis lhe pareciam um martírio. Era acostumado com a doma de cavalos, arrear o gado e supervisionar as plantações. Trabalhar como pedreiro ou na loja de produtos de construção era, para ele, uma derrota. Trabalhando com *Papá* ele não ganhava nada, fazia todo o esforço, mas nunca via um salário, e se ele trouxesse esse tema, *Papá lo cagava a palos*. *El* Hugo podia até ser o mais velho, mas o rebenque de *Papá* era soberano diante de qualquer um de nós. Livre de tudo isso, meu irmão conseguiu trabalho em um campo, ainda mais distante do que a fazenda onde morávamos, longe mesmo. Ele juntou suas coisas, e *Mamá*, para se despedir, avisou que todo final de mês ela ia esperar pelo correio *el giro de la plata* que lhe pertencia e, com isso, partiu e não ouvimos muito dele até virarmos adultos. O dinheiro chegava todo final de mês pelo correio até *Mamá*, que voltava feliz porque conseguiria pagar o dízimo.

Talvez seja importante fazer um parêntese para falar da família de *Mamá*, porque demorei muitos anos para entender a influência que isso tinha no nosso dia a dia como crianças e a forma como prosseguiu nossa relação na vida adulta. Não que ela tenha contado algo, mas *la* Catalina, arrumando nossos pertences na casa nova, encontrou duas cartas de uma tal de Magda Michel. O nome me era familiar e compartilhava sobrenome com o de solteira de *Mamá*. A primeira carta era anterior ao casamento com *Papá*, e outra, posterior à morte dele. No destinatário escreveu, nos dois casos, apenas o primeiro nome de *Mamá*, sem referência à família a qual pertencia. Isso já era um belo indício, e *la* Catalina leu um pouco e confirmou que *la* Magda era uma das duas irmãs de *Mamá*. A única vez que as vimos foi em um funeral de alguém que nem era da família. O que mais lembro é que fecharam as portas do carro, deixando as janelas abertas, para almoçar longe dos demais. O vento carregava o cheiro doce das maçãs que comiam, eu nunca vira frutas tão vermelhas, mas o triste era saber que o motivo do isolamento era a pouca vontade de compartilhar. Ou, melhor dito, egoísmo, algo evidente quando lemos a primeira carta:

"*Hermana, podrías tenerlo todo, pero elegiste un hombre que te llevó hacia la nada. Sin casa, sin tierra, sin educación. Papá me pidió que escriba esta carta porque él no tendría fuerza para escribirla, ni ganas de intentar nuevamente hacerte entrar en razón. Si siguen adelante con el casamiento con ese tal de Lung, no tendrás más un centavo de nuestro lado. Nada de todo lo que tenemos, que sabes es mucho, va a llegar hasta tus manos. Las imagino sucias con la tierra que solo la apestosa pobreza puede ensuciar. Si cambías de idea sobre este casamiento, quizás algún día podremos perdonarte, de lo contrario, que seas feliz con una vida de arrepentimiento.*"

Para nós duas, foi uma surpresa descobrir que a família de *Mamá* tinha dinheiro suficiente a ponto de dizer que se tratava de muito, no nosso caso a palavra dinheiro vinha sempre associada ao antônimo pouco. Isso quer dizer que ela desistiu de muita coisa para estar ao lado de *Papá*, mesmo com todo o amor que tinha pela grana. Na minha cabeça, isso nunca justificaria a vida que ela escolheu nos dar, mas era um mapa das tensões que fizeram de *Mamá* a *Mamá* que conhecíamos. Sempre que penso nisso me pergunto se ela teria desistido se soubesse que iria ficar sozinha em tão pouco tempo, porque ela era, como repetia, *una viuda eterna,* com dez filhos e uma casa para comandar – para *Mamá* isso tudo era a sua penitência.

A segunda carta de *la* Magda era a sentença com o ponto final mais final que já vi – ou que jamais, mesmo rondando meus cinquenta, veria:

"Teresa, supimos por nuestros contactos en Entre Ríos que Lung murió. Un alivio para alguien que ya se encontraba muerto en vida. Hace tiempo él se juntó a ti en el olvido de la familia Michel. Esta carta es apenas una manera de reforzar que, para nosotros, nada cambió con su muerte, ya que el olor a la miseria es contagioso y demora una vida entera para desaparecer o, mejor dicho, te sigue hasta dentro de un cajón debajo de la tierra. Su muerte no te librará de tus acciones pasadas y no tenemos ninguna intención de ayudarte. Esto lo avisamos antes de que pienses en pedirnos algo, principalmente si el pedido incluye a tus mocosos que heredaron los trazos de su padre. Sé que sabes que si piensas en respondernos con una carta esta irá directo al tacho de la basura antes de que cualquiera la pueda leer. Esta es la última que te escribo, que tu cotidiano sea tu condena."

La Catalina virou e me disse: *"chupate esta mandarina!"*.

Em um dos raros dias em que tivemos um tempinho livre, aproveitando que *Mamá* escapou para uma reunião na igreja, nós, as meninas, saímos para caminhar pela cidade. Nos surpreendeu ver lojas e armazéns com vitrines cheias de roupas e objetos que nunca tínhamos visto e, ao mesmo tempo, percebíamos pelos preços marcados em cartãozinho de papel que nem juntando todo o dinheiro da família poderíamos comprar algo daquilo sem passar fome.

"Olha isso! Têm copos transparentes." Eu era acostumada às nossas canecas de lata, que com o tempo descascavam e deixavam um sabor metálico na boca. Acho que estavam com a família há, pelo menos, dez anos. "*Son del mismo material que las ventanas?*"

"*Chula*, isso se chama vidro, animal", disse *la* Emérita.

Mais adiante, foi a vez dela de ficar hipnotizada diante de uma vitrine que exibia uma caixa grande de madeira e, na frente, mostrava um homem e uma mulher dançando, tudo sem cor, apenas cinza. Fiquei me perguntando para que serviam todos os botões e se o casal dançava o dia inteiro e, claro, onde estava aquele casal.Por que eles dançavam? Na etiqueta via escrito "*Televisor Standard Electric*", um dado que não nos ajudava muito a entender o aparelho, mas o que pensei com minha cabeça de sete anos foi que se isso, que parecia mentira, estava materializado na minha frente, o que havia em outros lugares além de Maciá? *Y, mirando hacia el cielo claro* daquela manhã, me perguntei se em outros lugares havia outros céus tão ou mais infinitos, diferentes, tão... desejáveis.

Caminhamos mais um pouco e vimos um lugar com mesas e cadeiras de plástico, que tampouco sabíamos existirem, no letreiro *la* Catalina leu *Heladería*, e à frente havia um grupo de garotos sentados lambendo um creme gelado de chocolate. A vontade foi grande, pensei que queria ganhar meu próprio dinheiro para poder experimentar aquilo, mas naquele momento um grupo de meninas cruzou caminho com as garotas Lung. Todas muito bem arrumadas e, uma delas, a que caminhava na frente de todas as outras, prendendo a atenção do grupo, vestia uma calça azul em formato de sino, e eu nunca vira uma menina usar roupa de homem. Até para andar a cavalo *Mamá se ponía un vestido,* algo que já experimentei e não recomendo nem um pouco por motivos óbvios. Eu queria uma calça daquelas, eu queria caminhar na frente das demais, mas a admiração se quebrou muito rápido porque a garota apontou para *la* Amanda e para mim e começou a rir, dizendo: "*Ni siquiera son gemelas*". O modelo das nossas roupas era diferente, mas o tecido era o mesmo e, sem ruminar muito, estiquei a língua quase expondo a raiz, fiz cara de louca e, pensando bem, deveria ter mostrado o dedo do meio, mas ainda não tinha coragem, faltava pouco para ter. É como se eu tivesse chegado ao limite de uma fronteira, e às vezes o limite se afasta em direção ao horizonte, como se eu precisasse ser mais rápida do que a sua expansão. O que era esse limite? A tensão entre o lugar seguro e o arriscado. Fico com o segundo.

Quando voltamos, *Mamá* chegara da reunião enlouquecida. Começou a gritar com todos porque nenhuma das tarefas da casa estava feita como ela pedira, a pia tinha a louça empilhada, o banheiro estava sujo, e as camas, desarrumadas. Uma olhou para a outra, porque tínhamos certeza de que nada estava assim quando saímos. *La* Catalina lavou o banheiro, eu lavei toda a louça e *la* Amanda arrumara as camas. Contorço-me só de pensar que ela voltou da igreja, a santa igreja, e desarrumou tudo de propósito – não vou nem falar do banheiro. Mas a única na casa naquela tarde era ela, e, mesmo não acreditando, tenho certeza de que foi *Mamá* que cagou em tudo. Mesmo assim refizemos o encargo, não adiantava discutir. Ela ficou atrás de mim na pia, observando cada movimento, esperava eu terminar e me avisava que não usei sabão suficiente, que era coisa de gente suja, e mandava repetir; na terceira vez falou que usei sabão demais e que as louças ainda estavam com manchas.

Mais tarde, com todos em casa, *Mamá* começou com os anúncios.

"Temos muita sorte. A Congregação Luterana de Maciá é muito respeitada. Não podemos continuar vivendo assim." Ela respirou profundo, como se transformada pelo gozo divino, e disse com orgulho, quase sorrindo: "Agora faço parte da *Liga de las Damas* da igreja". Eu sentia o vendaval se formando. "A única redenção do homem é seu trabalho." Tornado. "Pensando no bem de vocês e para poder terminar a casa, as outras escolhidas me ajudaram a conseguir emprego para todos, assim podemos ajudar mais o pastor Walter e sua família."

Furacão.

"*Y la escuela?*", perguntou *la* Amanda. "*No tenemos que ir a la escuela?*"

Olhando para *Mamá,* senti que sua verdadeira vontade era dar uma bofetada na minha irmã apenas por perguntar isso, mas se conteve. Conto nos dedos as vezes em que isso ocorreu.

"Aqui não é que nem no campo. Vocês já estão matriculados no ensino noturno. Isso deixa a manhã e a tarde para o trabalho fora e aqui em casa." Começou: "Margarita, você vai cuidar de uma criança de cinco anos na casa dos Klein e à tarde vai limpar a casa dos Ruschel". A criança tinha dois anos a menos do que eu. "Amanda, os Finkler precisam de uma mulher que faça tudo na casa." Ela tinha oito anos. "Eduardo, você vai trabalhar como pedreiro. O patrão vai pagar em material de construção, que você vai usar para terminar minha casa." Ele tinha dez. Continuou até contemplar cada um de nós. Só se salvaram *el* Carlitos, *la* Marta e *el* Orlando, que tinham quatro, três e zero anos, mas o relógio mexia os ponteiros como se tivesse um peso em cima, com barulho forte de aceleração.

A verdade é que estávamos acostumados a cuidar um do outro e fazer limpeza pesada, mas nunca fora de casa, com estranhos. Poucas noites se passaram entre o anúncio e o começo do trabalho. Vivíamos em completa apreensão, quase nem conseguíamos dormir – a Unicef levou uma escarrada entrerriana.

Às vezes penso se não foi melhor o que aconteceu *con el* Aurelio, *dios me libre y me guarde* por dizer isso, não deveria nem pensar assim. É complicado falar isso, eu sei. *Mamá* nunca reconheceu ter onze filhos, ela era o tipo de pessoa que acreditava que há algumas memórias sobre as quais não devemos falar, nem se tratava de calar a voz da lembrança, o que buscava era enterrar a recordação em um buraco infinito, perto do núcleo da terra – crematório natural. Ele foi o quarto filho, logo após as gêmeas, e antes de *la* María, eu viria ao mundo cinco anos depois.

 O que sei disso veio como indiscrição entre irmãos, um deles ouviu uma confissão de *Mamá* com o pastor da igreja do campo e, num ato de mea-culpa, contou todos os detalhes. *El* Aurelio não tinha um ano, ficou deitado no berço, *Mamá* saiu para trabalhar na horta e juntou os vegetais para fazer uma sopa. Uma tarefa levou à outra e passou um tempo, que para ela foi ínfimo, mas para *el* Aurelio, eterno. Ao voltar era tarde, tinha um lençol branco enroscado no pescoço, a cabeça roxa como se um hematoma tivesse tomado conta. Nem imagino a tristeza dela. Foi o primeiro dos dois enforcamentos.

 Uma vez, conversando com meu filho a respeito *del* Aurelio, ele lembrou de algo que leu uma vez sobre os indígenas da etnia Yanomami: eles praticam a antropofagia. Em ritual, separam a carne e os ossos do morto, queimam tudo até as cinzas, preparam um mingau de banana, misturam com o que restou da pira e a ingerem como forma de apagar por completo quem se foi. Todos os pertences do morto são destruídos e mesmo o nome próprio é apagado do vocabulário.

 Mamá não era da floresta tropical, mas fizera algo parecido. Em seu obituário, que circulou no jornal de Maciá, está escrito *"Amanda Teresa tuvo diez hijos"* – sim, ela já morreu –, e prossegue com uma lista dos nossos nomes por ordem de nascimento, não há menção *al* Aurelio, e, pensando bem, nós não sabíamos se ele fora enterrado em um cemitério. Na caderneta de família de *Mamá* aparece escrito o nome dele, mas não tem o carimbo de falecido que costumam colocar no documento, quase como se tivessem se esquecido de reconhecer a morte ou nunca a tivessem registrado. Uma parte de mim imagina que ele descansa na sombra da árvore que usávamos como guarda-sol na fazenda – virando lentamente parte da energia das folhas.

Com ou sem *el* Aurelio, na dúvida entre a sorte e estar vivo, chegou a segunda-feira e todos tomávamos *mate cocido* com o resto do pão duro que *Mamá* assara há uma semana. Eram cinco e meia da manhã e eu precisava chegar à casa dos Klein às seis, trabalharia lá até uma da tarde cuidando *del* Bruno e às duas tinha que fazer a limpeza na casa da família Ruschel.
    Pode soar bobo, mas quando cheguei à porta dos Klein bati palmas para avisar sobre minha chegada e, como não tive resposta, tentei bater na porta, algumas vezes. Nada. Insisti, combinando as palmas com batidas na porta, e ouvi o barulho da chave virando.
    "*Nena, no sabes tocar el timbre?*", perguntou a mulher à minha frente.
    "*Buenos días, señora.* Desculpe, o quê?"
    "Aperta esse botão branco do lado da porta."
    O som foi estrondoso, porque alguém preferiria isso a bater na porta escapava da minha compreensão, mas não seria a única coisa que descobri naquele emprego. Lembro de ficar maravilhada com os móveis de madeira e couro, com uma centena de copos de vidro e taças de cristal. Só a quantidade de tomadas elétricas marcava a diferença entre nosso domicílio e o dela.
    "Sou Norma, e você deve ser Margarita, encantada. Sabe que quase não se usam mais os nomes de flores?"
    Pedi licença para entrar na casa e a segui até a cozinha. Ela encheu a cuia de água fervendo e me perguntou se queria tomar chimarrão. Deveria? Aceitei e estiquei a mão para pegar, mas ela buscou uma cuia diferente, feita de lata. No momento não interpretei nada, mas com o tempo percebi que havia uma diferença nítida entre o que eu poderia usar e o que não poderia tocar, uma separação entre mim e eles que crescia a cada instante, uma luta invisível que perdi no primeiro round. Tem um cantor

espanhol do qual gosto muito, *el* Joaquín Sabina é o nome dele. Em uma das suas letras ele canta e me resume: *"Porque siempre hubo clases y yo soy el hombre invisible".*

"A água quente acabou, esquenta mais um pouco", disse *la* Norma.

"Claro, *con placer*. Onde fica o fogão a lenha?"

"Fogão a lenha? Faz uma década que não vejo um", respondeu ela, meio rindo, meio preocupada. "Deixa eu te mostrar. É um fogão a gás. Você gira isso aqui. Coloca um fósforo perto da fornalha e..."

Parei de ouvir qualquer outra coisa, só poderia ser mágica. Em casa demorávamos meia hora para que o fogo chegasse ao máximo, mas aprendi bastante rápido.

El Bruno acordou e correu até a mãe, cortando minha cara de menina do campo. Ele era grande, cheio e bochechudo, era evidente que se tratava do filho de uma família que nunca passou fome, mas o que eu me perguntava era como faria para carregar aquela criança no colo com minha magreza aguda.

La Norma me apresentou ao menino, que se mantinha aferrado ao torso da mãe, só faltava puxar a teta para começar a mamar. Os olhos dele me contavam a sua intenção, mas já não tinha idade para isso. E quem sou eu para falar algo do tipo se meu filho *chupó la teta* até os quatro anos na minha tentativa de lhe dar a fartura que não tive.

"*Bueno, vallan a jugar*, leva a Margarita para conhecer seu quarto."

Bruno desceu do colo, veio até a minha cadeira esticando a mão com um sorriso que me fez pensar que a casa dos Klein não seria tão difícil de administrar. A coisa é que *el* Bruno tinha tantos brinquedos que eu não sabia nem mesmo como usar e um quarto só para ele. Em casa, as meninas dormiam em colchões, e os meninos, no chão, em um quarto de dois por dois, com paredes de reboco. Já o quarto em que estava agora fora todo pintado de azul-bebê e em uma das paredes estava desenhado em muitas cores o abecedário. Vendo tudo isso, cheguei à conclusão de que existia uma vida melhor, ela só era mais cara.

Perto do meio-dia, ouvi que o esposo de Norma chegara para o almoço. Levei Bruno até a mesa e ela me apresentou.

"*Así que vos sos la Chula, che, solo con mirarte entiendo por qué.*"

Eu não tinha ideia de como ele conhecia meu apelido, foi um pouco assustador, e, quando virei o olhar em direção à *la* Norma, ela parecia muito constrangida e com um ou dois pingos de raiva no olhar dirigido a mim. Quando terminaram, lavei a louça e, já que ninguém me ofereceu almoço, preparei um achocolatado para o menino. Como não tinha mais ninguém na cozinha, enchi uma colher de cacau e a enfiei inteira na boca, dissolvendo o doce pouco a pouco com a saliva.

Quando deu o horário de ir embora, levei *el* Bruno pela mão até o corredor que dava no quarto dos seus pais. Comecei a ouvir um barulho familiar, o som indistinguível da pele batendo com outra pele, do tapa firme e covarde, que faz os dentes tremerem e instaura o medo como forma de relacionamento. Tenho quase certeza de que ouvi *Chula* no meio da gritaria. Peguei *el* Bruno no colo, fui até o quarto dele e perdi, sem ressentimento, o horário do meu almoço. Entoei uma cantiga que aprendera no campo, buscando abafar o barulho. Teria gostado que alguém me protegesse assim, por isso refaço minha frase anterior: havia uma vida melhor, mas precisava da ausência dos homens – *refregarse en la plata no borra los hematomas.*

Sem nada na barriga, apressei o passo porque a casa dos Ruschel ficava a mais ou menos dois quilômetros de distância. *Mamá* com todas as letras que chegar atrasado era coisa de vagabundo e que se ela ouvisse um rumor sequer sobre seus filhos fazendo algo errado, o cinto seria a resposta, um cinturão de *Papá* que ela escolheu guardar. Penso que não preciso adicionar nada, as cartas estavam nítidas sobre a mesa.

Cheguei, me apresentei e a primeira coisa que disseram, antes de qualquer oi, foi "pode começar pelos banheiros". Nunca vi tantos produtos de limpeza na minha vida, precisei perguntar mais de uma vez o que usar em cada coisa. O dia corria bem até que me pediram para lavar as roupas, e *la* Estela Ruschel me entregou um balde de vinte litros vazio, pedindo que o carregasse com água na cozinha e que o levasse até o quintal para não fazer bagunça dentro da casa. Mal conseguia levantar o balde vazio, meus braços eram muito curtos naquela idade para agarrar as duas abas. Enchi bem pouco, o suficiente para lavar tudo. Em casa usávamos muito menos água para a mesma tarefa. Contudo, *la* Estela deu uma risada e disse que, "com essa quantidade de água, a roupa vai tomar banho de sujeira. Pode encher mais". Fiscalizando o trabalho, colada nas minhas costas, senti o cheiro do bafo que emanava como um gás tóxico da sua boca. Fechei a torneira e ela disse: "pode encher mais, sem medo". Eu queria falar para ela que não teria como carregar o balde cheio, mas era o primeiro dia de trabalho, e *Mamá* nos tinha sob ameaça se perdêssemos o emprego – aliás, ela nos tinha sob ameaça vinte e quatro horas por dia. Usei alguns panos da limpeza para escorregar o balde até o quintal. A porta de saída ao pátio levava até a lateral da casa, um lugar visível se alguém passasse na rua. Por isso, *la* Estela ordenou que levasse o balde até o fundo do quintal, que é mais escondido, e me perguntei se ela queria esconder a lavagem ou se queria *esconderme a mi*.

Por uma das abas, comecei a arrastar o balde pela grama, que ajudava muito em escorregar o latão, mas *la* Estela veio rápido me falar: "assim você vai estragar o quintal. Tenho que te ensinar tudo? É só levantar". Procurei não deixar escapar nenhuma das caretas que tinha vontade de fazer, mordi a língua e, não sei como, levantei aquilo. Talvez uma intervenção divina, em que meus cabelos loiros tenham se transformado na cabeleira do Sansão. Na primeira levantada, ouvi um tak tak taks na coluna, acompanhado de uma descarga de dor profunda – meus olhos umedeceram. *Ni una lágrima más, ni una lágrima más, ni una lágrima más.*

Voltei para casa caminhando devagar e curvada, porque as vértebras estavam coladas umas nas outras. Naquela época não existiam remédios para esse tipo de dor, ou melhor, existiam, mas não tínhamos condições de comprar, e *la* Catalina, que me viu chegar primeiro, depois que contei sobre o balde, começou a xingar os Ruschel com todas as más palavras que sabia em alemão. Ela ameaçou falar com eles se seguisse dessa forma. Essa foi a deixa que precisava para começar a me calar sobre minhas dores. Perder o emprego não era uma opção porque *Mamá* ia encontrar um ainda mais difícil – era a sua ameaça para todos.

La Emérita preparou um chá que todos os irmãos conhecíamos muito bem, nenhum de nós era imune às agonias do sacrifício. Misturou água fervente com erva-doce, eucalipto e carqueja e, para meu paladar de criança, era um tormento. Por isso fiz o possível para engolir tudo de uma vez na esperança de que o efeito dos matos me ajudasse depressa.

Assim que *Mamá* chegou, tentei me endireitar tanto quanto consegui. Ela pegou uma pá, me entregou e disse que queria que eu remexesse a terra para poder plantar alguns vegetais no dia seguinte – calada, obedeci. No quintal, *el Chueco* carregava tijolos, o pagamento do seu trabalho, e tábuas de madeira para construir o teto que faltava na casa. Quando me viu de cócoras, veio me ajudar. De perto, era possível sentir o cheiro forte de álcool que ele exalava a cada respiração. Quando terminamos, ele me disse que ia dormir no quintal, em cima das tábuas, porque o patrão dele avisou que em Maciá material de construção era ouro e que à noite era comum que tentassem roubar. Eu não sei se isso era verdade ou se era apenas uma forma de esconder a embriaguez dos demais, *el Chueco* era conhecido pelas mentiras.

"Você sente saudades do campo?", perguntei.

"Con todo el corazón, Chula."

Daquela vez senti que falava a verdade.

Capítulo IV

Os dias se passaram lentamente, com a destreza de uma lesma preguiçosa. Algumas semanas da mesma rotina, das mesmas dores, dos mesmos tak tak taks ressoando pelo corpo, indicando que algo não andava bem com a minha coluna. Também continuavam as mesmas nítidas divisões entre mim e eles. O meu suor, descobri, é diferente da transpiração dos patrões. Quase como se o meu fosse ácido enquanto o deles era alcalino. Gostaria de poder falar que com o tempo as coisas se tornaram mais leves, que *la* Estela não me fazia carregar mais os baldes cheios, que *la* Norma abandonara a sua postura constantemente depreciativa e que eu não precisei mais cantar alto para que *el* Bruno não ouvisse as brigas entre os pais, mas tudo continuava igual. Passei a inventar letras de músicas quando meu repertório de cantigas acabava. Ouvir essas disputas se tornou uma rotina quase diária, é covarde chamar de "desentendimentos", como *la* Norma dizia quando tentava explicar por que tinha novas marcas no rosto. Comigo ela não precisava mentir, mas se eu falasse isso em voz alta, perdia o emprego. Ela saía do quarto ora com um olho roxo, ora com a mão marcada, dedo a dedo, na bochecha. Pensando em tudo isso, me lembrei de uma música que *el* Carlos Gardel interpreta:

No pienses más, sentate a un lado
Que a nadie importa si naciste honrado
Da lo mismo al que labura
Noche y día como un buey
Que el que roba, que el que cura
O está fuera de la ley.

Não é a letra inteira, mas sempre que ouço essa parte específica fico arrepiada.

Mamá começou a deixar o rádio a pilha ligado por mais tempo, e nós adorávamos ouvir música durante o dia. À noite, quando voltávamos da escola, sentávamo-nos todos ao redor do aparelho para ouvir as radionovelas com todos seus efeitos sonoros. A que mais gostávamos era *Los Pérez García*, que contava o cotidiano de uma família argentina com pouca sorte na vida, muito pouca mesmo – tem até uma expressão em espanhol que carrego comigo: *Tienen más problemas que los Pérez García* – e com o tempo descobri que parte de Maciá usava essa expressão para falar dos Lung.

Era um sábado ou um domingo, não me lembro direito. Só sei que naquele dia não tinha que trabalhar na casa dos outros, o que para *Mamá* significava ter bastante mão de obra para fazer o que ela queria ou inventava. E assim que acordei me mandou limpar o banheiro, uma tarefa que nenhum dos irmãos queria fazer – estávamos na merda todos os dias, normal era querer fugir dela. Juntei o que precisava para esfregar tudo e fui até o cubículo. Tentei entrar, mas a porta estava fechada.

"Ocupado", reconheci a voz de *la* Amanda.

"*Dale boluda*, que tenho que limpar sua sujeira."

"Vou demorar mais um pouco… Volta em dez minutos."

Roubei um tomate da horta e deitei do lado de fora, aproveitando a manhã de sol. *La* Amanda demorou bastante, e vez ou outra eu a ouvia fungando, como se tentasse esconder o choro.

"*Chula*, você continua aí?"

"Sim, já terminou? Está tudo bem?"

"Preciso de um favor. Você pode chamar a *Mamá*?"

"Sim, claro, o que falo para ela?"

"Só fala que estou sangrando."

Ao ouvir isso saí correndo para procurar *Mamá*. Ela estava sentada do lado de fora, bordando uma toalha de mesa azul-bebê na sombra de uma corticeira com suas flores vermelhas e côncavas – não consigo esquecer a imagem. Sem ar, demorei alguns segundos para me recuperar.

"*Mamá, Mamá. La* Amanda está te chamando. Disse que *le está saliendo sangre por el culo.*"

Ela se levantou da cadeira como quem não tem muita pressa. Frente a frente comigo, respirou fundo e levantou a mão no ar, a mão gorda dela, e me deu uma bofetada que tenho certeza de que afrouxou a ligação entre meus dentes e os ossos da face. Foi com tanta força que, mesmo combinando todos os tapas de *la* Scarlett O'Hara em *E o vento levou*, eles não chegavam nem aos pés da brutalidade de *Mamá*. Fico me perguntando se foi por causa desse episódio que nos meus cinquenta anos tive que extrair todos os meus dentes para fazer um implante.

Como castigo estendido, *Mamá* aproveitou sua raiva e a focou toda em mim. Depois de ajudar a *la* Amanda, me entregou uma pá – era uma das poucas coisas de *Papá* que conservara. O cabo de madeira e o ferro dobrado na ponta de tanto uso faziam as tarefas muito mais difíceis, mas não era uma prioridade comprar outra.

"Faz um buraco no chão. Com um metro de profundidade. Não precisa ser muito largo."

"Para quê?"

"*Parece que te gusta que te golpeen.*"

Não perguntei mais nada, e a tarefa toda levou o dia inteiro, com pausas apenas para respirar fundo e esticar a coluna. Mal conseguia imaginar como poderia trabalhar na segunda-feira desse jeito. *El Chueco* tentou me ajudar, mas *Mamá* não o deixou, o castigo era meu e tinha um quê de sadismo típico dela. Quando saía da casa para ver como andava o trabalho, eu conseguia ver um sorriso contido no seu rosto. Lembro das cenas de filmes em que o mocinho é obrigado a cavar a própria cova, mas o tamanho que ela pediu só daria para enterrar apenas um animal pequeno.

Entrei na casa e avisei que o buraco estava pronto. *Mamá* saiu e aprovou o resultado. Usou um manto de plástico para cobrir o fundo e as paredes de terra, então tomou *el* Orlando das mãos de *la* Catalina – uma das poucas vezes em que a vi carregando aquela criança, já que, se dependesse dela a criança seria criada somente pelas irmãs, mas como o cheiro do dinheiro era seu ponto fraco, acabava cuidando dele nas horas em que todos trabalhávamos – enquanto os outros dois pequenos, *el* Carlitos e *la* Marta, cuidavam um do outro.

Ela foi até o buraco, e como se fosse um berço, colocou o menino dentro, como o faria pelas semanas seguintes. Ele começou a chorar e não parava de mexer as mãozinhas para o alto pedindo que o tirassem dali. *La* Émerita *y la* Catalina balançaram a cabeça até *Mamá* se virar. Se soubesse que o buraco era para esse fim, eu teria resistido um pouco mais, naquele momento eu era cúmplice de *algo horrible*.

Com o passar dos dias fiquei me perguntando se o buraco na terra era para ela uma segurança. Mas a forma como *Mamá* olhava para *el* Orlando era cheia de ressentimento. Ele nasceu quando *Papá* morreu, no mesmo ano e com poucos meses de diferença. Foi seu último presente antes de ir, e *Mamá* enxergava o menino como se fosse o Arcanjo Miguel, *el conductor de la muerte*.

O primeiro mês de trabalho, chegou ao fim e os patrões pagaram o que *Mamá* combinou, a maioria de nós não sabia qual era o valor do nosso trabalho, e ela, no dia anterior à bonança, avisou a todos que se faltasse um centavo, ela perceberia, disse que era melhor colocar no bolso sem nem sequer contar. Era a primeira vez que meu sacrifício gerava algum dinheiro e reconheço que mal consegui esperar para ter a minha própria grana.

Com o dinheiro no bolso do vestido, saí da casa dos Ruschel e fiz um pequeno desvio na rota. Voltei pela rua principal, a que visitamos nos primeiros dias em que nos mudamos, parei em frente à sorveteria e me apoiei na parede de uma das lojas, faltava apenas atravessar a rua e poderia entrar pela porta de vidro e descobrir se o sabor que criei nos meus pensamentos era igual ao da realidade. Não sei quanto tempo se passou. Engoli a seco todas as vezes em que as pernas ameaçavam avançar. Atravessei a rua até a metade e senti a necessidade de sair correndo a toda velocidade na direção contrária. Não parei até chegar em casa. *Algún día, pensé; algún día, pensé; algún día...*

Contando um pouco sobre mi *Mamá* para uma amiga, acompanhadas de café e *medialunas*, distante de Maciá ou do campo, já nos meus quarenta anos, ela me perguntou se em algum momento *Mamá* demonstrava ser feliz. Tive que pensar por tanto tempo que o silêncio virou uma resposta. Lembrei da caixinha de papelão que ela costumava deixar no centro da mesa nos dias de pagamento. Quando começava a encher com os *pesos*, ela sorria, até cantarolava em alemão. Contava uma e outra vez as notas com destreza, como se os dedos ainda se lembrassem da sua época de Michel. Ela separava a maior parte em um bolo que guardava no bolso do vestido. Naquele dia do primeiro pagamento e da minha vontade crescente de tomar um sorvete, sabendo que o destino das cédulas era para o pastor, me senti traída. Ela sempre falava que pagar o dízimo era uma obrigação das famílias luteranas e que não se deve discutir com a vontade do senhor. Mas ninguém me avisou que o *"señor"* morava a três ruas da nossa casa, que tinha gás instalado, que construíra há pouco tempo uma lareira, que podia comprar lenha para queimar à toa e a fumaça escapava pela chaminé até nos dias em que não fazia tanto frio. O *"señor"* mandava seus filhos à única escola privada da região e tinha gosto por carne de primeira. Fiquei raivosa quando a mesma amiga que me perguntou sobre os momentos alegres de mi *Mamá* me explicou que a Igreja Luterana nunca exigiu o dízimo de seus fiéis.

Eu estava esgotada do dia de trabalho, arrastando os pés. *Mamá* avisou que iria dar uma saída e me mandou lavar a roupa. Lembro que, mesmo sabendo do tapa que ela me daria, fiz a pergunta que girava na minha cabeça.

"O dízimo não é o dez por cento do que se ganha? Por que você separou mais da metade..."

"*Es porque nosotros somos mucho más gratos que los demás.*"

A família de uma das casas onde *la* Catalina trabalhava fazendo faxina teve que se mudar de Maciá para Buenos Aires e, por mais insólito que pareça, a reação imediata de *Mamá* foi brigar com ela por perder o emprego. Nunca sabíamos para qual lado ela iria atirar, mas tínhamos certeza de que empunhava a arma como uma pistoleira, sempre nos surpreendendo das maneiras mais amargas possíveis.

Pensando bem, a amargura era um sintoma de algo muito maior. *Mamá* era uma pessoa que sofria sozinha porque não conseguia baixar a guarda e não se abria com ninguém. Na igreja, construiu uma persona quase que de plástico e, em casa, nunca conseguiu se confessar com os filhos, não tinha família para dividir as dores, algo que a afligia, e quando repousava os olhos na gente, o fazia com tanta raiva que chegava a sair espuma pela boca.

Falei com os Ruschel e eles conseguiram serviço para *la* Catalina na casa à frente da deles. No primeiro dia dela na casa nova, caminhamos juntas sob uma garoa gelada soprando o ar quente dos pulmões nas mãos – meu filho me contou uma vez que pulmão, em inglês, se escreve igual ao nosso sobrenome.

De todos os dias, as segundas eram as piores. No fim de semana, a família sujava o dobro de roupas, muitas tomadas pela lama da fazenda que costumavam visitar. O uniforme de polo do marido de *la* Estela chegava imundo, por isso comecei o dia de trabalho levando o balde de metal até o quintal, já éramos íntimos. Aproveitando que estava sozinha, o arrastei com a ajuda de panos, decidindo que daquela vez não ia carregar tudo até o fundo do pátio, onde *la* Estela costumava me esconder. Mas mesmo assim levantei o balde para não estragar a grama, porque não tinha saco para lidar com o que ouviria depois. Do outro lado da rua vi *la* Catalina pendurando lençóis no varal, a princípio não me viu. Quando o vento levantou os tecidos, ela largou tudo e correu para atravessar a rua.

"*Chula*, o que você está fazendo! Isso é muito pesado."

"*La* Estela me falou que prefere que eu levante para não estragar o quintal."

"Eles precisam instalar uma torneira do lado de fora, com uma mangueira."

"É, mas prefiro não falar nada, vai que..."

"Vai que nada, hoje vou falar com eles."

Comecei a chorar e, morta de medo, me curvei para continuar. *La* Catalina soltou um *ay, dios mío* e apoiou a mão na minha coluna. Ela disse que mesmo por cima da roupa dava para ver uma corcunda, e eu só sentia as dores, sem ver o efeito. Entrei no banheiro, levantei a blusa e consegui ver pela primeira vez um "S" em formação – letra que me acompanha até hoje e na qual cirurgião nenhum se atreveu a tocar.

La Catalina esperou a volta de *la* Estela e, comigo do lado, fez questão de mostrar as minhas costas. Foi bastante dura e lembrou-a de que eu ainda era uma criança, que as vértebras eram quase de gelatina, na volta para casa, não consegui parar de chorar, morrendo de medo de perder o emprego e de que *Mamá* buscasse algo ainda pior. Não sei se foi por um sentimento de culpa ou se minhas costas a assustou. Mas no dia seguinte *la* Estela comprou uma mangueira muito longa para chegar até o fundo do quintal. Mesmo assim, não deixou de ser fiel às atitudes de sempre. Ela disse "agora não há mais do que reclamar" e jogou a mangueira nos meus pés.

Comíamos, mas com menos da metade dos nossos salários restando para abastecer a casa e pagar a conta de luz – depois da primeira, *Mamá* decidiu que voltaríamos a usar as lâmpadas de querosene –, sobrava muito pouco. Por isso todo dia primeiro de cada mês a prefeitura de Maciá distribuía cestas básicas para as famílias que precisavam. Aposto que o *"señor"* não necessitava de nada disso, mas o orgulho de *Mamá* era tão grande que se recusava a buscar a comida, então eu e *la* Amanda ficávamos na fila sem que ela soubesse.

No caminho de volta para casa, abríamos a lata de leite em pó e, com as mãos, juntávamos tudo o que podíamos e enchíamos a boca até que o sabor doce, e ao mesmo tempo salgado, dominasse a língua e a saliva dissolvesse a farinha amarelada. Na metade do caminho, como planejado, encontramos *con el Chueco* e *la* María, que repetiram nosso gesto, bem no finalzinho da lata, quando já começávamos a ver o fundo, lambíamos os dedos para que ficassem bem úmidos e assim o pó grudasse nas pontas sem que nenhum farelo fosse deixado para trás.

Em casa, deixávamos o restante da cesta em cima da mesa e *Mamá* fingia que não sabia de onde veio, não sei como não se cansava de atuar uma e outra vez sabendo, é claro que sabia, que não nos enganava. A coisa é que ela insistia no teatro e nós meio que jogávamos juntos, olhando um para o outro na tentativa de conter as risadas: *"Mamá es loca pero no come vidro"*.

Há um buraco na minha memória, uma dobra no tempo, algumas páginas coladas umas nas outras. Não consigo me lembrar de quase nada do que aconteceu dos meus sete anos até o início da minha adolescência. Quiçá fosse um daqueles bloqueios que acontecem para melhor, ou quem sabe não fui engolida pela rotina, que é uma máquina de extinguir memórias. Quando me contam anedotas desse período, como o meu apego por uma boneca que não largava, a surra que *Mamá* me dera com uma vara de bambu ou como quase morri de meningite e fui salva por um curandeiro usando apenas alguns litros de leite de cabra, tudo parece inventado.

    Sentada no muro na frente de casa, observando o ir e vir, acompanhada de um cachorro que conheci naquele dia e apelidei *el Teniente* – porque desde que se sentou aos meus pés me senti protegida –, não tinha a dimensão dos caminhos que percorri, todos de terra, com chuva e lama, e desde que nos mudamos para Maciá comecei a me sentir distante do campo entrerriano, do campo argentino, do campo em que nasci. De lá até aqui foi um estirão, nascida em Crucesitas Octava, departamento de Nogoyá, um estirão, e naquele instante, sentada no muro, estava o mais longe de lá que já chegara. Sete anos e uma vida quase completa, faltava morrer apenas, tudo com uma intensidade imposta e dores que me pediam ignorar, mas que se fizeram lamentos silenciosos. *Una vida, una, dos, tres, cuatro, cinco...* não sabia quantas mais chegaria a percorrer, mas naquele momento de contemplação, a salvo *con el Teniente*, desejei, da forma como conseguia naquela idade, que o caminho até essas outras vidas fosse também um estirão. O tempo nos engole sem pedir desculpas. Saio deste túnel pelo outro buraco de luz. Parabéns, Margarita, temos treze anos, e, sim, *el Teniente* morreu envenenado alguns meses atrás.

Capítulo V

Yo seguía limpiando casas y culos de montão, de certa forma a limpeza já devia fazer parte do DNA das mulheres Lung, mesmo que forçada, mesmo que tenha entrado no cérebro como doutrina, mesmo que como resultado você ganhe uma corcunda, mesmo que as mãos estivessem todas rachadas devido aos produtos de limpeza, mesmo que as mesmas mãos quase congelassem nos dias de inverno, mesmo que os mesmos dedos das mesmas mãos ficassem azul-escuros e doessem muito quando submergidos em água morna e sal, mesmo que o homem de uma das casas em que trabalhava me comparasse sempre com um *tractor*, porque segundo ele nada consegue me parar quando estou limpando, *la reputa que te parió*.

Agora, a bunda das crianças de que cuidava? Fichinha. Difíceis eram os pais, que corrigiam constantemente o modo como eu falava porque – e uso as palavras deles – era coisa de "gente sem educação". Tentava mudar, mas era algo mais forte do que eu. Criticavam a forma como eu comia e como segurava os talheres, e me falavam constantemente que era um péssimo exemplo para as crianças. Mas não se perdem os hábitos da noite para o dia, e eu não via nada de errado no meu comportamento. Os patrões exigiam muito e pagavam pouco, e eu ainda estudava à noite para terminar atrasada a escola primária. Chegava tão cansada às aulas depois do dia de trabalho que mal conseguia prestar atenção. Mais de uma vez fui tirada da sala por dormir na carteira.

Eu continuava trabalhando na casa dos Klein, cuidando *del* Bruno, mas os Ruschel se mudaram de Maciá para Rosario, e eu agradeci aos céus que não pediram para me levar junto porque, com a coluna retorcida do trabalho que me obrigavam a fazer, fiquei cheia de tanto ódio que era difícil não deixar transparecer. Senti um pouco de prazer ao ver que o homem da casa chegou com um olho roxo no meu último dia de trabalho. *Mamá* encontrou outro emprego para mim na casa dos Troncoso, a família dona do único açougue da cidade. Eram muito mais gentis comigo, mas reproduziam a dinâmica dos Klein – violência constante entre quatro paredes. Deve ser por isso que, quando me perguntavam se eu tinha intenção de me casar, sempre respondia que *ni en pedo*, homem nenhum ia encostar em mim daquele jeito.

Em casa, *Mamá* celebrava que *el* Carlitos e *la* Marta tinham idade suficiente para se unir à mão de obra. *El* Orlando se salvou porque na cidade era difícil achar um emprego para um garoto da idade dele, tão magrelo que ninguém enxergava muito potencial para trabalhos braçais. Ficava em casa o dia inteiro com *Mamá*, mesmo preferindo que fosse diferente – algo que era pior que qualquer um dos empregos que os outros irmãos tinham. Os dos mais velhos demandavam sacrifício físico e ouvir uma ou outra barbaridade, já o dele era uma tortura emocional constante.

Mamá não era a mais justa das pessoas. Sempre tivera um filho favorito, de dez, apenas um, *el* Carlitos. Por isso encontrou trabalho para ele em uma loja de materiais para construção, e tudo que ele tinha que fazer era ficar atrás do balcão e pegar o que os clientes precisavam; isso nos enchia de raiva, principalmente a mim, pois eu tinha que lavar as roupas dele. Segundo ela, precisavam estar sempre impecáveis.

Sem que ele soubesse, cunhamos um apelido: *el Principito*, era o único que recebia parte do pagamento como recompensa. *Mamá* achava que não sabíamos disso, mas *el* Carlitos não era nem um pouco discreto. Ainda que compartilhasse o que comprava com a gente, quem decidia o que comprar era ele, e nunca prestou muita atenção aos nossos pedidos, por mais baratos que fossem. Eu chegaria a um ponto crítico, ponto sem volta, que ainda levaria alguns longos meses para estourar, mas a verdade é que ele tinha pouca culpa, sempre fora criado de forma diferente. Ainda assim, nós vivíamos em uma casa pobre, e ele, na mesma casa, vivia como um pequeno burguês, até o nariz dele saiu mais empinado do que o do resto.

La Amanda e *la* María, assim como eu, não pararam nunca de trabalhar e de colocar os salários na caixinha de papelão, *la* Emérita e *la* Catalina, as gêmeas, já eram maiores de idade e transpareciam o desejo de fugir logo de Maciá. *Mamá* não tinha mais tanto controle sobre elas, e *la* Emérita chegou a pegar a mão de *Mamá* em pleno voo para interromper um tapa que não merecia – foi prazeroso assistir ao momento e, depois, quando *Mamá* saiu para a igreja, brava que nem coruja cuidando do ninho, demos os parabéns pela coragem que a nossa irmã teve ao enfrentá-la. Eu me senti inspirada.

El Chueco, bom, *que sé yo*, nesses últimos anos mal o víamos em casa, e quando chegava, estava mais *chueco* do que antes, caminhar em linha reta não era a sua especialidade, tanto pela perna quanto pela quantidade de álcool que enfiava naquele corpo. Se morresse, tenho certeza de que demoraria para começar a se decompor ou que ia deixar algumas larvas muito ébrias. *Mamá* fingia que não via, todo mês ele deixava grana na caixinha e nunca ninguém veio fazer qualquer reclamação – para ela isso era suficiente, cada um escolhe seu veneno. *El Chueco* escolheu um dos de *Papá*. Bela herança.

Toda sexta-feira, quando terminava a limpeza na casa dos Troncoso, *el* senhor, Santiago, pai da família, que eu chamava mentalmente de senhor, fazendo uma voz debochada naquela palavra em particular, me convidava a ir até o açougue para pegar as sobras da carne que não conseguira vender durante a semana. Antes que estragasse, preferia fazer um pouco de caridade. Foi ele quem usou esse termo pela primeira vez. Sempre achei que era uma tentativa de compensar a violência que eu via constantemente na sua casa. Santiago trocava a carne pelo meu silêncio. Décadas após, quando contei algumas dessas histórias para meu filho, ele questionou a quantidade de homens violentos que passaram pela minha vida. Disse que não parecia real, quase como em um filme *del* Almodóvar, um pouco desmesurado, mas posso atestar, porque vi tudo com os olhos meus, que a verdade, às vezes, parece invenção e dei um chega pra lá na incredulidade dele.

A coisa é que naquela semana sobrou bastante carne, e *el* Santiago separou tudo em três sacolas que, quando abaixei para pegar, travaram minhas costas, e senti uma dor imensa, que não consegui disfarçar. Caí sentada no chão. Atrás de mim uma garota da minha idade que esperava para ser atendida ajoelhou ao meu lado e, devagar, me ajudou a levantar. O açougueiro nem se dignou a sair do outro lado do balcão.

"*Despacito, no te apures*", disse ela. "Me chamo Ofélia, você mora muito longe daqui?"

"*En la nueve de Julio, gracias* pela ajuda, *soy* Margarita."

"*Dale*, vou com você até lá", disse, e pegou as sacolas da minha mão.

Saímos do açougue e no começo caminhávamos caladas. Constrangia-me ser ajudada, mas no momento em que quebramos o silêncio soubemos que não conseguiríamos parar nunca mais. Falar pelos cotovelos era pouco, falávamos com o corpo inteiro.

"O que aconteceu com a sua coluna? É bem torta. Desculpa falar isso assim, mas eu vi algo esquisito no seu vestido."

Acostumada que ninguém se preocupasse comigo, em casa ou no trabalho, fui pega desprevenida, mas eu conseguia ver nos seus olhos uma sinceridade que há tempos não via. Me lembrava do carinho de *la* professora Marta lá do campo. Não eram nem um pouco parecidas, mas prestavam atenção como nenhuma outra pessoa que conheci. Contei que trabalhava desde muito nova, que o trabalho me seguia até em casa, que carregar coisa pesada era parte do meu cotidiano e que *la* Estela Ruschel me fazia carregar os baldes de vinte litros...

"Aqueles gigantes de lata?"

"Esses mesmos."

"*Que hija de puta!*"

"Pelo menos já foram embora de Maciá."

"*Mamá* me contou que eles saíram da cidade porque ele emprestava dinheiro para os peões do campo, cobrava uma fortuna de juros, e eles se juntaram, espingarda em mão, e deram prazo para ele correr da cidade."

"Agora faz sentido. Ele apareceu com um olho roxo no meu último dia de trabalho com eles. Foi merecido. Espancava a Estela sempre."

"*Hubiese estado bueno que lo ataran de las bolas en un ventilador y lo prendieran al máximo.*"

Alguém que pensava como eu, que não colocava ninguém em um pedestal.

"Até agora não conheci nenhum casamento feliz", adicionei.

"*Mi Mamá...* sempre foi solteira."

Percebi que ela esperava uma resposta em reprimenda ou o início de um sermão. Imagino o que já devem ter dito os outros para gerar esse tom de insegurança. *Mamá* era viúva, estar sozinha era esperado, mas ter uma filha sem nunca ter se casado... era o primeiro caso que se conhecia em Maciá.

"Adoraria falar com a sua mãe algum dia, e pode me chamar de *la Chula*, é assim que me chamam meus irmãos."

"*Chula*, se você seguir pela *Nueve de Julio* até o cruzamento com a rua Bernardino, quase chegando ao cemitério, minha casa é a que está pintada de amarelo. Vem algum dia, podemos tomar um sorvete. *Yo te invito.*"

Uma vez por mês *el* Carlitos trabalhava um sábado na loja de materiais para construção, *Mamá* se orgulhava da dedicação do filho e com frequência falava que nenhum de nós se sacrificava tanto quanto ele, que nenhum dos seus outros filhos trabalhava nos finais de semana. Tudo tinha muito mais a ver com o fato de ele ganhar mais que a gente do que com qualquer outra coisa. Ela farejava o dinheiro antes que chegasse em casa, até a quatro quarteirões de distância. Tinha o olfato digno de um Basset Hound em uma caçada de patos.

Nesses sábados, *Mamá* preparava uma mesa cheia de comidas que adorávamos: *strudel* salgado, que é a massa de talharim esticada bem fininha e enrolada com folhas de repolho no meio, tudo cozido em uma panela de molho de tomate com as coxas de frango que eram produto da "caridade" do açougueiro. *Mamá* nunca agradeceu a carne que era produto do meu trabalho. Na mesa havia uma sobremesa de amido de milho, leite e açúcar queimado, vinda da cesta básica que buscávamos todos os meses na prefeitura, e uma gelatina de laranja com pedacinhos de fruta dentro, iguaria reservada apenas para dias especiais.

Sempre foi nítido para todos que *Mamá* não tratava os irmãos como iguais, já sei que devo ter falado isso algumas vezes antes, mas sou repetitiva porque esse tratamento era replicado tantas vezes que ela nem se dava ao trabalho de fingir que não era bem assim. Dos dez, somente *el* Carlitos gerava adoração. Os outros nove, éramos figurantes, daqueles que nem tem o nominho mencionado nos créditos finais, sabe, que aparecem como "Empregada #1" ou "Limpador de vidros #2".

A coisa é que *Mamá* colocou tudo em cima da mesa com uma toalha que ela mesma bordara com detalhes brancos; era um banquete, e se alguém se atrevesse a chegar perto, provar um pouquinho que fosse, teria uma cara cheia de dedos.

"*No se toca nada hasta que el Carlitos llegue.*"

"*Mamá, tengo hambre*", disse *el* Orlando. "*Puedo agarrar un poco de pan?*"

"*No se toca nada.*"

"*Es que tengo mucha hambre.*"

Mamá o arrastou pelo braço e perdemos a conta de quantas palmadas o garoto levou. Como chorava, era uma torrente. Quando ela se distraiu, ele entrou na cozinha e segurou a toalha de mesa pelas bordas, tentando fazer aquele truque em que arrancam um mantel sem que nada na mesa caia. Não deu certo. O barulho da panela caindo foi estrondoso, o prato da gelatina estourou em uma quantidade de pedaços que não conseguiria contar e o creme de amido de milho se desfez antes mesmo de chegar ao chão. *Mamá se puso roja, colorada.*

"*Sacame a este mocoso de acá. No lo quiero ver más. Hoy duerme en el patio.*"

La Emérita foi rápida e escondeu um bom pedaço de pão no nosso quarto. O instinto de proteção nos fez esconder *el* Orlando com a gente e comemos a única coisa que tínhamos. Ninguém provou do *strudel* ou do doce, somente pão, mas havia um gostinho de vitória. Aquela fome valia a pena. Seis anos. Sim, seis anos e toda essa coragem.

Carlitos chegou três horas depois do previsto, ficou para um churrasco improvisado pelos que trabalhavam na loja, e na mão trouxe um pano de prato com costelinhas para todos. Ele não era uma criança ruim, mas *Mamá* o tratava tão diferente do restante que vivia em um mundo feito de nuvens, muito longe da realidade dos demais. Não sei se sentíamos inveja, se era alguma forma de ciúmes, mas admitir isso não me fazia bem, já que de certa maneira seria reconhecer que buscava a aprovação de *Mamá*, e eu estava muito longe de desejar isso. De qualquer modo, esse leque de sentimentos não costuma vir transparente, sem vieses, não se tratava de estar feliz ou triste com a situação da nossa relação materna. Eu observava como meus irmãos se embrenhavam com o que sentiam, formando um híbrido que não tenho vontade de experimentar. Viviam divididos entre a dor da rejeição e a busca por uma aprovação que, ainda não entendiam, tinha muito pouco valor. Quase como esperar que um urso surja da floresta apenas para nos dar um abraço.

Fui a primeira a acordar, e encontrei *el Chueco* dormindo no quintal. A casa estava mais ou menos pronta, mas ele continuava ganhando um pouco de materiais, algo que era sempre bem-vindo para arrumar o que o tempo estraga. Uma telha por ali, trocou o suporte do banheiro, fez uma churrasqueira de chão improvisada e cercou a horta com uma tela para que os passarinhos não comessem toda a nossa alface, até montou um mini espantalho cuja função desejada era assustar os bichos, mas logo virou um suporte para que tomassem sol.

    Fiz *mate cocido* para todos, enchi uma xícara e acordei meu irmão com um chute leve nas alpargatas cheias de restos de cimento. Ele despertou achando que se tratava de *Mamá*.

    "*Chula, que cagazo, boluda.*"
    "*Toma un poco de esto, lo vas a precisar.*"
    "*Gracias, ayer trabajé hasta muy tarde...*"
    "De onde você tira o dinheiro para ficar bêbado assim todos os dias?"

    El Chueco respirou fundo, como se estivesse decidindo naquele momento o que me contaria e o que não, e eu, sempre com um pé atrás, sem saber o que era mentira, o que era parcialmente verdade e, mais raro, o que representava o real.

"*No se lo cuentes a Mamá, me dieron un aumento*, mas como o capataz gosta muito de mim, combinamos que ele daria essa parte do dinheiro direto na minha mão e..."

"*Qué boludo que sos*, tá bebendo o dinheiro inteiro?"

"*Entero, entero no*, sobra um pouquinho para comprar cigarro."

"Se *Mamá* fica sabendo, te mata."

"Fala pra ela que pode vir, não tenho medo dela, não. Daqui a pouco me mando *con la* Mabel e digo adeus a esta cidade de merda. *Mamá* já fez bosta suficiente."

Ele mesmo desmentiu toda essa coragem, porque começou a falar baixinho para ninguém ouvir. O diabo nunca dorme, mas finge que dorme quando lhe convém.

"Você tem algum casaco para me emprestar?"

"Sim, onde estão as suas roupas? O outro dia vi que não tinha nenhuma no quarto. Pensei que você tivesse ido embora."

"Está tudo na casa de *la* Mabel."

Foi um olhar, não dois nem três, e tudo fez sentido – em um instante percebi que ele mentia.

"Quer dizer que se eu for lá na casa dela agora, vou achar todas as suas roupas?"

Ele nada respondeu.

"Quer dizer que se eu for falar com o capataz, ele vai confirmar que você recebeu um aumento?"

Mais uma vez, nenhuma resposta.

"*Chueco*, você está vendendo as roupas para comprar *caballito blanco*?"

"*Chula...*"

Ele levantou, perdendo o equilíbrio e, com passos moles, saiu pela cerca de madeira que ele mesmo martelara, *casi se la llevó por delante*. Sem olhar um segundo para trás, me deixou no quintal com uma dezena de perguntas. Quiçá ele estivesse com vergonha de mentir logo para mim, que sempre fui sua confidente, mas me dói pensar que contar a verdade fosse tão mais difícil do que tentar me iludir.

Eu o vi mais duas vezes, na primeira me ignorou completamente, na segunda... Bom, puxou-me pelo braço para fora de casa. Sentamos embaixo de uma das árvores que vieram com o terreno. Eu estava feliz que ele viesse falar comigo e, porque irmão é irmão para sempre, me segurei para não fazer todas as perguntas penduradas do outro dia.

El Chueco começou a chorar como a criança que era.

"*Chula, la* Mabel está grávida. É filho meu."

Sem que eu pudesse falar nada, me contou que naquele dia à noite pegaria um ônibus até Buenos Aires – eu até hoje juro aos demais que não sabia nada da sua fuga –, lá tinha um trabalho que os pais de *la* Mabel arrumaram. Ele mandaria notícias assim que tivesse um lugar fixo, que se sentia muito mal em nos deixar com *Mamá*. Mas eu soube naquele momento que *mi Chueco, mi hermano*, precisava de um abraço e um boa-sorte. Foi assim que nos tornamos oito.

Caminhei em direção à nossa casa depois do fim do trabalho. Por algum milagre me deixaram sair antes do horário, e eu tinha duas horas para matar sem que *Mamá* soubesse. Meu lado obediente quis voltar para casa e ajudar a entreter *el* Orlando, mas quando cheguei e vi que não tinha ninguém sentado na calçada, as pernas se apressaram e seguiram na direção da *Nueve de Julio*, esquina com a rua Bernardino.

Maciá não tinha uma periferia onde os pobres moravam, as casas se misturavam umas com as outras, mas predominavam as famílias menos abastadas. O que determinava as classes sociais era o tamanho dos terrenos, ter ou não banheiros ligados no esgoto.

É engraçado que, quando isso acontece em uma cidade, quem se sente desconfortável é quem tem mais, e quem tem menos é desprovido de muito orgulho – bom, quase todos. Para *Mamá* era exatamente o contrário, mas era uma exceção.

Chegando à esquina indicada, vi a casa amarela onde morava *la* Ofélia, modesta, mas infinitamente mais bonita do que o quartel central dos Lung. Na frente, havia vários potinhos com flores coloridas. A pintura fora refeita há pouco tempo e pode soar bobo, mas ver a casa daquele jeito me deixou em dúvida se eu devia ou não tocar a campainha. Mesmo assim, apertei o botão, e *la* Ofélia abriu a porta. Percebi que estava feliz em me ver e pediu que eu entrasse, dizendo que estava sozinha e que acabara de ferver água para tomar chimarrão. Na mesa da cozinha, estavam *tortitas negras* e *pepas de membrillo*, mas não toquei nada até ela me convidar. Enquanto pensava nisso, ela disse *"Agarra lo que queiras"* e me entregou a cuia cheia, que tinha pedacinhos de casca de laranja flutuando. *Mi Mamá* diria que estava aguado, e estava mesmo, mas agradeci e disse que estava ótimo, e ela riu de imediato. "Não precisa mentir porque na família sou conhecida por lavar o chimarrão". Rindo, respondi: *"A caballo regalado no se le miran los dientes"*.

Passamos uma hora conversando sem parar, compartilhando fofocas das famílias ricas da cidade. Contei um pouco como era morar com *Mamá* e todos os irmãos, como era difícil e como costumava ser meu dia a dia. Ela me ouviu com tanta atenção que passei a me sentir querida. Ela me contou que a igreja "convidou" sua mãe a parar de participar da *Liga de las Damas*, onde conheceu a *mi Mamá*, sem deixar evidente o motivo, mas elas sabiam que tinha a ver com a decisão de ser mãe solteira.

Tenho certeza de que a primeira a votar a favor da saída dela foi *mi Mamá* – não me surpreenderia nem um pouco. Mas *la* Ofélia contou que sua mãe ficou arrasada porque adorava ajudar o orfanato, juntar brinquedos para distribuir aos que não conseguiam comprar, preparar as sacolinhas com o nome de cada criança bordado, repletas de doces para distribuir na congregação no natal – agora, o dízimo que vinha dela era muito mais do que bem-vindo.

Me lembro de uma frase que me revoltara muito da última vez que fomos até a igreja: "Honre o Senhor com todos os seus recursos". Algo que entendi como: doe ao senhor aquilo que você puder dar, seja amor, dedicação, fé, mas assim que terminaram a leitura desse provérbio os envelopes brancos cheios de dinheiro começaram a chover na sacola que o pastor segurava enquanto passava pelas cadeiras dos fiéis. Percebi que a palavra recurso tinha outro significado para os demais.

"*Bueno, basta de religion que me tienen las bolas por el piso*", disse *la* Ofélia.

"Amém."

"Vamos tomar aquele sorvete que prometi?"

Saímos da casa e *la* Ofélia foi até o quintal, aparecendo com uma bicicleta que tinha um banquinho a mais. Eu já tinha visto garotos andando de bicicleta em Maciá, mas nunca uma menina. *Mamá* uma vez me disse que o banquinho da bicicleta não fora feito para a anatomia das mulheres e que se tratava de um pecado de luxúria contrariar isso, mas eu nem pensei muito, e prontas fomos até a sorveteria. Aos treze anos, andar de bicicleta pela cidade significa dominar o ambiente, sentir o vento, ver minha amiga apressando o andar ao máximo e fazendo curvas fechadas que me aceleravam o coração.

"*Te gustaría aprender a andar?*"

Respondi que sim e, vale dizer, o sorvete era muito melhor do que imaginava. E mesmo com o frio permanecemos do lado de fora, vendo as pessoas voltarem de seus trabalhos. Avisei que precisava ir, que já dera a hora de voltar para casa, e ela me ofereceu ir de bicicleta, mas eu não queria causar uma síncope *en Mamá*. Depois desse dia, começamos a passar todos os momentos livres que tínhamos juntas, cúmplices em fazer tudo o que nos falavam que não deveríamos: ela era *la* Thelma e eu *la* Louise, só não sabíamos ainda qual era o nosso México.

Da família de *Mamá* nunca tivemos notícias – era esperado. As cartas de *la* Magda foram bastante diretas. Do lado paterno, não nos víamos desde o funeral de *Papá*. Havia contato postal pelo menos uma vez por ano, momento que esperávamos com ansiedade porque chegava uma caixa de encomenda cheia de roupas que eles não usavam mais e de doces que não tínhamos a oportunidade de comer normalmente. Era uma festa, o mais perto de sair às compras que conseguíamos chegar, e como as peças vinham de Buenos Aires, tudo era novidade para nós. Entre as irmãs notávamos peças que só tínhamos visto antes nas famílias dos nossos patrões, mas a primeira coisa que atacávamos eram as guloseimas, especialmente a lata de Mantecol, feito de creme de amendoim, tão doce que adormecia a gengiva, e com uma faca cortávamos a parte que tocava a cada um, brigando quando a divisão parecia injusta.

Para balancear tanto doce, abríamos a sacola plástica cheia de sementes de girassol descascadas, crocantes e banhadas em sal, uma delícia. Consigo me lembrar do gosto e do cheiro só de pensar naqueles tempos. Com todos de barriga cheia, quase passando mal, mudávamos a nossa atenção para as roupas que *Mamá* já estendera nos respaldos das cadeiras da cozinha: as dos meninos de um lado e as das meninas de outro. Em uma dessas ocasiões, havia uma dezena de vestidos lindos, todos de tecidos e estampas diferentes. *La* Amanda e eu não precisaríamos sair pela rua como gêmeas vestidas iguais, e para os garotos a novidade eram os shorts, que eram muito grandes devido à nossa magreza crônica.

Percebi que *Mamá* fez uma pilha separada de roupa de menino e nem precisei perguntar, porque ela chamou *el* Carlitos e entregou dois terços de tudo o que mandaram. Dava para ver nos olhos *del* Orlando a cólera fermentando.

Após passar por todos os vestidos restaram na cadeira duas calças jeans, como as que usava a garota que vimos nos nossos primeiros dias de Maciá.

"*Mamá*, isto é para os meninos?"

"Não, são para você e *la* Amanda."

Nós olhamos sem conseguir acreditar. *Mamá* sempre falou que mulher de calças era María-macho. Pensei em perguntar se ela tinha certeza, mas me contive, uma vez que ela se sentia disposta a fazer algo que queríamos muito, não era exatamente o momento para buscar conflito. As duas provamos os jeans enormes, a família de *Papá*, assim como ele, era gigante, não porque eram gordos, mas porque a estrutura óssea era responsável por trinta porcento do peso total. Tudo acomodado principalmente na cadeira e nas costelas. *Mamá* tomou as medidas de todos os irmãos, colocou alguns alfinetes em lugares-chave e começou a costurar, iniciando, claro, pelas roupas *del Principito*. No dia seguinte, me entregou as calças para experimentar e, vale dizer, ela era uma costureira de primeira categoria. Me perguntei por que não trabalhava fazendo ajustes, ajudando na renda total da família, mas para ela, como matriarca, não havia tempo para se dedicar a qualquer outro assunto que não fosse o louvor a deus. Dentro de mim, isso sempre foi algo que me enchia de cólera.

As calças eram um pouco desajeitadas. Ela deixara larga algumas partes para esconder certos atributos que nos transformariam em putas. Quase conseguia ouvir seu pensamento, e quando tentei vestir o jeans, coloquei as mãos na parte da frente e notei que o lugar onde deveria estar o zíper estava completamente costurado, fora transferido para a lateral. Eu imaginava qual raciocínio levara *Mamá* a tomar essa decisão: na cabeça dela, tinha nos dado um cinto de castidade, uma dica do que poderia acontecer se abríssemos o zíper bem no meio *de la cachuca*. Na prática, não tinha função nenhuma, era só abrir o zíper do lado, mas *Mamá*, às vezes, era tão sutil quanto violenta, mandando recados sem nem abrir a boca.

Tenho certeza de que era uma segunda no final da tarde porque passei para buscar a cesta básica na prefeitura antes de voltar para casa. Eles sempre liberavam a entrega no primeiro dia da terceira semana do mês e, chegando perto do quartel-geral dos Lung, vi *la* Ofélia sentada na mureta do vizinho do outro lado da rua, mascando o talo de um dente-de-leão cuja coroa já fora desfeita.

"*Chula*, você nem imagina o que acabou de acontecer. Acabei de conhecer a sua mãe. A coisa é bem pior do que você me contou."

"O que ela fez?"

"Eu estava na frente da sua casa. Me sentei no chão e apoiei as costas na parede da frente. Ela saiu e me perguntou o que fazia ali; e, quando eu disse de quem era filha, falou: 'Aqui não é cadeira e nenhuma garota que preste se senta dessa forma'. Tentei justificar. Falei que estava te esperando, ela fez um barulho indescritível com a boca e disse: 'fuera'. Por isso estou sentada aqui."

"Não sei de mais nada, com ela é sempre uma roleta-russa, mas em vez de ter uma única bala, tem cinco, só uma sem nada no tambor."

"Vamos ao que interessa. Vou te levar a um lugar ao qual você nunca foi."

Ela deixara a bicicleta amarrada em uma árvore virando a esquina, foi inteligente, *Mamá la mataba y me mataba a mi* se nos visse saindo em duas rodas, mas logo tudo começou a importar menos, e *la* Ofélia só parou quando chegamos ao prédio que chamara a atenção *del Chueco* no primeiro dia em que chegamos a Maciá, *el Club Atlético*.

Entramos atravessando uma porta pesada de ferro que fazia um barulho metálico logo coberto pelo som das borrachas dos tênis em atrito com o taco lustrado, um ruído muito agudo e muito alto do qual aprendi a gostar bem rápido. Os garotos corriam de ponta a ponta se aquecendo para o treinamento, um cara que parecia o técnico carregava uma sacola de rede cheia de bolas e aquela foi a primeira vez que vi uma delas. Precisei perguntar para *la* Ofélia para qual esporte serviam. Ela me disse serem de basquete, e eu senti o coração acelerando bem no momento em que se dividiram em times, quicando a bola e arremessando direto para uma cesta que, a meu ver, era muito pequena, parecia impossível. Eles logo pegaram o jeito, e a bola entrava sem sequer tocar nas bordas do aro. *La* Ofélia dava gritos, alentando os jogadores, que nos olhavam de um modo como ninguém o faz. Uma bola escapou na nossa direção, eu peguei e tentei replicar o que eles faziam, quicando-a no chão, mas logo perdi o controle e a devolvi, fazendo-a rodar pelo piso. Com tudo isso acontecendo e com o pensamento completamente acelerado, perdi o fôlego da maneira mais satisfatória possível.

"*Te gustó?*", perguntou *la* Ofélia.

"*Me encantó*, mas parece difícil. Eles fazem parecer fácil, mas é difícil."

"Não é isso que vai nos deter, *no*?"

La Ofélia pediu um minuto e foi falar com o treinador; voltando, carregava uma das bolas embaixo do braço e me chamou com a outra mão até o centro da quadra. Descobri que não era a primeira vez dela brincando com o balão. Tentou me ensinar as regras básicas, como não carregar a bola na mão sem quicar, o que cada linha significava e quantos pontos valia cada arremesso, um sem-fim de informações que me confundia, mas, ao mesmo tempo, me deixava ainda mais curiosa. Ela me entregou *la pelota* e comecei a reproduzir o que havia aprendido. Não sei se passou uma hora ou duas, mas as luzes se acenderam porque começara a escurecer lá fora, e eu tinha que sair para a escola, mas escolhi ficar, uma decisão que me definiu por alguns dos próximos anos.

Fiquei na frente da cesta. Acho que cada uma de nós tentou algo como cinquenta arremessos, e chegando perto do final consegui acertar quatro ou cinco e comecei a dominar a bola, batendo no chão – nunca comemorei tanto. Mesmo exausta, nem me lembrei das dores de coluna; e mesmo se acordasse dolorida no dia seguinte, valeria a pena.

"*Chicas, me voy.* Mas se estiverem a fim de continuar, tenho um time que precisa de jogadoras. *Soy el Flaco Gutierrez, un placer.*"

"*Adonde me inscribo?*" Minha língua sempre mais rápida do que o pensamento.

Saímos do clube com a carteirinha de sócias, isentas de taxas para mulheres – não sabia se comemorava ou me irritava –, pedi a *la* Ofélia que guardasse o documento consigo e ela me deixou virando a esquina de casa. Desci da bicicleta e, sem falar nada, nem sequer agradecer, dei o maior abraço que já dera até aqueles meus treze anos de vida. Fui bem desajeitada, sem saber direito como posicionar os braços, mas o sentimento era autêntico, e é isso que importa de verdade.

Cuerpo y sangre de Cristo, amén. Repetir. Cuerpo y sangre de Cristo, amén. Repetir. Um quilo de farinha de trigo, meio litro de água fria, meio copo de azeite, sal a gosto e uma cruz invisível partindo da mão do pastor para a consagração. É assim que se faz o corpo de Cristo, o sangue é mais tranquilo e mais gostoso, mesmo quando utilizavam suco de uva para a primeira comunhão.

Não era suficiente passar a semana toda trabalhando e estudando. *Mamá* insistia que na minha idade tinha que começar a frequentar as aulas de catequese na igreja luterana todos os sábados de manhã. Primeiro pensei que seria legal encontrar *la* Ofélia, mas ela já tomara a comunhão porque era um ano mais velha. Eu carregava embaixo do braço um livro de capa de couro e letras douradas chamado *O catecismo menor de Lutero*, que *Mamá* ganhara nas reuniões da *Liga de las Damas*. É incrível como a palavra "medo" é repetida: ter medo de deus, ter "medo" de roubar, ter medo de desejar a mulher do outro, mas nada sobre desejar os homens alheios – pelo menos estávamos livres dessa.

Na primeira aula, aprendi que para me conectar com Cristo precisaria conhecer uma fórmula básica: os dez mandamentos e suas implicações, o Credo dos Apóstolos e entender a oração do Pai-nosso frase por frase. Também tinha a oração da manhã, da tarde e da noite, para as quais não tinha muito saco e inventei versões resumidas para não perder muito do meu tempo, sempre acelerando a voz do pensamento a fim de chegar mais rápido a qualquer *amén*.

Sentados no banco da frente da igreja, catorze *boludos* e eu, todos sonolentos, ouvíamos o pastor Ludwig:

"Para ser um bom luterano precisamos conhecer todos os sacramentos. Não adianta apenas decorar, é necessário entender o que as palavras significam."

Ele viera direto da congregação do Missouri, nos Estados Unidos, com a missão de ensinar crianças e adolescentes sobre os caminhos dos textos sagrados. Era a única pessoa que eu conhecia vinda de outro país; e mesmo com todas as minhas perguntas, nunca entrou em detalhes sobre como era a vida dele lá – mantinha sempre uma certa distância. No primeiro intervalo, um dos meninos começou a imitar o sotaque do pastor e não aguentamos a risada. A verdade é que depois daquela primeira manhã eu ia às aulas pelos intervalos e o que fazíamos deles. Já éramos grandes, mas mesmo assim brincávamos de pular elástico cantando:

Arroz con leche me quiero casar
con una señorita de San Nicolás
que sepa coser, que sepa bordar
que sepa abrir la puerta para ir a jugar
Yo soy la viudita del barrio del rey
Me quiero casar y no sé con quién

Con esta sí, con esta no
con esta señorita me caso yo.

Não esperaria menos, o personagem principal da música é um homem que coloca todas as exigências que espera da mulher com quem vai se casar. Eu não era do tipo que bordaria para um cara, por isso nunca cantava com os demais. Tampouco deixava transparecer a raiva que o final da letra proporcionava, é basicamente o homem apontando o dedo e dizendo "sim" ou "não" para cada garota que parasse à sua frente.

O terreno da igreja, e da casa del pastor Walter, era repleto de árvores de frutas de todas as cores: damascos tão laranjas e redondos que lembravam pequenos sóis, limões amarelos com galhos baixos o suficiente para pegar emprestadas algumas folhas que, ao esfregar na mão e nos punhos, viravam um perfume natural. Também havia peras, ameixas, cerejas, mas não havia sinal do fruto proibido. Era fértil, a terra do *señor*.

Depois brincamos com bolinhas de gude quase totalmente transparentes. A circunferência fazia de cada esfera uma lente de distorção, e ríamos com as cabeças gigantes ou barrigas pronunciadas dos demais. Eu me perguntei se através delas poderia ver a minha coluna de modo reto, mesmo que por ilusão de ótica, mesmo que por um único momento.

Uma daquelas bolinhas que eram muito maiores do que as outras rodou até a parte de trás do terreno e, quando fui buscar ela, vi uma janela aberta com vários jarros grandes de vidro. Em cada um havia uma fruta diferente, todas dessecadas e com cores fortes, completamente recobertas de açúcar fino que refletiam como cristais brilhando sob o sol. O vidro de damascos estava sem a tampa, e eles pareciam deliciosos, talvez esse fosse meu fruto proibido, porque acabara de ouvir, quase que como cantiga de grilo, que roubar era um dos pecados mais cabeludos. Mas pensei: "não é com o dízimo de *Mamá*, que vem do meu trabalho, que compram os ingredientes necessários? As árvores que crescem aqui, neste lugar comunitário, são de uso exclusivo do pastor e sua mulher? Como se pode 'possuir' a fruta de uma árvore que morava ali provavelmente muito antes do que a igreja? Se eu tirasse o açúcar que as recobriam, que era deles, era roubar?"

Peguei uma, sem ninguém me ver, e era tão doce, tão cheia de perfume, que parei de buscar uma justificativa e me deixei simplesmente aproveitar.

A verdade é que eu nunca me empolgava nos meus aniversários, isso é verdade até hoje. Em casa, *Mamá* assou um bolinho de chocolate e colocou uma vela branca, daquelas que se usam quando falta luz, grossa e alta demais para o tamanho do doce que daria poucas fatias, uma para mim e mais dois irmãos – um deles era, claro, *el* Carlitos.

Era bem cedo, logo antes de ter que ir à igreja para mais um dia de baboseira. Meus irmãos acordaram todos comigo para cantar os parabéns, e acredito ser isso que vale a pena nessa ocasião – *Mamá* nunca cantava, só aplaudia bem baixinho, quase inaudível, como se fosse mais uma obrigação do que um ato de carinho.

Já haviam se passado catorze anos da minha vida, e nestas datas, eu não conseguia lembrar das coisas positivas ou pensar em desejos. Era sempre um momento de refletir sobre tudo o que perdi ou como poderia ser minha vida se tivesse nascido filha de alguma *Mamá* como a de *la* Ofélia. Ao mesmo tempo, riscava no calendário quantos anos faltavam para me mandar da cidade e comprar os meus próprios sorvetes.

A catequese era sempre uma repetição da semana anterior. Fazíamos um esforço enorme para não bater a cabeça no encosto do genuflexório e no final o pastor me chamou e colocou nas minhas mãos um saquinho de tecido semitransparente cheio de *confites* de amendoim banhados em uma espécie de caramelo branco, me deu parabéns e colocou a mão na minha cabeça, fazendo um sinal da cruz na minha testa. Pensei que seria engraçado fingir que sentia uma queimação intensa depois da bênção, caindo no chão e me contorcendo, mas a fofoca chegaria rápido demais aos ouvidos de *Mamá* e nunca mais eu teria bolo para comemorar.

Na volta para casa encontrei *la* Ofélia desafiando todos e todas. Andava de um lado para outro de bicicleta, marcando o desenho de um oito, ou de um infinito, não sei. Combinamos que iríamos assistir ao jogo de basquete dos meninos de Maciá contra Rosario *el* Tala e, um pouco mais tarde, teríamos o nosso primeiro treino com as outras meninas. Como eu não tinha roupa para fazer qualquer tipo de esporte, improvisei um par de alpargatas folgadas que *el Chueco* não tivera tempo de vender, uma calça jeans e uma camisa que *Mamá* costurou de um dos vestidos que não me serviam mais.

"*Chula! Estás lista?*"

"Pronta. Não aguento mais a catequese, o livro do Lutero é tão magro. Seria melhor poder ler em casa, rapidinho. Nem sei como puxam tanto assunto de tão poucas palavras e têm os que levam tudo muito a sério; e isso me dá muita raiva, no momento de rezar parece que estão recebendo um espírito do além."

"*Buen día* para você também."

Começamos a rir. Montada na bicicleta, eu andava com os braços estendidos como se fossem as asas de um tuiuiú. Era uma ave muda, que só consegue se comunicar quando está em uma árvore, por meio de pequenos golpes no tronco. Um código morse natural. Muitas vezes eu era como esses pássaros, tentando me comunicar em uma planície deserta, só que sem lugar para bater o bico. *La* Ofélia foi a primeira árvore que encontrei.

Chegamos ao clube com meia hora de antecedência. Deu para escolher direitinho onde queríamos nos sentar, na primeira fileira, logo atrás do treinador. *El muchacho* que vendia churros ainda esquentava o óleo e, do lado, uma mulher servia copos de refrigerante, mas nem eu nem *la* Ofélia tínhamos um tostão para gastar.

A quadra encheu, e logo o jogo começou. As duas gritávamos e xingávamos a equipe adversária, que jogava muito melhor e ganhou, deixando a equipe de Maciá derrubada no chão, sentindo a falta de ar da derrota. Mas mesmo com tudo isso eu continuava encantada. *Con la* Ofélia, ajudei a juntar o lixo nas arquibancadas, na tentativa de fazer a nossa aula começar mais cedo.

As outras meninas chegaram, conversamos um pouco com cada uma. O treinador nos chamou para o centro da quadra, falou sobre a importância de ter uma equipe unida, que brigas não seriam toleradas e que o jogo precisava ser divertido para todas.

Tínhamos uma bola para cada uma, e o primeiro exercício foi ficar parada quicando o balão na lateral do corpo. *La* Ofélia se deu bastante bem, mas a minha bola saía rolando em todas as direções. *El Flaco* me deu uma atenção especial, e não demorei muito até conseguir alguma estabilidade.

Quando começamos a atirar da linha de lance livre, brilhei. Uma e outra vez a bola entrava na cesta e as outras meninas paravam para olhar a minha sorte de principiante, que não me abandonou nas semanas seguintes. Para terminar o treino, *el técnico* nos fez correr ao redor da quadra acompanhadas da bola, e foi aí que descobri o meu amor pelo esporte. Sentia-me uma lebre correndo livre no campo.

Depois do treino saímos para pegar a bicicleta, e eu ofereci alguns dos *confites* brancos que ganhara do pastor.

"*Boluda!* Hoje é o seu aniversário?"

"É, mas não sou muito de comemorar."

"Também sou um pouco assim. Mas temos que fazer algo para festejar, mesmo que seja algo pequeno, só nós duas."

"Acho que tenho uma ideia..."

Quando falei para onde guiar a bicicleta, *la* Ofélia se surpreendeu, mas não questionou nada. Acho que é isso que se chama confiança, e quando entramos na rua da igreja deixamos a bicicleta na grama logo na frente. Não havia ninguém e, como o portão estava sempre aberto, fomos para a parte de trás do terreno.

A mesma janela do outro dia, cheia de frutas secas, estava aberta para arejar a cozinha. Enchemos os bolsos de damascos e ameixas, não fomos nada sutis. Quando terminamos, percebemos que deixamos o pote pela metade, e eu ouvi a voz de uma mulher se aproximando do lado de dentro. *La* Ofélia se agachou e me puxou pela camisa, nós nos encostamos rentes à parede em uma tentativa de nos tornar invisíveis.

"Quando eu fizer o sinal, sai sem olhar para trás", sussurrou *la* Ofélia. "Depois do três", e esticou a mão fechada, levantando um dedo de cada vez. Um. Dois. Três. Saímos olhando apenas para a frente na tentativa de esconder nosso rosto e, quase chegando ao portão, ouvimos o grito da mulher do pastor, uma voz aguda quase insuportável:

"*Mocosas! Dios lo ve todo y castiga de forma ejemplar.*"

Mas já tínhamos cruzado o portão e subimos na bicicleta. Na correria, perdemos algumas frutas banhadas em açúcar, deixando o rastro do nosso caminho de fuga. *La* Ofélia pedalou com tanta força que precisou ficar de pé nos pedais. Quando conseguimos relaxar, ela diminuiu a velocidade. Deixamos as nossas risadas para que o vento lhes desse um destino apropriado. Ao chegarmos à casa dela, *la* Clara, a mãe de *la* Ofélia, acabara de ferver água para o chimarrão, e nós começamos a descarregar o nosso saque na mesa da cozinha.

"Você que é *la Chula*? *La* Ofélia me falou tanto sobre você... Não precisam nem me falar de onde tiraram esses damascos. Me desculpo desde já, mas aquela velha esquálida merece."

"Hoje é o aniversário *de la Chula, Má*."

Na meia hora em que fiquei na casa, cantaram parabéns, colocamos uma velinha em uma *tortita negra* e dessa vez pedi um desejo que não quero contar, mas que se tornou realidade muitos anos depois, me transportando até aquela cozinha novamente, até aquele ambiente caloroso. Meu aniversário nunca foi tão bom.

Não me deixaram sair até eu aceitar o presente, mesmo sendo roupas usadas. Elas me deram uma calça de algodão, uma camiseta com as cores da equipe de basquete de Maciá e um tênis preto folgado no meu pé, mas que eu preencheria de algodão na ponta para que servisse em mim. Agradeci de todos os jeitos que sabia. Mas mesmo esse ato de carinho me deixou nervosa quando percebi a falha na lógica.

"*Si mi Mamá* encontra essas roupas, me mata..."

Clara me interrompeu:

"Sei bem como é a sua mãe, *un general*, mas não se preocupa. Deixa tudo aqui, você vem para se trocar antes do treino, e se *la* Teresa levantar a mão para você, se ela descobrir algo, pode vir dormir aqui. Costumamos dar refúgio a quem merece, e você merece. Que esta casa seja seu *asilo sentimental*."

O dia da caixinha de papelão chegou carregado como um caminhão cuja carga de bosta estava pronta para ser arremessada no ventilador. Deixei o dinheiro como sempre, tentando evitar qualquer conflito. Era a primeira vez em muito tempo que me sentia bem, feliz até. Os treinos continuaram todos os sábados, duas horas depois do final da catequese, e *la* Ofélia me buscava de bicicleta para trocar de roupa na casa dela. Às vezes, quando *Mamá* pedia que eu voltasse direto para casa, eu consentia, fazia as tarefas o mais rápido possível e quando as coisas se acalmavam, entrava no quarto e pulava pela janela que dava para a rua a fim de não ter que dar muitas explicações. A porta de entrada não era a melhor opção, pois estava sempre vigiada pelo radar dos olhos de *Mamá*. Se ela me visse, tenho certeza de que eu teria que inventar alguma história rebuscada, mas mentir nunca foi meu forte. Meus irmãos me ajudavam, quando o inimigo é forte só se pode viver de alianças, e *la* Catalina fechava as duas folhas de madeira por dentro para fazerem menos barulho. *Mamá* nunca perguntava por mim, ou onde estava, principalmente nas semanas de pagamento. Como eu sempre entregava o valor inteiro, isso era suficiente para ela. Mas, no caso de perguntar algo, *la* Emérita era rápida e inventava alguma *mentira piadosa*.

Quando a caixa encheu naquela sexta-feira, *Mamá* procedeu a contar tudo e separou o que era nosso e o que era da igreja. Ela já buscara o dinheiro *del* Hugo no correio, e *el Chueco*, como nunca mandou nada, já nem fazia parte dos seus pensamentos. Ameaçava que, se o ingrato voltasse, nunca poderia pisar na casa, que, aliás, foi terminada pela mão de obra dele. As gêmeas, já com vinte e um anos, estavam inquietas com o destino do dinheiro e do esforço que faziam para que metade dele passasse às mãos do "senhor". Naquele dia a tensão era palpável, como se o ar estivesse mais denso de monóxido de carbono, causado pela respiração rápida e enraivecida delas, quase como se todo o oxigênio tivesse fugido pelas frestas das portas e janelas. *La* Emérita não aguentou:

"*Mamá*, o pastor está lavando a sua cabeça. Você não percebe que nada na igreja melhorou? Que as paredes de fora estão descascando pela falta de pintura? Que as madeiras que cobrem as paredes têm mofo? Para onde está indo esse dinheiro todo?"

"Isso não é importante. O essencial é louvar a palavra do senhor. 'Há quem dê generosamente, e vê aumentar suas riquezas; outros retêm o que deveriam dar, e caem na pobreza.' Isso vem de Provérbios 11:24, algo que vocês já deveriam saber."

As gêmeas questionavam o que eu já colocara em xeque mais de uma vez. Ela doava muito mais do que os dez por cento, e as nossas economias não cresciam desde... bom, nunca. Mas não tínhamos forma de a fazer entender e, quiçá, foi nesse dia que *la* Catalina e *la* Emérita compreenderam que já se tratava de um problema sério, mas uma teve mais coragem do que a outra.

Há quase um ano, *la* Catalina trabalhava contando ovos de galinha em uma cooperativa da cidade. Era muito mais tranquilo do que limpar – e, mais importante para *Mamá*, o pagamento era melhor. Naquela manhã, assim que a discussão terminou, ela saiu de casa sem dizer nada a ninguém e, quando voltou, foi direto para o quarto montar a mala com os seus pertences.

No momento em que entrei no dormitório e vi o que ela fazia, sem perguntar nada, a ajudei a preparar suas coisas. Quando todas as roupas ocuparam seu lugar na mala, meus olhos se encheram de lágrimas, e *la* Catalina, que nunca chorou na minha frente, me deu um abraço apertado enquanto uma das mãos afagava meus cabelos; comecei a sentir minha testa molhada.

Ela me falou que ia trabalhar na casa de uma família de Quilmes, em Buenos Aires, que já havia falado com ela algumas semanas atrás. Moraria com eles, não aguentava mais o rolo com a igreja, mesmo sentindo deus mais próximo dela a cada dia. Disse estar com bastante medo, mas que nesses anos todos aprendeu a lidar com isso a ponto de não se entregar à ansiedade. De mala pronta, foi até a cozinha para falar com *Mamá*. Disse tudo em um fôlego só:

"*Me voy*. Não posso mais ficar aqui. Vou mandar o dinheiro todo mês. Não precisa se preocupar com isso, mas, pelo bem da família, pelos filhos que te restam aqui, espero que você reconsidere a sua relação com essa religião interesseira que me é estranha. *Gott. Mamá*..."

Tudo o que ouvimos foi o barulho de pele batendo em pele, que já era nosso conhecido. *La* Catalina levou a mão à face, cobrindo a marca vermelha que começava a se formar. Ninguém disse mais nada. *Mamá* deu meia-volta e voltou a mexer com as panelas, o único som que emitiu, enquanto dava as costas, foi o da palavra "ingrata".

La Catalina abriu a porta e todos a seguimos para nos despedir do lado de fora. Fora, esse lugar para o qual *Mamá* sempre empurrava seus filhos.

Foi assim que viramos sete. *La* Emérita, com um plano de fuga em mente, algumas semanas depois, começou a namorar *el* Esteban Romero, o filho único de uma família que não era rica, mas chegava bem perto disso. Teve que lidar com os pais do rapaz, um tanto preconceituosos, que fizeram várias tentativas de separar o casal. *Mamá,* ao contrário, nunca esteve tão investida em que um relacionamento desse certo, tratando o namorado da filha até melhor do que *el* Carlitos.

O casamento, concretizado poucos meses depois que os dois se conheceram, foi bastante simples, uma cerimônia breve na igreja e um churrasco no quintal da casa dos Romero. Ela estava linda de branco, e foi o primeiro casamento do qual participei – foi bonito, mas não me fez desejar que aquilo acontecesse comigo.

O matrimônio não durou muito. Logo *el* Esteban adoecera e os médicos de Maciá não sabiam do que se tratava. Por isso o levaram de carro até Buenos Aires – *la* Emérita não foi junto porque a mãe dele disse que tinha gente demais. Para ela, a espera foi tortuosa, e nem se preocuparam em ligar quando saíram do hospital. O diagnóstico era câncer de pâncreas terminal. Não havia muito o que fazer além de esperar – e *la* Emérita fez tudo para que ele estivesse confortável.

Passou-se pouco tempo da descoberta da doença, até então ninguém sabia o segredo do basquete. Eu não jogava nos campeonatos porque, se da arquibancada me vissem, a notícia chegaria muito rápido aos ouvidos de *mi Mamá*. A amizade *con la* Ofélia se tornava cada vez mais sólida, e eu já tinha sido santificada com a divina comunhão. As coisas continuam sem nunca cessar, e, assim como *Papá,* Esteban deixou o plano terrenal com menos de trinta anos.

La Emérita fez questão de deixar evidente para a família dos Romero que ela não queria nada de dinheiro ou bens. *Mamá* quase enlouqueceu quando soube disso. Minha irmã foi firme, tanto que mandou uma carta para *la* Catalina pedindo que buscasse um trabalho para ela em Quilmes, qualquer um, escreveu, qualquer coisa que a tirasse de Maciá.

Ela foi embora carregando as poucas coisas que tinha e, uns sete meses depois, descobrimos que também saiu de casa carregando um neném na barriga. Era mais um Lung no mundo e um a menos em Maciá – foi assim que nos tornamos seis.

Capítulo VI

Lembro que era um dia de sol pleno, em um novembro quente e seco como o restolho das plantações de soja e trigo, pronto para as queimadas que, naquele tempo, acreditávamos ser um benefício para a próxima colheita. As cinzas, por serem mais ácidas, tornavam o solo mais permeável, ajudando a melhorar a qualidade do cultivo, o que, por sua vez, aumentava o lucro dos agricultores. Vez ou outra, o fogo se espalhava sem controle, deixando famílias inteiras sem onde morar. São coisas da vida. Eu era um pouco como esse tipo de fogo: em parte representava a renovação e, por outro lado, algumas das minhas faíscas causavam prejuízos que não conseguia controlar ou prever.

O calor me acompanhou até em casa, dando lugar a pequenos tornados de terra que me faziam espirrar a cada cinco minutos. Trabalhei aquele dia inteiro nas duas casas que cuidava e não aguentava mais a dor nas costas nem a coceira nos calos das mãos. A única coisa que queria era chegar em casa, descansar um pouco e visitar *la* Ofélia mais tarde. Assim que abri a porta, percebi que *Mamá* tinha outro roteiro em mente.

"Margarita, *el Carlitos no tiene ropa para mañana*. O tênis dele também está sujo de terra. Deixei no tanque para você."

"*Mamá,* não aguento mais a coluna, preciso me deitar um pouco. Ele que lave o que é dele."

Foram contadas as vezes, até aquele momento, que me atrevi a dizer não para uma ordem direta de *Mamá*. Dei meia-volta e fui para o quarto. Ela me seguiu e quase arrancou a porta das dobradiças para entrar.

"*Ese no es trabajo de hombre, es tarea de mujer.*"

"Enquanto ele não lavar uma roupa minha, eu não vou lavar nenhuma roupa dele."

Mamá veio para cima de mim, levantou a mão no ar buscando representar uma ameaça. Tremia de nervosa, e por causa disso parecia mais frágil do que de costume, mas ela não me assustava tanto quanto antes. Levantei da cama e, com uma das minhas mãos, empurrei a dela, e com a outra apontei para minhas bochechas.

"*Pegame. Dale.* Pode bater bem aqui."

A palma dela, engatilhada, caiu para repousar em um dos lados do seu corpo. Eu continuei apontando para o meu rosto, pedindo o tapa que sabia não merecer.

"Mas se você tocar em mim, saiba, saiba bem, *que no me vás ver nunca más en tu vida.*"

Mamá saiu do quarto fechando a porta com a mesma força com que passou a me detestar. Voltei a me deitar, ofegante, o medo que não demonstrei a ela vindo todo de uma vez, fazendo brotar uma queimação no peito e uma tontura suprema. Quando tudo passou, e passou, transformei esses sentimentos angustiantes em orgulho de mim mesma. Nunca mais ela levantou a mão para mim, e eu comecei a entender o que significava ser forte.

No sábado seguinte, eu fugi pela janela e me encontrei *con la* Ofélia na porta da sua casa. Tomamos chimarrão acompanhado de uma torta de oitenta golpes, e eu aproveitei e me troquei para o treino. Quando chegamos ao clube esportivo fui direto me aquecer. Sempre que alongava as pernas era visível na camiseta a minha corcunda que, por excesso de exposição, já não gerava mais apreensão das minhas colegas.

O treino se iniciou com passes e, frente a frente *con la* Ofélia, quase não deixamos a bola cair, mas em uma devolução minha o balão bateu direto no peito dela, e eu vi seu rosto se transformar em algo que não era bom. O olhar dela passava por cima do meu ombro e focou no infinito, mas esse infinito tinha nome e sobrenome: Teresa Lung.

Uma vez que virei, *hay dios mío*, todo o sangue fluiu para a cabeça, fazendo o efeito contrário da gravidade, me deixando completamente vermelha. O calor que brotava da minha pele não se dissipava, não tinha mais medo de ela me bater, mas sabia haver coisas piores do que um tapa, e eu não duvidava do tamanho da crueldade que *Mamá* conseguia infligir. Ela caminhou na minha direção vagarosamente, e eu demorei um segundo ou dois para decidir o que fazer. Sabia que *Mamá* nunca corria, por isso usei todo meu condicionamento físico para escapar até uma área verde onde havia um muro que dava direto para a rua, mas era alto demais. Não importava quanto eu tentasse, não conseguia chegar a me agarrar ao topo. *Mamá* apareceu, e eu, como gato assustado, fiz o impossível, quase como se tivesse ganhado um par de asas divinas. Consegui me aferrar na medianeira antes que a mão dela pudesse me pegar. Do outro lado, corri sem parar até chegar à casa de *la* Ofélia. *La* Clara abriu a porta. Eu. Lentamente. Comecei. A. Respirar.

La Ofélia abandonou o treino e veio feito um flash.

"*No sabes todo lo que me dijo tu Mamá.*"

"Não soube o que fazer além de correr."

"Eu também correria. Ela me chamou de má influência. Me chamou de María-rapaz. Disse que com a mãe que tenho ela não se surpreendia. Falou com o treinador e avisou que você não pode pisar na quadra nunca mais. Eu já falei com ele, e ele não vai dar ouvidos."

"Não soube o que fazer além de fugir, nunca corri na frente de um problema."

"Calma", disse *la* Clara. "Você não vai voltar para casa hoje, e ela que venha fazer escândalo aqui. Sei como lidar com gente como ela."

"Eu não quero mais fugir."

"E você não vai. Mas primeiro precisamos acalmar os ânimos." *La* Clara estava decidida.

Mamá soube de primeira em qual porta bater. Os golpes cada vez mais fortes faziam da madeira um amplificador acústico. A mãe de *la* Ofélia saiu para falar com ela. Eu fiquei sentada com as costas para a janela que dava para a entrada. Em silêncio, ouvi a conversa.

"Teresa, ela não quer voltar para casa hoje, vai ficar aqui conosco."

"*Es mejor que me trates de señora*. Onde está Margarita? *Si la agarro, la acribillo*."

"Ninguém vai matar ninguém. Hoje não. Penso que não ficaria muito bem para a senhora com as damas se eu deixar escapar o espancamento de uma filha. É melhor dar meia-volta, porque vou ser a primeira a falar com a Secretaria da Criança."

Eu conhecia bem o som que minha mãe fez depois dessa fala de *la* Clara, uma sequência entre bufar e aspirar o ar profundamente. Arrisquei levantar a cabeça para olhar para ela indo embora, xingando sem parar em um alemão adaptado ao campo argentino. Furiosa.

No dia seguinte me encontrei *con el* Carlitos na metade do caminho entre a casa de *la* Clara e a casa de *Mamá*, uma zona de paz improvisada. Ele trouxe algumas das minhas roupas, e em uma sacola grande de papel havia algo macio que carreguei sem abrir até estar *con la* Ofélia tomando chimarrão. Vai que era um *bicho muerto*, de *Mamá* esperava qualquer coisa, mas o cheiro indicava algo diferente.

"*Ofe, lo abrimos o lo tiramos directo a la basura?*"

"E se for um *gualicho*? Melhor abrir com a mão esquerda."

Olhei pelo buraco e vi um monte de tecido cortado em quadradinhos muito pequenos, virei a sacola na mesa e percebemos que eram todos pedacinhos de jeans. Era a minha calça, a do zíper do lado. Eu poderia ter chorado, poderia sentir raiva ou medo, mas comecei com uma risada quase inaudível que em poucos segundos se transformou em gargalhada, contagiando *la* Ofélia e *la* Clara.

Só de pensar que ela se deu ao trabalho de confeccionar aquele ato de ódio, me diverti ao invés de me assustar. Temo confessar que muitos anos após o ocorrido tive uma atitude bastante parecida, um pouco maior até, mas sob uma perspectiva completamente diferente. A verdade era que nenhum comportamento brotava, tudo se aprende, tudo se repete.

Fiquei na casa de *la* Clara por pelo menos seis meses. Eu continuava trabalhando sem faltar um dia sequer. Quando chegava a hora, ia até à loja onde *el* Carlitos trabalhava e entregava todo o dinheiro para ele, que o levava diretamente a *Mamá*. Durante aquele tempo todo, não senti nenhuma falta, deveria? Do lado dela, não ouvimos mais um piu, e quando chegou o momento de voltar, eu estava muito mais cheinha do que de costume, ela fingiu que eu não existia na casa, mas nunca me poupou de lavar o balde do banheiro.

No meio disso tudo eu continuava participando dos treinos. Por força do hábito, ainda escapava pela janela, mesmo com *Mamá* sabendo de tudo. *La* Ofélia virou uma irmã para mim, e isso me dava forças. Aos seis meses na casa dela se somaram mais seis meses no quartel Lung, e eu já tinha quinze anos, idade em que os sentimentos tomaram conta e deram uma bagunçada em tudo.

Ser ignorada por *Mamá* não era um problema. Acho até que foi uma vantagem nos meus últimos anos em Maciá. O basquete, mesmo sendo a gota que fez o balde transbordar, era onde eu descarregava toda a energia negativa, mas também deu curso ao que aconteceria na semana em que eu faria dezesseis anos. Aos quinze, não tinha noção do que poderia acontecer, mas tinha certeza de que *Mamá* pensou em um plano desde o dia em que me viu pular o muro do Clube Atletico. O tapa que conteve naquela data voltaria para mim com a força de uma ogiva nuclear.

A verdade é que passei a ter outras preocupações. *La* Ofélia e eu falávamos sobre os garotos da cidade, quem namorava quem, de quem poderíamos aceitar um convite para dançar – e eu reclamava sempre que o pedido deveria ser da garota, e não dos garotos.

Na mesma quadra em que jogávamos, aos sábados, assim que anoitecia, começava cedo a sessão matinê do baile de Maciá. *Mamá* não dizia nada sobre as minhas saídas à noite, mas eu sei que, em parte, era porque ela desejava que eu escolhesse um futuro marido rico para me fazer sumir logo após o pagamento de um dote. Algumas vezes se apresentava uma banda das que tocavam no rádio, e naquele fim de semana o carro de som anunciou que Los Iracundos – algo como os Beatles *entrerrianos* – iam subir ao palco. *La* Ofélia e eu não tínhamos um tostão para comprar os ingressos e, se bem não nos orgulhávamos do que fizemos, pegamos "emprestado" da cômoda do quarto da mãe dela o suficiente para entrar – *la* Ofélia me convenceu de que *la* Clara entenderia, principalmente quando falássemos que se tratava de uma oportunidade única.

Escolhemos com cuidado nossos vestidos. Ainda consigo lembrar da sensação do meu nas mãos, um tecido azul-claro, suave, cheio de detalhes bordados num tom mais escuro da mesma cor. Tinha algumas lantejoulas que brilhavam como pequenas estrelas cintilantes. *Mamá* era uma ótima costureira e fez o vestido do zero, usando partes do que a família de *Papá* mandava anualmente. Foi costurado para uma festa da igreja em que todos precisávamos aparentar ter mais dinheiro do que de fato tínhamos. Iemanjá, se me visse naquela noite fria, enquanto testava rodopiar na fila de entrada, certamente pediria meu figurino emprestado.

A quadra estava escura, algumas luzes coloridas apontavam para o centro da pista e outras ao palco, iluminando o lugar que o vocalista ocuparia. Tudo tinha um ar de improviso: alguns balões murchos de decoração, uma bola de espelhos caolha, caixas de som que pareciam miniaturas e um constante chiado de estática. Coisas que consigo lembrar, mas que, para mim, naquele momento, importavam muito pouco. Me sentia dentro de um filme, um que naquela época ainda não existia, mas que quando o assisti, alguns anos depois, me transportou até o dia daquela matinê. Eu era *la* Stephanie Mangano, e ninguém conseguiria me parar.

La Ofélia e eu não tínhamos cascalho para comprar algo para beber ou comer. Por isso escapávamos para o banheiro juntando as mãos em concha para servirem de copo, tudo sob os olhos de outras garotas que desaprovavam nosso método.

A música começou, e logo nos primeiros acordes a pista se dividiu em duas: um do lado do outro, os meninos brigavam pela posição enquanto miravam a menina com a qual queriam dançar. As garotas permaneciam imóveis em uma passividade que me enraivecia. Olhei para *la* Ofélia e sussurrei no ouvido dela a ideia que acabava de ter:

"*Escuchame, yo me voy a poner en la fila de los chicos. Puedo sacarte a bailar?*"

"*Chula*, isso vai chegar aos ouvidos da sua mãe..."

"Ela que aprenda que eu não vou me atirar aos pés de um cara que nem tenho intenção de conhecer."

Entrei na fila do lado oposto ao das meninas e percebi que, em poucos segundos, deixei dois terços da população adolescente de Maciá desconfortável. Nada me divertia mais do que causar esse tipo de estranhamento.

A letra começou com um grito de "*adentro*". Era um clássico de Los Chalchaleros, que ganharam o nome por causa de um pássaro cantor do norte da Argentina, cujos ovos eram tão azuis quanto meu vestido. Apenas as primeiras estrofes da letra começaram a se espalhar pela quadra, estiquei a mão, convidando a minha amiga para dançar. Só naquele momento percebi que as estrofes falavam sobre meu maior medo.

Zamba de mi esperanza
Amanecida como un querer
Sueño, sueño del alma
Que, a veces, muere sin florecer
Sueño, sueño del alma
Que, a veces, muere sin florecer.

Pensando bem, também tinha uma parte que me inspirava.

Estrella, tú que miraste
Tú que escuchaste mi padecer
Estrella, deja que cante
Deja que quiera como yo sé
Estrella, deja que cante
Deja que quiera como yo sé!

Eu pregava a vontade de querer como sabia, e não como deveria. Me sentia livre em um lugar que me diminuía, somente os olhares dos demais eram suficientes para me afogar, mas imitei todos os passos que eram típicos dos homens, fazendo *la* Ofélia rodopiar enquanto as duas sorríamos.

No palco, o professor de basquete fazia bico de carregador de instrumentos, e nós duas apressamos o passo para poder grudar na grade, algo que equivaleria à primeira fileira. Ele mesmo apresentou a banda, chamando cada um pelo nome, e

Los Iracundos entraram em cena. Os seis músicos tentavam se acomodar no menor palco do mundo, e com a deixa de Franco, o vocalista, começaram a tocar *Te lo pido de rodillas*. Um hit.

La Ofélia e eu cantávamos quase gritando, e um dos guitarristas, atrevido, piscou o olho na nossa direção. O que eu mais gostava da música é que o homem se encontra no papel de ter que pedir de joelhos que sua amada volte. Na segunda vez que chegaram no coro já estávamos em transe, dançando e com os braços no ar indo de um lado ao outro. Sem beber, me sentia bêbada, inebriada pela felicidade de compartilhar aquele momento com minha única amiga. A noite passou tão rápido que nos esquecemos de prestar atenção no horário. Me permiti dançar com um garoto mais ou menos bonito que pisou nos meus pés mais de uma vez. *La* Ofélia chorava de rir ao ver minhas caretas de dor. À medida que a quadra ficou despovoada, saímos empurrando a porta corta-fogo.

Como se tratava de uma matinê, ainda era cedo, quase nove da noite, mas a cidade já estava deserta. Em Maciá, dormir tarde era sinônimo da palavra vagabundo, no masculino, porque vagabunda, por ser mulher, ganhava um outro sentido.

O clube ficava perto da estação de trem. Caminhamos naquela direção e demos continuidade ao show nas nossas vozes desafinadas. Na metade do caminho senti a necessidade de arrancar os meus sapatos. *La* Ofélia seguiu meu exemplo, e andamos sentindo a terra da rua colar nas nossas solas.

Na estação não havia ninguém, nem mesmo o vendedor de passagens ou um guarda. Por isso, nos sentamos na borda da plataforma com as pernas penduradas, balançando. Ficamos um bom tempo em silêncio, apenas contemplando o barulho dos sapos e dos grilos. Na nossa frente voavam dezenas de vaga-lumes que se pareciam com os pontos de luz que vemos quando levantamos muito rápido da cama.

Parcialmente surdas pelo som alto, gritávamos uma com a outra até que o volume começou a se adaptar ao silêncio da estação.

"Você nem imagina o quanto eu gostaria de subir no próximo trem que passar por aqui, sem nem saber o destino. Meu único pedido seria que seja o mais longe daqui que já cheguei." Eu sabia que em outros lugares do país havia paisagens que me pareceriam tão estranhas quanto a superfície lunar, inclusive já tinha visto desenhos de praias e montanhas nos livros didáticos, mas eu queria colocar os meus pés para rodar em terras além das planícies do Pampa argentino.

"*Chula*, não tenho dúvidas de que não há limite que você não consiga derrubar. Eu não me imagino fora de Maciá, sinto até um pouco de medo."

"Mas o medo é fundamental. Eu também morro de medo. Não vou sair desta cidade sem machucados, mas tampouco vou deixar que se torne um peso."

La Ofélia ficou em silêncio. Não soube se o que falei a deixou chateada, ou se ela também divagava sobre o futuro – algo que é sempre uma faca de dois gumes muito bem afiados.

"Eu sentiria muitas saudades de você."

Ao longe, o barulho da máquina de um trem rompia o silêncio solene. Começamos a ver as luzes se aproximando, sentindo que à medida que chegava mais perto da estação, menores eram as revoluções das rodas pisando nos trilhos. Nós nos levantamos, para não perder as pernas. A locomotiva parou e uma única pessoa desceu. Acho que era a mulher do casal que empregou *la* Amanda por um bom tempo. Para continuar, o trem precisava fazer uma manobra a fim de trocar de trilhos, um processo lento que acompanhamos e, uma vez posicionado para continuar, ouvimos um grito:

"*Ultima llamada para Buenos Aires, Retiro. Ultima llamada!*"

"E aí, vai entrar?", perguntou *la* Ofélia sorrindo.

"*No, todavía no. Me faltan algunas cosas por hacer.*"

Algumas lenhas por queimar.

Assim que o último vagão do trem passou pela nossa frente, pulei nos trilhos carregando meus sapatos na mão. As pedrinhas eram como agulhas nos pés, mesmo assim comecei a correr, tentando chegar na porta dos fundos do último vagão, mas a aceleração da máquina ganhou do meu condicionamento físico. Cansada, virei no sentido contrário, sem fôlego algum. Vi *la* Ofélia muito pequenina, quase como um ponto de fuga entre as duas barras de metal. Se a pé consegui ir tão longe, a ponto de tudo parecer diminuto, mal conseguia imaginar como seria quando eu estivesse dentro do trem.

Capítulo VII

Fiéis da Congregação da Fé
Evangélica Luterana

Comunicado oral, em uma apresentação de seus diversos formatos e conteúdos, entre os Fiéis da Congregação da Fé Evangélica Luterana de Maciá, Entre Rios:

Deus, venha até nós. Glória a ti, Senhor. *Santificado sea Tu nombre.* Imploramos pela Sua presença, pelo Seu senso de justiça, pela imparcialidade que somente uma divindade é capaz de ponderar. *Hágase Tu voluntad así en la tierra como en el cielo.* Faça das nossas palavras a Sua, e das Suas, a nossa. *No nos dejes caer en la tentación.* Pedimos que nossa voz seja apenas o eco dos ensinamentos que tanto estudamos nas escrituras. *Líbranos del mal*, Amén.

 É difícil entender como uma mulher tão dedicada a percorrer o caminho do Senhor, devota de tudo o que é sagrado, uma das nossas damas mais ativas, que todos os meses contribui doando para a igreja muito mais do que lhe é pedido, como ela, que é uma seguidora que entende cada um dos mandamentos, pode dar à luz à heresia em forma de menina.

Nós, fiéis da Congregação da Fé Evangélica Luterana de Maciá, participantes da partilha do corpo e sangue de Cristo, estudantes da liturgia, nos arrependemos de ter dado a Margarita Lung o sacramento da comunhão, já que ela não partilha da vontade de comungar em e para Cristo. Nossa dor é tão grande quanto a decepção que nossa dama sente por ela. Teresa nos conta que chora calada todas as noites antes de rezar, pedindo por alguma melhora, dialoga com o Senhor requerendo perdão para a filha, mesmo sabendo que houve uma ruptura muito difícil de reparar. É nessas cisões que o diabo mora, e no caso da Margarita, entendemos que o diabo venceu. Perdão é a palavra-chave, mas já dizia Lutero, na vigésima terceira tese: "Se é que se pode dar algum perdão de todas as penas a alguém, ele, certamente, só é dado aos mais perfeitos, isto é, pouquíssimos".

Margarita, que tem uma vida tranquila, abraçada pelo carinho familiar, revela-se uma figura intransigente e indigna da nossa fé. Nada nos surpreende – na verdade, temos quase certeza de que nem as regras básicas conseguiu seguir, lamentamos revelar detalhes sórdidos, mas vale lembrar o que ocorreu no próprio terreno da igreja.

Como a voz da Congregação, não podemos nos calar, até roubar ela roubou, violando o oitavo e essencial mandamento. O que foi furtado pouco importa, não é a intenção que conta? Não é o impulso, e não o fim, que devemos repreender? Há grandes e pequenos pecadores na fila da redenção ou apenas o mesmo caldeirão para todos?

Sempre acompanhada de outra órfã de fé, filha de uma mãe solteira por opção, a qual lentamente conseguimos desprender dos tecidos da nossa instituição. Ela grudou como seiva pegajosa e somente o mais poderoso removedor poderia dissolver o laço forjado. Todos temos que agradecer à dama Teresa Lung pelo exemplar trabalho de desligamento. Poucas são as servas que conseguem separar do rebanho a ovelha errante, o joio do trigo.

Ouvimos falar, e alguns viram, que diante de uma música folclórica, da raiz de tudo o que é ser argentino, Margarita tomou o lugar dos meninos para dançar com outra mulher, constrangendo de uma única vez a pista inteira de baile, cujos fiéis apoiam e fazem parte deste coletivo, como testemunhas e signatários da ocorrência. *Que falta de respeto.*

Imitando os movimentos unicamente masculinos, cortejou outra moça intencionalmente e, nossas palavras se esgotam só de pensar em como poderíamos classificar semelhante desvio de conduta. Uma de nossas fiéis, na mesma noite do baile, a viu em estado alterado na estação de trem e, segundo nos contou – a palavra dessa serva é pautada sempre pela verdade –, somente embriagada uma mulher sairia correndo descalça pelos trilhos do trem.

De certa maneira, somos gratos por saber que ela já começou a fantasiar a sua partida da cidade, nos economizaria o desgaste de ter que a guiar para fora – depois de tudo, é indigno gastar nosso tempo com quem não demonstra um pingo de interesse religioso.

Mal conseguimos dimensionar a tristeza de sua mãe ao ver ela usando uma bermuda para praticar basquete, escondendo da nossa dama a atividade por anos. Margarita sabia que sua vontade era clandestina, fugia pela janela de casa para não ser vista, demonstrando nítida consciência da sua transgressão. Somente foge quem tem culpa, somente foge quem tem vergonha, somente foge aquela que insiste em errar mesmo estando frente a frente com o amor a *dios padre Todo Poderoso.*

Já existe um plano em andamento. Sabemos que nossa dama, como genitora da herege, já tem um esquema em marcha. Teresa, livrai-nos deste mal, deste péssimo exemplo, apiede-se das nossas meninas e terá nossa imensa gratidão. Não podemos culpar uma devota, que criou outros nove filhos crentes, por produzir uma maçã ácida. Margarita, você vai muito longe… daqui. Se não podemos te conter, vamos te liberar para viver o pecado, mas que seja na direção contrária ao caminhar de todos nós.

Capítulo VIII

No dia do meu aniversário de dezesseis anos, *Mamá* me acompanhou até a prefeitura para pedir meu documento de identidade definitivo. Para a maioria, isso significava uma liberdade maior para ir e vir sem o acompanhamento dos pais, era um marco da passagem para a vida adulta, e *Mamá* estava empenhada em conseguir esse comprovante o quanto antes. Ela me acordou cedo e pagou uma taxa extra para que o DNI fosse entregue no dia seguinte. Comecei a achar tudo isso muito estranho. *Mamá* sempre escolhia economizar dinheiro quando possível, mas a verdade é que com a quantidade de trabalho que eu tinha durante a semana era difícil encontrar um tempo para analisar o comportamento dela. Uma empreitada que não se prestava para um estudo apenas superficial, entender a psique de *Mamá* requeria um pós-doutorado.

Eu passava mais tempo na casa de *la* Ofélia do que em qualquer outro lugar. A quadra de basquete vinha logo em seguida. E, como o segredo já tinha se espalhado pela cidade, passei a participar dos campeonatos em que, quando era a equipe feminina que jogava, vinham no máximo quatro ou cinco na arquibancada.

Eu costumava dizer que meu estilo de jogo era agressivo, partia para cima até de quem tinha uns vinte e cinco centímetros a mais do que eu. Não me intimidava fácil, o esporte me permitia extravasar a raiva que sentia da vida. Anos de convivência com *Mamá*, que era uma mulher gigante – algo bem diferente de ser uma grande mulher –, me prepararam para qualquer forma de intimidação.

Em casa, *la* Marta e *el* Orlando foram recrutados para começar a trabalhar. Ver eles saindo com a cara de pânico no primeiro dia me lembrou das minhas primeiras semanas de emprego. Se eu tivesse como atrasar a entrada deles no labor manual, teria feito tudo para que assim fosse, mas não tinha como, me faltavam os meios, era cada um por si.

Começou na volta de uma visita à casa de *la* Ofélia, no dia seguinte após pegar meu documento. Quando abri a porta, consegui ouvir o cantarolar de *Mamá* em alemão, algo que só acontecia quando ela estava muito feliz. Assim que entrei na cozinha, notei uma mala pronta e fantasiei com a possibilidade de ela viajar e nos deixar sozinhos por alguns dias, seria um respiro. Mas aí ela começou a falar demonstrando a cólera acumulada, disse tudo em um único fôlego.

"Há tempos que sinto espinhos na garganta pelas coisas que não falei. *Lo del básquet todavía lo tengo atragantado*. Fiquei sabendo que uma família de outra cidade quer alguém para cuidar das crianças, limpar e cozinhar. Você vai morar com eles. Antecipo que o trabalho é vinte e quatro horas por dia e seu pagamento vem direto para mim. Assim você não vai ter tempo nem dinheiro para fazer besteiras. Eles são amigos da Congregação, e se qualquer drama chegar aos meus ouvidos, mando que te coloquem para fora de casa em uma cidade que você não conhece. Às cinco da tarde, nos encontraremos com eles na estação de trem. *Creíste que eras más inteligente que yo? Pensaste que te ibas a salir con la tuya?*"

Não consegui responder nada, para mim era óbvio que ela estava me vendendo e, pelo prazer que teve em falar sobre o trabalho, o valor devia ser significativo. Estava dividida entre estar contente pela ideia de sair da cidade e o pavor de que *Mamá* tivesse encontrado uma família para me aterrorizar. Dela, eu não duvidava de nada.

Sob o olhar materno – longe de ser maternal – dei meia-volta e saí correndo tão rápido que meus passos levantaram poeira, deixando uma nuvem de terra no caminho. Somente consegui parar quando estava novamente em frente à casa de *la* Ofélia e bati na porta alternando os dois punhos, como o batuque de um atabaque. *La* Ofélia abriu a porta assustada.

"Me... Me... Me... Va a mandar... Quiere que me vaya. Me va a mandar a otra ciudad, lejos."

"O quê? Não entendi nada. Respira."

"*Mamá*. Ela me disse que hoje mesmo uma família vem me buscar para trabalhar na casa deles, um lugar longe daqui, e vou ter que morar com eles, ficar lá o dia inteiro, e se conheço *mi Mamá*, é das duas, uma: ou está me mandando como punição, com uma família *hija de puta*, ou ofereceram dinheiro suficiente para ela não se importar com nada. Eu vou ter que ficar vinte e quatro horas disponível e nem sei apontar o dedo para onde vou morar, porque saí correndo antes de ela conseguir falar, e você nem imagina o que ela disse."

Passei a imitar *Mamá* e tentei resumir toda a coleta da nossa conversa.

"Respira."

Vi o seu olhar se enchendo de lágrimas, e eu não conseguia recuperar o fôlego. Nós nos abraçamos. Sentia no meu pescoço as gotas que escorriam do rosto dela e o gosto salgado do meu próprio choro nos lábios. Nos minutos que se seguiram tentamos pensar em modos de escapar da situação.

Primeiro pensamos em negociar com *Mamá* a possibilidade de dobrar o meu trabalho na cidade para compensar. Também pensei em me envolver mais com a igreja, mas estaria mentindo para mim mesma. *La* Ofélia sugeriu que eu deixasse o basquete, se era isso que a incomodava tanto. A outra tática era a enfrentar, mas logo percebemos que as coisas poderiam se tornar ainda mais difíceis. Não conseguimos imaginar como, mas tínhamos a certeza de que *Mamá* tinha imaginação suficiente para toda crueldade. Quando pequena, eu tinha medo dos seus tapas; naquele momento, sentia medo do seu intelecto.

A mãe de *la* Ofélia chegou do armazém e nos encontrou em frangalhos. Contamos tudo na esperança de que um adulto encontrasse como dar a volta no parafuso, mas logo soubemos que não havia muito o que fazer.

"Você ainda não tem dezoito anos. Quem decide essas coisas por você é ela. Até lá, não vejo muita alternativa. Se eu tivesse dinheiro, te chamava para trabalhar aqui, mas sinto que nem isso ela aceitaria. Teresa tem a dureza de uma pedra que nunca furaria com o bater da água."

O tempo correu até às quatro e trinta e nenhum plano dos que ensaiamos foi suficiente. Precisava encarar que era hora de partir, por mais que isso destruísse meu coração em partículas tão pequenas quanto o pó. *Mamá* soube exatamente onde me procurar. Bateu na porta, forte o suficiente para a fazer tremer. Somente me disse uma coisa, uma palavra, na verdade:

"Vamos."

Naquele momento percebi que ela nem deixaria que eu me despedisse dos meus irmãos.

"*Yo voy con ella a la estación*", disse *la* Ofélia.

"*Mocosa, no te metas donde nadie te llamó.*"

Mamá me entregou a mala, era bastante leve. Eu carregava dezesseis anos no corpo, e essa era a minha verdadeira bagagem. *La* Ofélia sumiu, e somente a vi quando atravessamos o portão. Montada na bicicleta, que já me levara por todas as ruas da cidade, aos treinos de basquete, e que foi cúmplice dos nossos planos de fuga.

Avançávamos pela rua, e *la* Ofélia girava em círculos ao redor de nós. *Mamá* a xingou inúmeras vezes, mas minha amiga era mais rápida do que ela, o último presente que *la* Ofélia me deu foi irritar *Mamá*. Ao chegar à estação de trem, desabei. Ela me deu um abraço tão forte quanto o que iniciou a nossa amizade. Era medo, aborrecimento, expectativa, pânico e dor, tudo misturado como uma sopa tão quente que era difícil de engolir.

O trem parou na plataforma sob o som do grito do guarda anunciando a vinda de Buenos Aires. Poucas pessoas desceram, dentre elas uma mulher muito bem vestida que caminhou na nossa direção.

"*Doña Teresa?*"

Nunca vi a boca de *Mamá* formar um sorriso tão grande. Falou com a mulher na nossa frente em um estado de ânimo completamente fora dos padrões do seu comportamento habitual. Me apresentou, e a senhora, que agora eu sabia se chamar *la* Letícia, estendeu a mão com um sorriso verdadeiro.

As quatro, em silêncio, todas constrangidas, o ar pesou enquanto esperávamos o trem trocar de direção. Eu estava de mãos dadas *con la* Ofélia, e no momento em que a locomotiva voltou à estação, *la* Letícia avisou que era hora de partir. *Mamá* não disse adeus, não me abraçou, não me deu um último conselho para a nova etapa nem me desejou boa sorte – foi um silêncio marcial.

A palma de *la* Ofélia continuava aferrada à minha, interligada, mesmo no momento em que ouvimos uma voz anunciando a última chamada. *La* Letícia me guiou até uma das portas e o laço entre minha mão e a de *la* Ofélia se dissolveu porque nossos braços não eram de borracha. Ela secou as lágrimas e disse:

"*Hoy no vas a correr atras del tren. Hoy el tren se va con vos*. Era isso que queríamos, não? Me escreve assim que chegar. Tenho a sensação de que tudo isso vai te fazer bem. Vai, sobe e conquista tudo o que sempre imaginamos juntas."

Acabei sorrindo e chorando ao mesmo tempo. A única constante sempre foi o vaivém frenético que misturava tudo na velocidade máxima. Depois da sua fala, *la* Ofélia deu as costas ao trem e saiu correndo da estação. *La* Letícia e eu entramos no vagão. Ela me ajudou a colocar a mala no compartimento de cima e me convidou a sentar do lado da janela para, nas palavras dela, "poder me despedir de *Mamá*".

A máquina ganhou velocidade, e logo o caminho foi coberto por mata dos dois lados. *La* Letícia fez silêncio, respeitando o momento – isso já era um ótimo sinal. Depois de meia hora de lágrimas intermitentes, ela disse:

"Margarita, somos uma família muito unida, e eu te convido a fazer parte dela. Há muito trabalho por fazer em casa, é verdade, mas quero que você saiba que não vai ser como a vida no campo. Você e eu vamos ser aliadas."

Foi muito estranho ouvir isso, quase como se o tiro que *Mamá* deu tivesse saído pela culatra. Olhando para ela, as suas roupas, os brincos e anéis de ouro, fiquei com um pé atrás, me resguardando de todo o mal que o dinheiro já tinha me feito.

"Obrigada, mesmo. Posso perguntar qual é o nome da cidade em que vocês moram?"

"*Doña* Teresa não te contou nada? Vamos para Campana, uma cidade pequena, mas gigante, do lado de Maciá. Banhada pelo *río Paraná de las Palmas y la tierra de las nueces pecan.*"

A nossa conversa foi curta e voltou a dar lugar ao silêncio. Já levávamos quarenta minutos de viagem, e eu nem parara para pensar que era a minha primeira vez em um trem. Atravessamos uma ponte longa e o fluxo rápido de um riacho chamou minha atenção. Voávamos por cima dele. Naquele momento decidi embalar todas as minhas bagagens sentimentais e jogar pela janela. Consegui ver o pacote caindo e sendo levado pela correnteza até que se tornou um ponto mínimo na paisagem. Depois disso, me prometi que não derramaria *ni una lágrima más.*

Daquela vez quem tinha ido embora era eu. Foi assim que meus irmãos em Maciá se tornaram cinco, e só conseguia pedir que deus acudisse aquelas crianças.

Capítulo IX

Sentada no banco do terceiro vagão, olhava hectares e mais hectares de campo banhados pelo rio que insistia em crescer, para desespero dos agricultores. Uma imagem que era interrompida apenas pelo pulo de um ou outro peixe que perdera o rumo e que acabaria morrendo no remanso. *La* Letícia segurava agulhas de tricô que trouxera para se entreter e fazia os movimentos rápidos de quem já tinha muita experiência em usar um novelo para criar do fio uma peça de roupa. Ela rompeu o silêncio apenas para medir no meu pescoço um cachecol vermelho, já bastante adiantado, e me perguntou se eu gostava da cor. Quando respondi que sim, ela disse que era para mim. Perguntou se queria ele mais longo ou mais curto, e a verdade é que não soube como responder, porque *Mamá* me mataria se eu desse a minha opinião. Porém, *Mamá* não estava por perto, ela estava cada vez mais longe, e mesmo sabendo disso me custou pedir que fosse um pouco mais curto, para não dar tantas voltas e evitar um destino como o da Isadora Duncan – *ya teníamos un ahorcado en la familia y esto era suficiente.*

Voltei a olhar pela janela, e passamos por uma dezena de casinhas improvisadas com pedaços de lata e papelão. O trem diminuiu bastante a velocidade a fim de se preparar para uma curva fechada.

Na frente de uma daquelas casas vi uma menina descalça e loira, de cabelos curtos, muito parecida comigo e com o meu eu do campo. Fechei os olhos e imaginei estar no lugar dela, observando o trem passar, acompanhando o movimento da direita para a esquerda, ouvindo a buzina anunciar que deveria ficar longe dos trilhos e, daquela posição, olharia para mim mesma, me perguntando se veria *la Chula* ou *la* Margarita sentada no vagão.

Em algum momento do percurso, o corpo pediu tempo para descansar. Durante toda a viagem minha cabeça não parou um minuto, pensando nos meus irmãos e em como eles estavam sozinhos com *Mamá*. *El* Orlando era quem mais me preocupava, porque ela o detestava de forma desproporcional. O receio vinha porque eu era a única que se atrevera a enfrentar *la loba*, e sabia como era difícil segurar o peso do seu olhar e a incerteza sobre a proporção do castigo que ela conseguia impor.

Mamá ter me mandado embora de Maciá acarretava um peso enorme nas costas dos meus irmãos, e eu os imaginava apavorados com a perspectiva de que algo assim pudesse acontecer com eles.

"Em mais ou menos dez minutos chegaremos. Você apagou como se tivessem te tirado da tomada... *Nunca había visto a alguien llorando mientras dormía.*"

"Desculpa."

"Não precisa se desculpar. Não sei o que Teresa falou da gente, mas nenhum de nós morde. Bom, quase isso, a Sofía gosta de dar umas mordiscadas. *Pero tiene quatro años.*"

Sorri, mas, por mais que ela tentasse me convencer, a nossa relação seria sempre pautada pela dupla patrão-empregada – uma assimetria muito difícil de superar nos meus cinquenta e ainda mais naqueles tempos dos meus dezesseis anos.

O trem chegou a uma estação que caía aos pedaços, o telhado tinha mais buracos do que telhas e tudo era cinza metálico, fazendo a estação pequenina de Maciá parecer luxuosa. Diante disso tudo, senti medo de que a estação sucumbisse *cerrando el único portal entre mi ciudad de infancia y este nuevo destino del cual sabía muy poco.*

La Letícia apontou a porta de saída e me encontrei em uma rua cheia de gente indo e vindo com uma pressa que me assustava. Percebi que, ali, o ritmo era diferente de Maciá, e as ruas, completamente asfaltadas, tomadas por carros de cores que nunca vira em lugar algum. Na avenida que via na minha frente caberiam todos os habitantes de Maciá e ainda sobraria espaço para uma centena de ovelhas. Árvores gigantes cresciam em quadrados de terra rodeados por concreto, e meus ouvidos foram tomados por um sotaque seco e desprovido da *tonada* suave dos habitantes da minha terra me prometi, naquele instante, que não deixaria que apagassem a melodia do meu falar.

La Letícia me ajudou com a mala, e caminhamos até um carro branco que brilhava de tão limpo. Um senhor fumava apoiado no capô, deixando escapar anéis de fumaça que se desfaziam com o vento. Anoitecia, as luzes das ruas começaram a acender e somente na avenida em que caberia toda Maciá havia lâmpadas suficientes para iluminar a minha cidade inteira.

"*Margarita, este es German, mi marido.*"

"*Un placer*", respondi.

Estendi a mão, que ele segurou e a usou como impulso para me puxar em um abraço apertado que me deixara muito constrangida, porque as mãos se entrelaçaram perto *de mis grandes tetas,* e em casa de *Mamá* essas formas de afeto eram inexistentes.

Assim que subimos no carro, *la* Letícia pediu a *el* German que desse *la vuelta del perro,* explicando que era como chamavam passear de carro pelas ruas principais sem um destino predeterminado, costume que normalmente acontecia ao entardecer e que chegava a formar pequenos engarrafamentos.

A cidade era infinita, e *la* Letícia assumiu o papel de guia turística. Passamos pela praça Eduardo Costa, onde havia um monumento ao primeiro carro argentino que se parecia muito mais com uma carreta do que um veículo a motor. *La* Letícia contou que era o orgulho da cidade. Passamos por uma catedral, que era mais uma tenda de circo do que um lugar de louvor, e no caminho contei três sorveterias e um sem-fim de lojas. A volta incluiu uma visita a *la costanera*, de onde conseguimos ver o porto e um barco tão grande que me custava acreditar que conseguia flutuar. Também havia o barulho constante de metal chocando um no outro pelos movimentos dos contêineres que tinham em seu interior, uma metragem quadrada maior do que a nossa casa de Maciá.

"É pela largura do rio que existe Campana. Ele desemboca no mar e é bem profundo. É por isso que montaram uma refinaria, para escoar a produção, é lá que trabalho; e German trabalha na planta nuclear Atucha. Assusta um pouco porque é uma cidade rodeada de coisas que podem explodir a qualquer momento", disse *la* Letícia, como se fosse a coisa mais normal.

Já a caminho da casa dos Hernandez, passamos pela avenida Mitre, e pela primeira vez na vida vi um amontoado de janelas que cresciam na vertical, dois prédios enormes. Consegui contar pelo menos treze andares e me perguntei como seria morar no alto, como se via a cidade lá de cima.

Mais adiante, o carro parou encostando no meio-fio, à frente de uma casa de dois andares, exatamente na esquina das ruas Luís Costa e Castelli. No caminho fiquei observando o nome das avenidas – em Maciá não tínhamos placas que indicassem isso, todos sabíamos de cor onde cada uma ficava, já que dava quase para contar com os dez dedos da mão a quantidade de vias. Já em Campana precisaria pegar emprestados os dedos de mais algumas pessoas para fazer a conta.

El German pegou minhas coisas no porta-malas, e eu continuava achando tudo muito estranho. *La* Letícia abriu a porta, que dava direto em uma escada fininha, a qual permitia passar apenas uma pessoa por vez. Fui a última a subir, e antes de atravessar a outra porta, que dava para a sala de estar do lugar no qual trabalharia por três anos, inspirei fundo pelo nariz e deixei o ar sair pela boca, fazendo mais barulho do que o planejado – quase como se quisesse expelir o resto do ar de Maciá que ficara nos meus pulmões.

A casa era grande, cheia de vidros enormes direcionados à rua. Só de ver, soube que iriam me dar muito trabalho. Nunca vira uma televisão daquele tamanho, ligada no jornal da noite e, em uma poltrona, dormia uma senhora de pelo menos oitenta anos. Ela deixava escapar o ronco característico de uma fumante profissional.

"*Ella es mi Mamá*, Chichi. Ficou aqui para cuidar das crianças."

La Letícia a acordou. Em uma mesinha do lado da poltrona repousava um cinzeiro, tão cheio que formava uma pequena montanha. Assim que ela levantou da poltrona, *el* German disse algo baixinho no meu ouvido, me arrepiei da forma mais desconfortável possível:

"*Esta es la yegua de mi suegra*", e adicionou para todo mundo ouvir: "*Dale, vieja chota, levántate que te llevo a tu casa*".

Foi aí que as cartas começaram a se colocar na mesa de forma clara, *el* German, que no carro pareceu um senhor, se transformou ao cruzar a porta de entrada. Soube naquele momento que precisaria tomar cuidado com o marido de *la* Letícia da mesma maneira que tomava cuidado com as cobras à espreita nas estradas de terra do campo. Mas, nesse caso, ainda não sabia se ele era do tipo venenoso.

La Chichi ignorou as palavras del German, como se fossem tão comuns que já não a surpreendessem, e disse para *la* Letícia:

"*Es una muñeca la nena*. Ninguém que veja esses olhos vai conseguir resistir. *Es hermosa*."

Já era tarde, e *la* Letícia me disse que eles costumavam sair às seis e trinta, e que seria legal se eu acordasse mais cedo para preparar o café da manhã – esse "legal" era uma ordem mascarada. Ela me deu um despertador azul, que configurei para me acordar às cinco. Uma vez, meu filho, que costuma ler bastante, falou de um trecho de um conto do Cortázar sobre como dar corda a um relógio, a primeira frase não sai da minha cabeça: "*Piensa en esto: cuando te regalan un reloj te regalan un pequeño infierno florido, una cadena de rosas, un calabozo de aire*". Ela me disse que eu dormiria no quarto das crianças, na parte de cima de uma cama beliche. Pediu silêncio, e deixamos a mala do lado de fora para evitar barulho. Sem nem tirar a roupa, tombei o peso inteiro do corpo sobre o colchão.

Escandaloso, o despertador me acordou e, esquecendo que estava dormindo em uma cama no alto, quase caí seca no chão. Não fui a única a acordar com o barulho. Enquanto me espreguiçava, senti um puxão na minha camisa: uma menina baixinha esticou as mãos pedindo colo. Na escuridão do quarto, só conseguia distinguir o vulto magrelo e o cabelo liso amarrado em um rabo de cavalo. Consenti e a puxei pelos braços enquanto ela amarrava as pernas na minha cintura. Era *la* Sofía, e uma vez que estávamos no corredor percebi algo de diferente na sua mirada. Um olho permanecia fixo, enquanto o outro se mexia normalmente e, prestando bastante atenção, percebi que cada um tinha tons diferentes de verde. O do lado direito era claro, e o do lado esquerdo tinha uma cor que só consigo descrever como radioativa. Nele, conseguia ver o meu rosto refletido com a nitidez de um espelho tingido, mas meu reflexo mostrou uma face cansada como a de quem tinha feito uma viagem longa, que cobrara como pedágio um pouco de culpa, uma pitada de ardor no peito *y un sin fin de tristeza*.

Na cozinha, sentei *la* Sofía em uma das cadeiras enquanto ela usava as palmas das mãos para coçar os olhos. *La* Letícia não tivera tempo de me explicar onde cada coisa ficava nem que tipo de café da manhã costumavam tomar. Em casa, era pão duro e *mate cocido*, mas intuí que ali a coisa seria um pouco diferente. Apostei todas as minhas fichas *en la* Sofía que, sem falar, à medida que eu ia perguntando, me indicou onde estava a cestinha de pão, onde guardavam a torradeira, onde encontrar a erva-mate e a garrafa térmica. Sozinha, consegui descobrir o lugar do pote de café solúvel e o açúcar, então em duas xícaras bati tudo com um pouco de água quente para que ficasse cremoso. Deixei os potes de manteiga e geleia de morango na mesa e recebi outro puxão na camisa de *la* Sofía, que apontou para um dos armários, onde descobri o achocolatado. Os donos da casa acordaram, e a calma que tínhamos estabelecido entre a menina e eu desvaneceu-se.

"Por que só duas xícaras, Marga? Você não vai tomar café com a gente?", disse *la* Letícia.

Acostumada a que minhas patroas não compartilhassem nem a cuia do chimarrão comigo, me pareceu muito estranho sentar à mesa com a família. Tentando ser comedida, comi como um passarinho, beliscando *galletita de água y sal* com manteiga.

"Em meia hora chega a perua para levar Eliel e Sofía à escola. Você prepara um lanche para eles? Quase me esqueço, você já deve ter reparado no olho de vidro da minha filha, três vezes por dia tem que fazer a limpeza. Ela já está acostumada, fica quietinha e tudo."

La Letícia se levantou e foi até o banheiro. Voltou com uma ventosa pequena e translúcida e a colocou na minha frente.

"Você vai colar isto no olhinho e puxar para fora. Deixa eu te mostrar."

La Letícia chegou perto da menina, e ela levantou o rosto sem precisar dizer nada, acostumada a que fizessem isso com ela. Já eu sentia o pânico de pensar que a poderia machucar.

Puede sonar raro e até um pouco preconceituoso, mas meu questionamento era verdadeiro e sem maldade, um tanto inocente e levado por um pouco de curiosidade. Vi tantas coisas na minha vida, tanto abuso, tanta violência e tanta dor que não consegui parar de me perguntar se teria visto a metade de tudo isso tendo um olho de vidro como o de *la* Sofía.

Acompanhei o procedimento, e *la* Letícia puxou o vidro para fora e o colocou em um copinho cheio de soro fisiológico. Com uma gaze, limpou algo parecido ao que vi na ferida de *Papá* lá no campo, uma gosma branca-amarelada como a manteiga e pegajosa como a seiva que escorre daquela planta cujo nome popular é um tanto irônico: cega-olho.

Pelo corredor dos quartos, *el* Eliel apareceu se arrastando. Na noite anterior eu me sentia tão cansada que não vi o garoto de doze anos dormindo no mesmo quarto que eu e *la* Sofía. Carregava o mau humor típico de um pré-adolescente que tem que se preparar para a escola. *La* Letícia nos apresentou, e ao me ver, ele mudou um pouco seu comportamento, sorrindo toda vez que nossos olhares se cruzavam.

"Margarita, os materiais para a faxina estão todos no armário do banheiro. Você pode fazer uma limpeza geral na casa? Os vidros que dão para a rua precisam de um trato. Fique à vontade para ligar a TV ou colocar música na vitrola."

Eu era muito habituada às palavras que os patrões usavam para se sentirem melhor na hora de dar ordens, o "você pode" não era de fato uma pergunta, era uma imposição, mas eu apreciava não ser tratada como lixo. *La* Estela enchera a minha paciência e a cota para *hijas de puta* fora preenchida já aos meus catorze anos. De certa forma, preferia a ilusão de cuidado ao maltrato descarado. Por isso respondi que sim, *no hay problema*.

Antes de começar, preparei dois sanduíches para *el* Eliel e *la* Sofía, e eles me indicaram onde encontrar os pacotes de bolacha que separei para cada um em sacolinhas. O armário de *las galletitas* teria alimentado meus nove irmãos por alguns meses. A fartura ainda me constrangia e as saudades me sensibilizavam. Com os dois prontos, os acompanhei até a entrada da casa, onde a perua escolar já os esperava.

Sozinha, fiquei tentada a ouvir música, algo raro na casa de *Mamá,* mas que eu adorava. Eu nunca tinha usado uma vitrola, até já vira discos de vinil antes, mas nunca tinha feito a agulha cantar. A coleção de German era vasta, na maioria dos casos não conhecia os artistas, mas um álbum chamou minha atenção: a banda era *Sui Generis* e o disco se chamava *Vida*. Eu nunca ouvira falar deles antes, mas na foto da capa havia dois caras sentados à frente de uma parede de tijolos de barro, ambos com os cabelos longos.

Apanhei bastante do aparelho: sons estáticos quase feriram meus tímpanos, e o barulho dos arranhões, de quando largava o braço sem cuidado, praticamente me fizeram desistir, imaginando estar causando danos irreparáveis à máquina. Então comecei a ouvir a voz doce de um vocalista, acompanhada de um violão que ganhava o som de uma bateria e da guitarra elétrica. Melodia que me era estranha, mas cujo dedilhar gerava agudos que se destacavam dos demais instrumentos e colocaram meus pés para dançar um ritmo lento e intenso:

Poco a poco fuí creciendo
Y mis fábulas de amor
Se fueron desvaneciendo
Como pompas de jabón.

Crescer duele, me dizia sempre *la* Ofélia. *Si no duele, es una ilusión.*

O disco continuou tocando, e eu comecei a limpar a casa. Era trabalho pesado, minha coluna reclamava descanso de meia em meia hora. Tratava-se da maior casa em que trabalhei, e também a mais bagunçada. Com tudo brilhando, algo que tomou umas quatro horas, lavei a louça do café da manhã e preparei o almoço das crianças, que chegaram da escola esfomeadas.

El Eliel fez um monte de perguntas sobre a minha cidade, sobre minha família, e acabei por contar que por pouco tempo fui jogadora de basquete. Pareceu-me esquisita a curiosidade, mas percebi rápido que o interesse dele era de cunho hormonal.

A conta fechou quando me perguntou se eu namorava ou se estava apaixonada por alguém. Desconversei até que suas indagações cessassem; um pouco desapontado, ele foi para o quarto dormir uma sesta. Fiquei sozinha *con la* Sofía, que comia em silêncio, somente se levantou da mesa para puxar meu avental e apontar para um jarro cheio de caramelos. Em um gesto de carinho, ela juntou algumas das balas e me chamou para dividir os doces.

Era difícil não sentir culpa em momentos como aquele. Em Maciá ganhávamos guloseimas uma vez por ano, e mesmo assim eram contadas uma a uma. No pote na minha frente, havia balas suficientes para celebrar os aniversários de uma pessoa até quase seus vinte e cinco anos e, ainda assim, sobrariam várias para compartilhar caso a criança se sentisse generosa.

La Sofía começara a dar sinais de cansaço, e eu a deitei em um dos sofás com a cabeça apoiada no meu colo. A menina puxou uma das minhas mãos e a envolveu entre suas duas palmas quentinhas, que me fizeram pegar no sono com ela. Mesmo sendo um descanso breve, sonhei com a casa do campo.

Mamá sozinha sentada à mesa, contando o dinheiro que todos os filhos penaram para conseguir. Sempre que chegava aos cem pesos, dava uma risadinha alta. Com um pulo estávamos na casa do campo. *Papá*, vivo, domava *un cavallo negro* e eu gritava com ele na tentativa de avisar que teria apenas mais algumas semanas de vida, mas ninguém conseguia me ouvir. Então, o *cavallo negro* sumiu e *Papá* estava em cima de *la Petisa,* que tinha no dorso algo como estigmas que *lloravan sangre. Papá* todo manchado, como Carrie, a estranha. E num piscar de olhos, os dois desapareceram. Do chão brotavam círios tão longos quanto árvores centenárias e cuja chama poderia acabar com dezenas de plantações. No lugar onde *Papá* esteve, agora via todos *mis nueve hermanos* juntos, tentando apagar o fogo que se alastrava pelo pasto, e eu ouvia os gritos de dor enquanto cada um se carbonizava. Eu tentava fechar os olhos, mas minhas pálpebras grudaram, impedindo que pudesse bloquear a visão. Ouvi um grande estouro, tudo se iluminou, e me desloquei para uma plantação de girassóis onde chovia sem parar. Por fim, as gotas se tornaram caramelos que enchiam as fendas entre uma faixa de plantação e outra, infestando o sonho *con el olor a azúcar frutado*.

Foi pensando em *Mamá* que me perguntei como ela se sentiria em saber que a maldade que planejou se transformou, na verdade, em um favor. Campana foi a minha plataforma de impulso.

No final da tarde, *la* Letícia chegou do trabalho e eu preparei o chimarrão, que ela insistiu em compartilhar comigo. Ela tinha comprado uma bandeja enorme de churros recheados com doce de leite, que as crianças atacaram sem dó. Peguei um e, quando terminei, senti no corpo inteiro como o açúcar me acelerava.

"Letícia, queria te perguntar algo, mas quero que você tenha toda a liberdade para dizer não, porque eu entenderia se você achasse que isso pode atrapalhar o meu trabalho aqui. Em Maciá terminei a primária noturna e eu gostaria de poder cursar a secundária. Pensei que talvez pudesse fazer isso à noite e prometo que vou deixar tudo direitinho e…"

"Marga, você precisa aprender a se justificar menos. É claro que você pode estudar, tem uma escola aqui perto que tem cursos noturnos. Alguns dos operários que gerencio estudam lá. Amanhã te dou uma carona para você se inscrever."

Algumas semanas após as aulas se iniciarem, percebi que isso fazia a minha rotina diária ficar muito apertada. Voltava para a casa por volta das onze e meia da noite e encontrava uma pilha enorme de louça suja com a comida que eu preparar à tarde. Ia dormir por volta das duas da manhã e às cinco já estava de pé para preparar o café e aprontar as crianças. Quando tinha prova eu nem dormia para dar conta de estudar.

Mesmo com tudo isso, uma das coisas que mais gostava de fazer era arrumar o cabelo de *la* Sofía antes de a perua chegar. Todos os dias inventava algo novo: tranças, coques, presilhas coloridas formando um degradê... e às vezes usava o ferro de passar roupa como chapinha para alisar o cabelo da menina, que sorria quando eu a levantava para se olhar no espelho. Ela sempre me agradecia, um dos poucos momentos em que a ouvia falar.

Com o tempo, *la* Letícia pediu que eu arrumasse o cabelo dela quando tinha jantares ou reuniões no clube, sempre elogiando o resultado.

Passei o primeiro ano inteiro de trabalho saindo apenas para ir à escola. Tinha muito medo de sair sozinha, sentia pânico só de pensar em me perder. *La Chula* e a confiança que ganhei nos últimos anos em Maciá permaneceram guardadas em uma caixinha que eu temia abrir. Me tornei uma garota tímida que ouvia muito mais do que falava.

Os Hernandez tinham uma vida social intensa: jantavam fora de casa todos os fins de semana e tinham reuniões no Rotary às sextas-feiras. Aos sábados, costumavam ir ao clube náutico. E nunca me deixavam de fora dessas atividades. *El* German insistia que eu deveria sair sempre com eles e desencorajava que saísse sozinha, porque as coisas andavam perigosas lá fora para uma garota como eu. Esse "como eu" me incomodava no mais profundo.

Eu quase não acompanhava as notícias, não tinha tempo para sentar à frente da televisão, mas o pouco que sabia era que a economia da Argentina estava na *mierda* e que tinha acontecido um golpe de estado – aos dezesseis, não tinha ideia do que isso significava, e como eu não tinha dinheiro próprio, nem imaginava o que era a inflação. Na escola não se falava sobre isso. Sei que os professores eram alvos fáceis e que viviam apavorados de morrer pela língua. Mesmo com tudo isso, pouca coisa mudou no meu cotidiano. Às vezes ficava sabendo de um ou outro acontecimento, mas mesmo os Hernandez procuravam falar o mínimo possível, sempre longe das crianças, tomados pelo medo de que repetissem suas opiniões na escola.

Vez ou outra conseguia escutar conversas dos outros alunos, que se dividiam entre ser a favor ou contra a intervenção militar. Os que eram a favor conseguiam falar de boca cheia sem precisar sussurrar; os que eram contra viviam numa espécie de clandestinidade. Deles, uma vez ouvi que o pai de um colega, um artista plástico conhecido, fora levado para a prisão por ter na sua biblioteca *O capital* e especulavam sobre as possíveis torturas que sofreria e quem poderia ser *el hijo de puta* que o denunciara. Por isso os militares passaram um bom tempo queimando livros, mais de um milhão e meio de exemplares viraram cinzas e faíscas.

Uma vez ouvi sobre "realocação" das crianças, algo que me apavorou. Os militares entravam nas casas dos que chamavam de "subversivos" e, sob o pretexto de que as crianças precisavam de uma educação melhor, as separavam de suas famílias para morar com casais cujo homem era um militar. Muitas dessas crianças continuam sem aparecer até hoje.

La Letícia se sentou uma vez comigo à mesa e, tomando chimarrão, me explicou que eu nunca deveria falar sobre política com ninguém, nem mencionar o que ouvia em casa, nem cantar ou assobiar músicas pela rua – explicou também que qualquer coisa poderia ser usada contra mim. Segundo *el* German, vivíamos *tiempos obscuros*, ele repetia isso muitas vezes, mas apenas em casa – nos jantares e entre amigos não falava uma palavra do que se conversava no lar. Uma vez, ouvi *el* German dizer que se registrava um assassinato político a cada cinco horas e que os sequestros tinham se tornado cada vez mais frequentes.

Tudo isso contribuiu para acelerar meu pânico de sair sozinha na rua: era casa-escola, escola-casa. Uma coisa era certa: sempre que se falava sobre isso, *el* German repetia a ladainha do "como eu". Comecei a perceber que essa expressão ia de mãos dadas com a minha sensação de que me olhava com algum desejo – *era un completo baboso*. Suspeitava que o motivo pelo qual ele sempre insistia em me levar para todos os lados junto com eles era, na verdade, uma maneira de me controlar e evitar que eu fizesse amigos, disparando uma vida social independente da família.

Quando me levavam para comer em restaurantes, sentia o peso de perceber que meus irmãos poderiam estar passando fome. Esse era o principal motivo pelo qual não cortava a grana de *Mamá*. Não sei bem o que faria se fosse ela sozinha em Maciá.

Lembro da primeira vez. Assim que nos sentamos à mesa, vi três conjuntos de talheres de cada lado do prato e mais duas colheres no topo. Pensei que a melhor forma de aprender como se usavam era copiar tudo o que *la* Letícia fazia, gerando um atraso nas minhas ações. Estiquei o guardanapo no meu colo, me questionando como faria para limpar a boca. Na hora em que o garçom trouxe o menu fiquei assombrada com o valor de cada prato.

"*Yo voy a pedir por todos*", disse *el* German. "Para as crianças o menu infantil, e para nossas donzelas uma salada Waldorf com frango grelhado. Para mim um *bife de chorizo*."

La Letícia levantou o olhar do menu, encarou seu marido, que não a correspondeu, depois olhou para o meu lado, e a verdade é que eu não queria me meter – por isso congelei minhas expressões faciais. Eu vi em seu rosto a irritação. Num segundo momento, nossos olhares voltaram a se cruzar e não me contive, respondi com uma piscada, demonstrando meu apoio.

No carro, a caminho de casa, *el* Eliel foi o único que disse algo. Ele questionou por que tinha que levantar cedo para ir à escola se eu estudava à noite. Ele queria ser o meu colega de turma – *por los motivos equivocados* –, já que, mesmo muito mais novo, estudava no mesmo ano que eu. A única reação que gerou foi um "aham" de *la* Letícia, que não lhe serviu de nada; o silêncio voltou a tomar conta do carro.

Assim que chegamos, as crianças foram se deitar e eu comecei a lavar a louça da merenda. *La* Letícia me perguntou se a porta do quarto delas estava fechada, respondi que sim.

"*German, que tenes en la cabeça?* Desde quando não posso escolher minha própria comida? E se a Marga quisesse outra coisa? *Carajo*. Você é bem de esquerda quando falamos de ditadura, mas em casa costuma ser um general."

Ele não respondeu nada. Fingiu não ouvir, mas a respiração era cada vez mais forte. Eu conseguia sentir que ele estava alterado, mas me mantive de costas para a ação em uma tentativa de me preservar.

Foi aí que ouvi um som muito familiar, o barulho que ouvira em todas as casas em que trabalhei. O que gerava o som? A mão de mais um homem covarde caindo com todo o peso em um rosto que pedia, por favor, um pouco de compaixão. É fácil me questionar e perguntar por que não reagi, mas quem faz essa pergunta nunca conheceu de perto como funciona a violência.

Virei e o vi pronto para dar o próximo, mas começamos a ouvir ruídos vindos da rua, algo esquisito no meio da noite. *El* German abaixou a palma em silêncio, *la* Letícia levou a mão ao rosto marcado de vermelho. Ao redor dos seus olhos, vi hematomas quase invisíveis que formariam mais tarde um roxo muito roxo.

"Pegaram mais um", disse *el* German.

"São ladrões?", perguntei.

"*No, es algo peor, ladrones de vidas.* Militares. Fica longe da janela", comandou *la* Letícia.

Sentimos um estrondo, e o som parou para dar lugar a gritos de dor e batidas. Não pararam até que ele ou ela, não sei, perdesse a força de reclamar, e mesmo com o silêncio da vítima o som abafado do cassetete continuou por alguns minutos.

Aquela violência deixara *el* German constrangido. *La* Letícia levantou e foi para o quarto, enquanto eu e ele estávamos de pé na cozinha. Ele me olhava quase como se fosse um objeto, antes de sair em retirada, coçou o saco por cima das calças, se certificando de que eu visse o gesto.

Capítulo X

Às vezes um ano durava dois, e em outros momentos um mês virava um ano – e eu seguia dormindo três horas por noite para dar conta de todo o trabalho. Havia uma exceção, aos domingos: por decreto da matriarca, eu tinha o dia livre para fazer o que quisesse, tanto as crianças quanto *el* German sabiam que naquele dia da semana não podiam me pedir nada e *la* Letícia se certificava de que assim fosse – algo que com o passar dos meses se tornou uma meia-verdade. Eu aproveitava para estudar na maior parte do tempo e às vezes me sentava no sofá com a família para assistir ao jornal que *el* German chamava de mentiroso. Segundo ele, os meios de comunicação na Argentina tinham todos abaixado as calças para os generais.

A violência física no lar cessara, quiçá pela clemência pedida naquela noite, não sei, mas abriu espaço para um sem-fim de golpes baixos à moral de *la* Letícia, tanto na minha frente quanto na das crianças. Como ele estava mais acostumado com a minha presença, passou a ser mais explícito. *El* German chamava a esposa, dentre outras coisas, de *puta, mal-parida, pelotuda, conchuda, cagona, yegua, forra, trola, mamarracho* e *malaleche*, além de mandar ela a *meterse el dedo en el culo* e que *vuelva a la concha de tu madre*. Parecia até que ele tinha um dicionário de sinônimos de xingamentos que consultava toda manhã – sempre havia uma forma distinta de derrubá-la. Palavras que repetia toda vez que a mãe de *la* Letícia nos visitava.

A rotina da semana, embora cansativa, criou uma estrutura que eu nunca tivera em Maciá. Agora conseguia desejar que o domingo chegasse sem a necessidade de fazer buracos para uma criança no chão de terra, sem banheiros cagados propositalmente para limpar, sem *Mamá* me fazendo lavar a mesma louça uma e outra vez. Mais importante, não precisei rezar com os dedos da mão cruzados nas minhas costas em uma igreja que eu não respeitava nem um pouco – para *Mamá*, os Hernadez eram luteranos devotos; foi isso que falaram para facilitar o processo. Eles eram religiosos, mas na versão leve, do tipo que relativiza os dez mandamentos.

Penso que foi por isso tudo que o tempo se comprimiu: de repente, eu já tinha dezessete e, um bolinho fora dividido para a ocasião. Sentada na orla, no clube náutico, com os pés na água, acompanhava com o olhar *la* Sofía brincando de fazer um castelo com a areia molhada que escorria entre os seus dedos. *El* Eliel, como todo menino criado como o rei do seu mundo, centrado apenas no universo do tamanho do próprio crânio, esperou que o castelo estivesse quase pronto e derrubou um balde cheio de água na criação da garota, que começou a chorar e veio correndo na minha direção. Mesmo com a mãe sentada alguns metros mais à frente, ela veio buscar asilo no meu colo, e eu a envolvi com uma toalha, a segurei e limpei o nariz carregado. *La* Sofía *durmió en mis brazos*.

"Ela gosta muito de você. E não é do tipo que confia em qualquer pessoa", disse *la* Letícia sorrindo. "Obrigada por cuidar dela nos momentos em que eu não consigo."

Quiçá tenha sido essa fala que me fez perceber que eu também queria ter uma criança minha para criar. Queria testar qual seria o resultado de um filho ou filha criados longe da violência, do trabalho infantil, mas, mais importante ainda precisava descobrir como fazer tudo isso com a mínima intervenção masculina. Eu consegui, mas essa última parte foi bem mais complexa – antes vem um dos momentos mais satisfatórios de toda a minha estadia em Campana: o enfrentamento de *la* Letícia com *Mamá*, tudo em uma única carta, uma guerra fria.

Durante todo aquele primeiro ano, eu usava paninhos no lugar de absorventes. *Mamá* não acreditava em gastar dinheiro nesse tipo de coisa quando se pode ter uma solução precariamente caseira. Mas tenho certeza de que mulher nenhuma chegaria à mesma conclusão quando as atividades de limpeza e cuidado das crianças requerem movimentos pouco ortodoxos. Nunca falei sobre isso *con la* Letícia, ela já se ocupava de encontrar roupas e os apetrechos do dia a dia para mim, mas com o tempo percebeu que essa história de trabalhar diariamente sem ver um centavo do dinheiro me desanimava.

Ela tomou a decisão de contatar *Mamá* em meio a uma visita que fizemos às lojas do centro da cidade. Na vitrine de uma sapataria, congelei quando vi um par de tamancos com pelo menos cinco centímetros de plataforma e com uma tira de camurça vermelho-fogo que me encantaram, mas soube de cara que com zero pesos a concretização daquele desejo era impossível.

"Marga, você precisa de dinheiro para comprar suas coisas, escolher seu próprio xampu, tomar um sorvete, e não sei como você está fazendo naqueles dias, mas imagino que seja algo improvisado. Quero propor para a sua mãe que você fique com pelo menos dez por cento do que mandamos para ela."

Diez porciento. Quase comecei a rir sozinha pensando em como *Mamá* reagiria ante um dízimo pago para a santa Margarita, *gloria a ti, señor jesus. La* Letícia falou sério e escreveu uma carta em que não pedia, mas informava, como seriam as mudanças dali em diante. Colou os selos de envio expresso e me deu em mãos uma parte do meu próximo salário.

A sensação, não consigo transpor para o papel, ou consigo, vou tentar. Só me interessa que se saiba que naquele mesmo dia voltei à loja e comprei o tamanco em parcelas infinitas, quase um ano pagando em dia, sem exceção, juntando moeda por moeda. Foi a primeira coisa importante que comprei com meu próprio dinheiro e até hoje, nos meus cinquenta e tantos, encho a boca para dizer que nunca paguei um centavo de juros na vida.

Voltando para a casa dos Hernandez, me sentindo gigante pela altura da plataforma, que eu não tiraria dos pés até que a tira de couro arrebentasse, passei em frente à padaria na esquina oposta à da casa, onde faziam *medialunas* de manteiga. Comprei uma, sentindo a massa folhada se derreter na minha boca, foi apenas uma, porque os dez porcento de um salário baixo era tão finito como a areia de uma ampulheta furada.

Mamá nunca respondeu à carta, nunca ligou para os Hernandez e não veio caminhando desde Maciá para plantar um gancho no meu rosto. Mas o silêncio era aterrador, ter *la* Letícia como aliada me dava a segurança de que precisava para seguir meu caminho. Foi ela que apontou a estrada que me levaria até a independência *por el resto de mi vida*, por isso sou eternamente grata.

La Sofía tinha uma festinha na escola, daquelas em que as crianças são obrigadas a cantar e fazer mímica ao mesmo tempo para que os adultos disparem flashes para todos os lados, queimando negativos com fotografias que quase ninguém verá mais. Era muito estranho. Acredito que da família Lung inteira tínhamos uma ou duas imagens, daquelas coloridas artificialmente – num fundo azul-bebê eterno. Mas nada de fotos, eu realmente prefiro ser imaginada.

Antes de sair, *la* Sofía treinava os passos enquanto eu tentava terminar seu penteado, que levou algumas latas de spray e uma centena de presilhas, mas, quando terminei, surpreendi-me com o resultado. Era uma princesa.

"Marga, você já pensou em estudar para ser cabeleireira? Você leva jeito", disse *la* Letícia.

Eu nunca tinha pensado nisso, para dizer a verdade, eu mesma nunca tinha ido a um salão de beleza. Em casa, era tigela e tesoura, e desde que cheguei a Campana deixei os cabelos crescerem. Por isso nem tinha muita referência sobre o que era ser uma *peluquera*. Eu sabia a definição do termo, mas os detalhes da profissão escapavam à minha compreensão. Mesmo com a falta de conhecimento, a equação parecia simples – eu me divertia fazendo os penteados en *la* Sofía e *la* Letícia, o que era suficiente para querer saber mais. Imaginava que se tratava de uma atividade que exigiria menos do meu físico.

"Minha amiga Eugenia é cabeleireira. É com ela que costumo ir para cortar o cabelo. Tem um salão perto daqui. Se quiser, posso falar com ela... Quiçá você possa ser uma aprendiz, o que acha?"

"Eu não sei se vou ter tempo para fazer isso, só a escola já toma uma boa parte da noite, e tem tudo o que precisa ser feito aqui, e é claro que eu gostaria, mas..."

"*Marga, no te preocupes. Vamos a encontrar una manera.*"

Não chegou a passar nem uma semana quando *la* Letícia me contou que *la* Eugenia concordara e que durante o tempo do treinamento ela não iria me pagar nada, mas tampouco cobraria pelas aulas, uma troca justa. Fora a escola, esse seria o primeiro investimento que faria em mim – eu doava meu tempo, e ela me dava conhecimento –, e aprender sempre foi uma das coisas que me geravam o mais profundo prazer. O que me preocupava era ter todas as obrigações da casa dos Hernandez, as tarefas, a escola e, agora, as tardes preenchidas pelo meu tempo no salão.

Dormir era um luxo a que poucos Lung tinham direito, até porque dormir também é um divisor de classes. É simples dormir oito horas quando se pode ir de carro direto ao trabalho, ou quando já se tem o café da manhã pronto no momento de despertar. Difícil é acordar quase de madrugada porque você mora a quilômetros do local de trabalho. Passei a dormir apenas duas horas por noite – isso quando conseguia –, mas era só dar uma olhada para a estrada da autonomia à minha frente que encontrava o impulso necessário para me lançar como um foguete rumo à gravidade zero.

A primeira vez em que entrei no salão de *la* Eugenia me senti em um desses laboratórios que via nos livros de química. A verdade é que eu nem sabia os nomes daqueles aparelhos, mas sentia uma curiosidade imensa por descobrir o que faziam. *La* Eugenia me cumprimentou e disse que há bastante tempo procurava alguém para ajudar no salão e que eu caíra do céu, o que me deixou ainda mais nervosa. Sem muita firula, ela começou a me dar as primeiras instruções, e eu fiz tantas anotações mentais que no final do dia senti que meu cérebro passou por um moedor de carne industrial.

"Sua primeira tarefa é aprender a observar. A única forma de aprender a lidar com o cabelo é prestar muita atenção nos *peluqueros* mais experientes. Antes de poder criar, você tem que aprender a imitar. Leva estas revistas para casa e veja os cortes clássicos e as instruções. É importante você saber que não vai cortar ou pintar um cabelo até eu entender que está pronta. Enquanto isso você vai me ajudar lavando o cabelo das clientes, passando a vassoura e misturando as tintas, mas vou te ensinar como fazer tudo. *Tiempo al tiempo*. O importante é querer aprender. Sabe aquela máxima de que uma técnica se entende em pouco tempo, mas leva uma vida inteira para poder aperfeiçoar? A *peluqueria* é exatamente assim."

Ela era acelerada, quase não terminava de pronunciar uma frase quando já começava a outra. A primeira semana passou rápido. Lavar cabeças, secar cabeças, varrer o cabelo que cortavam da cabeça, limpar vidros enormes, lavar a louça, secar a louça, preparar o café da manhã, atender aos pedidos das crianças, limpar o olho de vidro e brincar *con la* Sofía, estudar gramática, separar sujeito de predicado, perceber que no meu caso eu era um sujeito indeterminado, aprender a fazer um gráfico de equação de segundo grau, dormir mesmo ouvindo sons estranhos, quase rítmicos, vindo da cama *del* Eliel, lutar contra as pescadas na escola e esperar pela chegada do santo domingo para dormir todas as horas que não tinha conseguido durante a semana. Mas não tem como explicar para uma menina da idade de *la* Sofía o que significava um dia de folga. Mesmo assim, brincava com ela. Na verdade, a folga era um tanto esquisita, já que *la* Letícia cozinhava grandes panelas de molho e deixava toda a louça acumular até a segunda-feira. Se eu tentasse lavar para não sobrar tudo para o dia seguinte, ela me proibia, mas não me poupava: *la* Letícia era muito boa comigo, mas não lavava um prato nem sob ameaça de morte.

Em um dia de nuvens densas e poucos raios de sol, saí com a vassoura e a mangueira para lavar a calçada. Era uma manhã com vento gelado e dez graus de sensação térmica. Havia uma árvore cheia de florzinhas amarelas bem no centro, eram lindas, mas um pé no saco parar tirar do piso uma vez molhadas. Era uma tarefa que me enchia de raiva, porque eu precisava me curvar para varrer e juntar o cocô dos cachorros dos demais, mas mexer com merda supostamente traz sorte e, naquele dia, o ditado teve uma aplicação quase instantânea. A sacola de plástico que eu carregava se rasgou e todo o conteúdo voltou para o chão. Quando me levantei, xingando, ouvi do outro lado da rua uma voz familiar. Custou ajustar o foco da lente de meus olhos, mas a voz da garota tirou todas as minhas dúvidas. Foi nesse momento que ouvi:

"*No, no, no, no, no...* Eu conheceria essa corcunda a um quilômetro de distância."

Na calçada da frente, *la* Ofélia, que atravessou a rua na minha direção com os braços já abertos. Juntas irradiávamos o calor que faltava no dia, e as lágrimas foram muito diferentes daquelas vistas na plataforma de trem de Maciá. Estávamos felizes. Pelo tempo que estive em Campana, viramos quase como carrapatos que compartilhavam o apartamento do lombo de um cachorro de rua.

Eu tinha um monte de perguntas para fazer: tratava-se de uma *serendipia*? Uma coincidência cósmica? Essas palavras não representavam o esforço que ela fizera, já que mesmo a sorte precisa de alguém tentando para acontecer. Quando já estávamos mais calmas, ela me contou que falara com *Mamá* para averiguar por onde eu andava e que recebera a porta na cara como resposta. A mesma coisa aconteceu quando *la* Clara tentou descobrir o endereço dos Hernandez com os fiéis de igreja.

"Parecia que todos eles torciam contra o nosso encontro. Acho que morriam de medo de eu te puxar para Maciá. A coisa é que consegui descobrir o sobrenome dos seus patrões e a cidade. Pedi a uma conhecida de *Mamá* que viajou para Campana que me mandasse o guia telefônico e, burra, busquei primeiro por Lung…"

"Mas empregada doméstica não aparece nas páginas amarelas", completei.

"Um Hernandez apontou para o outro, não quero nem pensar na conta do telefone, até chegar na Letícia, que me passou o endereço do salão. E, mesmo de longe, comemorei."

O momento era fortuito e, por isso, inevitável.

Capítulo XI

Fazia já alguns meses que eu trabalhava diariamente no salão, e a cada um que passava, a pulga que morava atrás da minha orelha começou a incomodar cada vez mais. À medida que conhecia as clientes, criamos algumas amizades, nada profundo, mas fazia o dia mais leve e me divertia ouvindo algumas das mulheres reclamarem de um ou outro aspecto da vida. Elas sempre encontravam em mim uma palavra amiga no sotaque cantado de Entre Rios, e em pouco tempo percebi que falavam muito mais comigo do que *con la* Eugenia. As clientes costumavam deixar gorjetas sobre a bancada, e muitas vezes diziam que eram para mim, mas aprendi rápido que eu não deveria tocar em dinheiro nenhum porque *la* Eugenia juntava tudo.

Não sei se foi pela chegada de *la* Ofélia, pelo início das nossas saídas para percorrer a cidade ou se porque o tempo foi passando, mas dentro daquele salão comecei a ganhar novamente a força que me era característica. Eu só queria o que era meu, nada mais, e observei por muito tempo o espírito ganancioso de *la* Eugenia agindo. O combinado era que ela não iria me pagar, mas não falamos nada sobre o dinheiro que deixavam expressamente para mim.

Uma das clientes regulares, apelidada *la* Pocha, deixou uma nota de dez pesos em cima da bancada, o que, para mim, era um monte de grana. Quando ela saiu, *la* Eugenia pegou rápido a cédula e a guardou. Num momento em que se distraiu, passando tinta em outra mulher, aproveitei para sair *de la peluqueria* e ir atrás de *la* Pocha. Fui carregada de cólera, *como la Chula de Maciá*, e pedi que, daqui em diante, ela colocasse a gorjeta direto nos bolsos das minhas calças. Quando expliquei o que acontecia, ela balançou a cabeça dizendo *"Hay, Eugenia, que triste son los celos"*. E prometeu falar com as filhas e amigas dela para fazerem a mesma coisa.

Em uma ou duas semanas a maioria das clientes já sabia o que fazer. *La* Eugenia *no era burra*: acompanhou passo a passo essa mudança sem dizer nada, como o calar de quem sabe que fez algo errado e que não teria argumentos para sustentar o seu comportamento. Quase como uma criança ocultando alguma arte que tinha feito. Como cavar um buraco no quintal enquanto nega tudo com as mãos sujas de terra.

Uma a uma, as gorjetas começaram a somar um valor considerável, e me vi pela primeira vez com a possibilidade de guardar dinheiro para o futuro. *Mamá* nunca soube dessa grana extra. Era a minha vez de escolher como gastar o produto do meu trabalho, somente de saber que não iria para o pastor de Maciá era prazer suficiente para tornar o ganho tão doce quanto uma ameixa recém-saída do pomar.

Desde que minha amiga chegara à cidade, eu tentava terminar todas as tarefas da escola antes do domingo. Isso implicava um esgotamento absoluto durante a semana, mas também me permitia passar a maior parte do dia *con la* Ofélia. Ela trabalhava como funcionária administrativa em uma das maiores padarias da cidade, que não ficava muito longe do salão. Basicamente, cuidava da folha de pagamento dos funcionários e da contabilidade em geral – ela sempre foi muito boa com números. Aliás, essa é a grande diferença de se ter uma educação tradicional, sem os atalhos dos cursos noturnos: ela trabalhava o tempo todo sentada, eu não.

La Ofélia me contara que, depois da nossa despedida, e da formatura da escola, pediu à mãe que a ajudasse a encontrar um trabalho ali.

"Maciá me saturou, parece que a cada dia ficam mais fervorosos com a igreja, não tive saco para eles. Ficaram quase um ano fofocando sobre a nossa dança."

"Para isso tenho apenas uma resposta, *quién nos quita lo bailado?*"

A maioria dos nossos encontros acontecia no salão principal da padaria, ali ninguém nos incomodava e, claro, tinha uma vantagem suprema: estávamos rodeadas das *medialunas* que sobravam das vendas no sábado, todas cobertas de *membrillo, gotas de chocolate y crema pastelera*, que me faziam repensar mais uma vez essa coisa toda do *no robarás*.

"Juro que eles não contam quanto tem, ninguém vai perceber se faltar uma ou duas", disse *la* Ofélia. "*Y los dueños son podridos en plata*. Não quero te lembrar da sua devoção luterana, mas já dizia Lucas: '*El que da al pobre no pasará necesidad, pero el que cierra sus ojos tendrá muchas maldiciones*'. Nós os estamos mantendo longe das maldições, se pensar direito, é quase um favor."

Minha risada nunca foi tão alta desde que me mudei para Campana, e veio acompanhada do riso agudo de *la* Ofélia, que fechou tudo aspirando fundo pelo nariz e fazendo o mesmo barulho que o de um porco encurralado. Assim que recuperamos o fôlego, começamos a pensar quais seriam nossos alvos. Não conseguíamos nos decidir entre comer *tortitas negras* ou *medialunas*, mas achamos em uma das geladeiras um saco de confeitar cheio de chantilly, que em quinze minutos já não tinha conteúdo. Levadas pelo açúcar, e a chegada próxima dos meus dezoito anos, planejamos como seria a nossa primeira saída noturna na cidade. Uma das boates mais concorridas se chamava Soho, e direto traziam cantoras e cantores argentinos, alguns em início de carreira e, vez ou outra, um artista já consagrado. Soubemos que o León Gieco tocaria, e eu determinei que não poderia deixar escapar a oportunidade de ouvir "*Sólo le pido a dios*" ao vivo.

Na semana que se seguiu, compramos os ingressos e testamos as roupas que queríamos usar. Eu sairia sem uma moeda no bolso e com roupa emprestada, mas sairia mesmo assim. No banheiro da casa dos Hernandez, aproveitei a semana para testar os penteados que aprendera assistindo a *la* Eugenia trabalhar, e, ao fazer o mesmo *con la* Ofélia, nos demos conta de que ela precisava de um corte de cabelo, que eu ofereci realizar, mas com o aviso de que nunca fizera aquilo antes. Como boa aliada que era, ela disse que sim sem titubear. Já eu teria considerado o mesmo convite uma dezena de vezes, somente eu sabia quão insegura me sentia.

No domingo seguinte, ela puxou uma cadeira para o centro do salão da padaria e eu levei uma das tesouras de *la* Eugenia. Parada em frente à minha amiga, tentei fazer o que nunca fizera e, deixando a franja para o final, notei que estava completamente desnivelada, um triângulo escaleno era mais proporcional do que o que eu fizera. *La* Ofélia sempre foi muito parecida com a Rita Lee, tanto no físico quanto na irreverência, mas a transformei em outra pessoa naquele dia. Na tentativa de melhorar meu próprio fiasco, cortei mais e mais até que ela passou a compartilhar o mesmo estilo de cabelo com Mário Juruna, resultado que quase me fez fugir da padaria sem levantar o espelho para que ela pudesse se olhar. Mas não sou de fugir das coisas difíceis, e sem falar uma palavra, mostrei o resultado.

La Ofélia engasgou, mas os barulhos de falta de ar deram lugar a uma risada um tanto nervosa, que aumentou de proporção e terminou com as duas levando a mão à boca para segurar as gargalhadas. Ela não queria confirmar o péssimo trabalho, e eu não queria confirmar suas suspeitas.

"Sou a primeira cobaia, *no*?"

"Sim, você está muito parecida com a Raffaela Carrà...", uma mentira.

"Claro, principalmente se a cabeleireira dela tivesse usado uma motosserra *en el flequillo*... Deixa passar um mês e tentamos de novo."

O meu medo de que ela tivesse ficado brava se dissolveu com a última fala. *La* Ofélia tinha uma característica que eu invejava: ela sempre se mantinha serena. Lembrei de um trecho da Bíblia, não sei exatamente onde aparecia, dizia algo como: *nadie tiene mayor amor que el que da la vida por sus amigos.* Ela não deu a vida naquele dia, mas deu a franja, e isso já era um ato suficiente de amor.

Eu corria de um trabalho para o outro e entrava no meu último ano da secundária, sempre acreditando que o tempo viria até mim depois. Depois do quê, não sei, mas viria.

Com o fiasco do corte desastrado de cabelo, redobrei meus estudos das revistas para cabeleireiros, e *la* Eugenia comprou um conjunto de perucas para me ensinar melhor as técnicas. Ela já me dera a confiança de preparar a mistura das tintas, uma química que me apaixonava, e, nas clientes mais tranquilas, as que não reclamavam facilmente, comecei a fazer escovas que melhoravam todos os dias a ponto de muitas mulheres pedirem para *la* Eugenia que eu finalizasse os penteados. Senti medo de que ela interpretasse isso de forma errada, mas o ciúme se viu sujeito ao vil metal e, no final, a grana ganhava.

O show do León Gieco foi extraordinário: lugar estava lotado, e ele apareceu com a gaita pendurada por um arame ao redor do pescoço, tocando ao mesmo tempo o violão. Tão rouco como sempre, pediu que o público fizesse silêncio total para tocar *"Solo le pido a dios"*. Todos fomos cúmplices daquele momento.

Sentei no balcão para pedir uma *piña colada*. Acabei conversando com o dono do local. Quando soube que eu era cabeleireira –

foi a primeira vez em que me apresentei como tal –, ele perguntou se eu cortaria o cabelo dele; os cortes masculinos eram muito mais fáceis para mim. Elaborei uma proposta, negociei que cortaria o cabelo dele e do pessoal do bar sem cobrar se, em troca, pudesse entrar sem pagar. Quando ele concordou, vi a oportunidade de empurrar um pouco o limite e adicionei que seria legal ter direito a uma bebida e um café, mais uma vez, ele concordou. A barganha sempre fez parte de mim e se tornou muito útil nos anos que viriam – cada centavo vale o mundo.

Todas as noites, como mandava *el* Sarmiento, eu esperava na frente da escola pelo horário de entrada. Alguns dos outros alunos conversavam comigo, mas como não tinha criado laços, tudo era bastante superficial, algo para o qual não tinha muito tempo, por isso me afastava e me apoiava em uma árvore onde a luz não chegava. Morava na penumbra, me surpreendi quando ouvi alguém falando perto de mim:

"*Quien es esta cosita linda?*"

Senti uma descarga elétrica na espinha, que fez todos os pelos dos meus braços eriçarem, e quando virei, vi o homem mais bonito que já vira, *era un bombón y a mi me gustava mucho lo dulce*.

"*Margarita, encantada, y gracias por lo de cosita linda.*"

"Posso te convidar para um café?"

"Convidar você pode, mas não garante o que eu aceite."

"*Sos difícil...*"

"*Peor que un rompecabezas.*"

"*Y comediante.*"

"*Ya lloré demasiado.*"

"*Bueno, hago oficial mi invitación.*"

"Soho na sexta?" Quem escolhe o lugar e o dia sou eu, ponto.

"Soho na sexta."

Não sou mulher que se sujeita aos homens, mas não sou de ferro, *él también era una cosita linda*.

Não me permiti flutuar nas nuvens o restante da noite na escola, estava determinada a me formar, e isso era mais importante. Gastón teria que esperar.

A professora de química entrou na sala, e com a mesma cara de bunda de sempre, começou a escrever na louça um conjunto de equações, apontando que vinte por cento da massa do corpo humano é composta de carbono. Sempre fui muito dedicada e demonstrava interesse, mal imaginava naquele momento que nem com toda a sorte do mundo seria aprovada.

La Eugenia e eu criamos laços além dos laborais. Mesmo com todas as coisas que ela aprontava, passávamos muito tempo juntas no salão e éramos um pouco *piantadas*. Eu aprendia coisas novas todos os dias, e as perucas que ela comprara para me treinar ostentavam cortes meus que se aproximavam muito das fotos que eu via nas revistas. Mal conseguia esperar pelo seu ok para começar a trabalhar em todas as frentes. Pela primeira vez, sentia-me confiante de que daria conta, mesmo com aquela minha primeira tentativa frustrada. Treinar muito estava preenchendo a lacuna entre o que eu aprendia e o que conseguia fazer. *La* Ofélia aceitou meu novo convite para cortar seu cabelo no salão. Eu queria que *la* Eugenia me visse em ação na tentativa de passar a ela toda a segurança que ganhara observando cada detalhe do seu trabalho. O corte Chanel ficou o mais perto da perfeição que eu conseguia. *La* Eugenia o examinou de perto, e girando a cadeira de um lado para outro, usava os dedos para medir as proporções. Quando terminou, virou na minha direção e disse:

"*Preparate una mochila que mañana vamos a Buenos Aires*, é um dia inteiro de treinamento, alguns dos melhores profissionais da área vão expor seus trabalhos. Sei que você está pronta para mais, e, na terça, se você se sentir segura, posso começar a te dar mais trabalho."

Era tudo o que eu queria, mas me faltava a autorização de *la* Letícia para participar do congresso. Quando contei todas as novidades a ela, fiquei com medo de que supusesse que eu trocaria um emprego pelo outro, mas como nem tínhamos falado nada de dinheiro *con la* Eugenia, sair da casa dos Hernandez não estava no meu horizonte. Mas me surpreendi ao ver nela um rosto alegre. Naquele momento, senti que me enxergava da mesma maneira como olhava para seus filhos quando chegavam da escola com boas-novas. Com o "sim", fui cedo para o salão, e partimos para minha primeira visita à capital da Argentina, caldeirão de tudo o que é bonito e ruim ao mesmo tempo.

Pela janela se materializava a cidade. Vi os monumentos que conhecia pelos livros didáticos. Vi pessoas morando nas ruas em tendas feitas de papelão. Vi avenidas cercadas por prédios cinza cujas portas eram obras de arte de vidro e bronze. Vi mais de um flanelinha disputando cada um dos faróis e me assustei com a água e o sabão espichados sem prévio consentimento dos motoristas. *La* Eugenia sinalizava que não queria o serviço, mas foi ignorada mais de uma vez, quando o sinal mudava para verde e ela acelerava sem deixar algum trocado, ouvíamos as reclamações como ecos. Não me apaixonei pela cidade durante aquela primeira visita, isso veio muito tempo depois. Naquele momento, meu foco era outro.

O centro de convenções era imenso, escurecido por grandes panos pretos que desciam do teto até o chão. A música tocava tão alta que os graves mexiam com todo o meu corpo, um palco enorme rodeado por cadeiras disputadas apresentava várias poltronas giratórias com cabeleireiros trabalhando todos simultaneamente.

Aquela foi a época dourada da *peluquería*, dezenas de revistas especializadas circulavam nas bancas, e congressos como aquele se repetiam semanalmente. Buenos Aires tinha uma ponte direta com Paris, gerando um intercâmbio intenso de novas técnicas e produtos. Eu aproveitei esses anos ao máximo, fazendo todos os cursos que conseguia pagar.

La Eugenia apontou que os demais palcos estavam no andar de cima e saiu caminhando na direção da besta metálica, da minha versão dos moinhos de vento gigantes. Pessoas enfileiradas se submetiam à velocidade da escada rolante, que com o movimento de cada degrau mostrava pequenos dentes afiados se entrelaçando.

"*Yo en eso no subo*", falei. "*Ni loca.*"

Atrás de nós duas se formava uma pequena fila que começava a reclamar. Estiquei o pé direito e, por instinto, deixei o outro no chão, firme. Isso resultou nas minhas pernas se abrindo como atleta de ginástica artística. Seguido de um desequilíbrio que me fez derrubar a fila inteira atrás de mim. Eu me senti mortificada. Pedia desculpas sem parar, e *la* Eugenia fazia cara de incrédula, quase fingindo que não me conhecia. Caminhamos até as escadas de emergência e subimos os degraus estáticos um a um. Confio mais no poder das minhas próprias pernas, e a ideia de regredir ao ponto em que precisaria de uma máquina para fazer o trabalho por mim me parecia absurda.

Eu aprendi a usar a escada rolante lá pelos meus quarenta, quando meu filho ficou uma tarde inteira treinando em um shopping comigo. Nem todos os medos se perdem de primeira, e a maioria não sara por completo, até hoje sinto o fantasma do desequilíbrio fazendo cócegas nos meus calcanhares toda vez que enfrento a máquina.

Qualquer constrangimento se dissolveu ao abrir a porta corta-fogo que dava para o segundo andar. Minha atenção se voltou a um dos quatro palcos, maiores que o que vi no térreo. Ouvi o apresentador, que avisava à medida que se passavam os minutos, e entendi rápido que se tratava de uma competição. A velocidade dos profissionais me impressionava, eu caminhava colada en *la* Eugenia por medo de me perder. No meio de tudo isso ouvi um homem falar atrás de mim:

"*Ella, la rubia, ella es perfecta. Desculpas…*", disse, enquanto colocava a mão no meu ombro, "quer ganhar uma grana fácil? Sou

Roberto Giordano, minha modelo não veio e preciso de alguém para levar ao cenário. É só um penteado, cortaria bem pouco e...".

Ele continuou falando, mas eu me perdi no espaço, olhei para o palco e me imaginei sentada lá em cima, escolhida como modelo, mo-de-lo, eu insisto, mo-de-lo, e balancei a cabeça, aceitando antes mesmo de me dar conta do que fazia. *La* Eugenia me olhava descrente, mas me incentivou. Fui levada ao centro de tudo, olhos quase fechados por causa das luzes quentes que me iluminavam, e o apresentador avisou que os cabeleireiros teriam trinta minutos para executar um penteado original.

Quando anunciou a largada, Roberto começou a puxar meus cabelos como puxávamos as crinas dos cavalos no campo. Tive que deixar o pescoço firme para aguentar o puxa para lá, puxa para cá, e o tempo passou voando. Sentada, aspirei uma quantidade significativa de spray que, em conjunto com as luzes e a música alta, me deixou um pouco tonta. Com seis minutos de folga no relógio, ele terminou, virou a cadeira e me deixou de frente para o espelho, de costas para a plateia e, ao abrir os olhos, qualquer resto de náusea se dissolveu – o que, ou quem, vi refletida no momento era a mulher adulta que tinha me tornado. Enxerguei um poder no meu olhar que desconhecia, quase como se o movimento dos fios tivesse apertado um interruptor dentro da minha cabeça, e, modéstia à parte, via uma mulher linda, uma mulher forte. É por isso que um corte de cabelo não é apenas o trabalho de uma tesoura ou navalha, é o acumulado das experiências de quem corta e quem encurta, e se essa alquimia dá certo, há uma força transformadora que viaja das pontas duplas à raiz do espírito. Não consegui ser psicóloga, mas jamais deixei de ser terapeuta.

Roberto ganhou. Feliz, ele me entregou seu cartão e disse que faríamos uma boa dupla se eu topasse participar de outros concursos. Estendendo a mão, ele me entregou o que equivaleria a dois meses e meio de trabalho nos Hernandez. Tudo em trinta minutos.

"*Marga, vos sabes quién es Roberto? Es uno de los peluqueros más famosos de Argentina*. Um corte de cabelo dele custa uma fortuna. Faz os penteados para os principais desfiles", ouvi *la* Eugenia falar. Eu mal prestava atenção.

Sim, que interessante, ele era maravilhoso, que interessante, ele é o mestre, que interessante, que interessante. Eu não me ocupava pensando em um "ele". O único pensamento que tinha era para "ela" – ou eu –, e isso era verdadeiramente interessante.

A volta para Campana passou sem que eu me desse conta. Vez ou outra *la* Eugenia e eu trocávamos algumas palavras sobre quão afortunada tinha sido a nossa ida ao congresso. Ela voltou com uma sacola cheia de amostras de novos produtos que pretendia revender. Eu carregava o penteado vencedor. Falei pouco porque minha mente acelerou e a conversa comigo mesma era intensa, não parava de fazer as contas para ver quanto dinheiro teria no final do mês se fosse participar das competições todo fim de semana. Aferrada ao cartão de *el* Roberto, me prometi não deixar a chance passar.

Mantive o penteado por três dias completos, já que tinha marcado um encontro *con la cosita linda*.

El Gastón veio me buscar na casa dos Hernandez e buzinou duas curtas vezes avisando que chegara. *El* German desaconselhou sair com alguém que eu mal conhecia e repetiu: "Alguém como você precisa tomar cuidado". Mas alguém como eu também queria dançar, porque quem dança desafia o chão a um duelo de onde todos saem vivos e realizados.

Entrei no carro por volta das oito horas da noite. Combinei *con la* Ofélia que fosse para o Soho mais ou menos no mesmo horário, caso um plano de fuga se tornasse iminente. Nunca fui de apostar todas as minhas fichas em um único número, quem diria em um único homem.

El Gastón ficou impressionado com a minha habilidade de entrar sem pagar. Sentamos no balcão e ele pediu dois cafés para o garçom sem me perguntar o que eu queria. Menos um ponto. Chamei novamente o moço e troquei o café por uma *piña colada, bien gracias.* Mas a conversa foi boa, ele ouvia atentamente o que eu falava, contei sobre Maciá, sobre meus irmãos, sobre o concurso do outro dia, e ele falou sobre seu trabalho como engenheiro e sobre como seus pais tinham morrido cedo, que fora criado pela avó e que era filho único. Cinco minutos antes das dez ele pagou o café e contou que não tinham cobrado minha bebida, o garçom disse que era cortesia da casa.

"*Sos poderosa, Margarita.*"

Achei estranho ir embora tão cedo, antes mesmo de a pista encher de gente. Mas assenti, com um sorriso pleno, e ele me levou até a casa dos Hernandez, combinando que nos veríamos novamente.

Vinte minutos depois *la* Ofélia tocou a campainha.

"*Boluda, te trajo hasta acá y volvió al bar. Está bailando con otra.*"

"*No, no,* espera que vou me trocar."

Desfiz o penteado e deixei as mechas cheias de spray de cabelo caírem onduladas sobre os meus ombros, bagunçado do jeito certo. Troquei a calça por uma minissaia que comprei com parte do dinheiro do concurso, coloquei meus tamancos vermelhos e voltei ao bar caminhando *con la* Ofélia.

Ao entrar, ele demorou para me reconhecer. Eu já dançava e não tinha nenhuma intenção de parar. *El* Gastón caminhou na minha direção e teve a ousadia de se explicar desta maneira:

"*Es que yo te quiero para casar, no para joder.*"

Não respondi nada e continuei dançando, batendo forte as solas dos meus tamancos no chão, que parecia vibrar em resposta. Minha noite seria esplêndida, eu a faria ser assim. Mas aí deu tudo errado, culpa dele, mas quem teve que lidar com os respingos fui eu. Pela porta, vi entrar a minha professora de química.

"*Pendeja*, o que você pensa que está fazendo?", perguntou ela, gritando na minha direção. "Faz dois anos que estamos juntos e você quer estragar tudo em uma noite?"

El Gastón sumiu da pista. Puff. Entendi tudo sem a ajuda dele. Eu me detive por poucos segundos, o suficiente para falar apenas uma frase:

"*La verdad... quedate con él, se merecen uno al otro.*"

Vi seu rosto indignado se encher de raiva, *me quería comer viva*, queria comer meu fígado, mas logo virou um borrão com o ritmo do meu corpo e seus pulos.

Fiquei de recuperação em química em todos os bimestres até a formatura – nas provas, quando as questões eram discursivas, ela sempre encontrava uma maneira de anular meus acertos. Os homens me pareciam repugnantes, e algumas poucas mulheres também.

A correria nunca parou desde que comecei a trabalhar no salão. Já com dezenove anos, *la* Eugenia me liberou para atender as clientes do começo até o fim. Eu ainda trabalhava de graça.

Passava todos os meus domingos livres em Buenos Aires. Roberto compartilhara meu telefone entre alguns dos cabeleireiros que trabalhavam com ele e isso foi o suficiente para garantir bastante trabalho, algo que pagava muito bem e que me permitiu somar um bom dinheiro, que eu guardava ainda sem ter um objetivo definido. *La* Letícia defendia o meu direito ao dia livre, mesmo sob os protestos do marido, e preparava sempre um sanduíche para o caminho.

Nos concursos, havia olheiros buscando novas modelos, e fui chamada para posar para editoriais de revistas especializadas em *peluquería*. Participava de sessões de fotos eternas, com ventiladores gigantes dando movimento ao cabelo – guardo até hoje cópias das revistas e, se bem que muita coisa mudou, a memória das horas e horas sentada em preparação é sempre reconfortante. Nós, humanos, nos acostumamos muito rápido a viver melhor.

Uma vez, olhando o meu reflexo no espelho enquanto dois ajudantes *del* Roberto trabalhavam no meu cabelo, enrolando mecha por mecha para fazer ondas e um coque *à la* Evita, apertado o suficiente para fazer a massa encefálica sair pelos meus ouvidos, lembrei-me da máquina de fiar, e de como eu transformava o pelo das ovelhas em uma linha branca quase infinita sob o olhar de *Papá*; das manhãs geladas, dos *sabañones* provocados pela temperatura abaixo de zero grau e de como corria aquele fio cortante pelas dobradiças dos meus dedos. Não sabia, naquela época, que dedicaria a minha vida inteira a transformar fios em esculturas.

Continuava saindo *con la* Ofélia nos fins de semana para ver os shows de artistas que na época eram quase desconhecidos, mas que se tornaram gigantes da música argentina, como Baglietto e Fito Paez, que era uma figura muito magrela e andrógina de cabelos longos e ondulados, uma versão da Maria Bethânia e suas mechas eternamente secas – que me desculpe *la* Bethânia, deusa.

Depois do show, ficamos na boate para dançar e *la* Ofélia me desafiou a subir em uma das caixas de som. Carregadas pela energia de um dos meus filmes favoritos, *Flashdance*, me endireitei para bailar ao som de Serú Girán, mas eu avisei que precisaria de alguns drinques a mais na corrente sanguínea, e também anunciei que, se eu subisse, ela teria que fazer o mesmo.

Em pouco menos de meia hora estávamos tão bêbadas *que lo tiré a la mierda al Chueco*. Se fizessem um teste de alcoolemia, eu nem teria acertado o bocal do bafômetro. Sem pensar, subimos nas caixas de som e, com um grito de estímulo das pessoas na pista, começamos nossa anticoreografia, em que a única coisa que importava era desfrutar do momento. Quando a música terminou, ouvi alguns aplausos dispersos, algumas das garotas que iam ao salão me viram e passaram a me chamar de Margarita *la loca*. Não tive muito tempo de comemorar porque fomos direto para o banheiro com a certeza de que iríamos vomitar, mas nos recuperamos antes disso e, do nada, se infiltrou na minha cabeça o seguinte pensamento, que saiu em voz alta: "e se a gente tirar esta privada do chão?". Com algumas faculdades cognitivas extintas, arrancamos a privada e a separamos do piso, com rejunte e cimento junto, mas como éramos bem educadas, colocamos tudo novamente no lugar. Por milagre, a tubulação seguiu nosso movimento, evitando estragos que não conseguiríamos esconder. Havia uma mulher esperando para entrar, e por curiosidade, ficamos para ver o que iria acontecer. Todo o xixi que ela fazia escorregava pela fresta entre a porta e o chão. Tento dissimular no caminho de volta para a pista, ficamos sérias e cruzamos com o dono da boate. Voltamos para casa sabendo que essa seria uma das histórias que contaríamos sobre nossa juventude. Eu mesma devo ter relatado a anedota ao meu filho uma dezena de vezes.

Mas é incrível como nos dias mais divertidos podem ocorrer as coisas mais horrorosas. Aconteceu quando voltei até a casa de *los* Hernandez. Como canta Jorge Drexler, *la vida es más compleja de lo que parece*.

Três anos completos; três anos limpando o olhinho de vidro de *la* Sofía três vezes por dia; três anos descobrindo músicas enquanto arrumava a casa; três anos de conversas longas *con la* Letícia quando ela voltava do trabalho com a companhia do chimarrão e alguma coisinha doce; anos de gratidão por ela me apresentar a *la* Eugenia e novas possibilidades de vidas futuras; três anos dormindo duas ou três horas por noite; três anos ouvindo o homem da casa chamar *la* Letícia de puta na frente dos filhos; três anos de visitas da mãe dela com o mesmo homem falando que era uma *vieja chota*; três anos vendo como *el* Eliel se tornava cada vez mais parecido com o pai, usando os mesmos termos que *el* German usava para se referir à sua avó; três anos assistindo a *el "hombre" de la casa* destratar e bater em uma mulher assustada, que engolia a coisa toda porque não queria me incluir no assunto mesmo com minha vontade de aliviar pela fala o que estava marcado na carne; três anos me calando sobre a violência que via, e de quase engasgar com a impotência de não conseguir fazer nada. Três anos.

Na mesma noite em que arrancamos a privada do lugar, voltei para a casa de *los* Hernandez sabendo que *la* Letícia e as crianças tinham ido à casa de *la* Chichi pernoitar, e a casa estaria vazia. A invariável pilha de louça me esperava, e eu ainda estava um pouco alta das *piñas coladas* que circulavam pelas veias. Ouvi passos vindo do corredor que levava aos quartos quando *el* German surgiu e sentou à mesa da cozinha. Disse que eu estava fazendo muito barulho e perguntou: "*Sos burra o te haces?*". Não respondi nada. Ele adicionou: "*Sos sorda, nena?*". Não respondi. "*Date vuelta.*" Virei e o vi sem camisa, apenas com o short do pijama e coçando o saco. Ainda em silêncio, virei novamente para a louça, buscando demonstrar que nada nele me interessava. Eu seguia em silêncio. Ele se levantou, e o percebi muito mais bêbado do que eu, mal conseguia caminhar ou se equilibrar. Foi até um dos armários puxar a garrafa de uísque e quase a derrubou. Como eu não me sentia muito motivada a ter que limpar tudo, peguei o copo que ele sempre usava e o coloquei na mesa. Eu continuava calada. Em nenhum momento abri a boca, mas os homens, quando querem algo, estão acostumados a forçar a situação como lhes convém. Apegam-se a um mínimo detalhe para justificar qualquer ato.

Levar o copo até a mesa tinha sido, para ele, um convite, um consentimento, uma demonstração de desejo profundo, assim como eram os lábios pintados de vermelho, a minissaia, estar um pouco bêbada, comer uma banana, chupar os dedos com doce de leite, usar rímel, comer um morango, não dizer nada, dizer algo, estar de pijama, usar uma calça agarrada, usar um pouco de decote, um sorriso, uma automordida nos lábios, comer churros recheados, fazer um charme com o cabelo, estar de biquíni, passar protetor solar, não ter marido, ler *Lolita*, qualquer tipo de toque, mesmo sendo um esbarrão, sair do mar meneando a cabeça com os cabelos molhados, desligar as luzes, montar um cigarro e lamber a seda, dançar, chupar um pirulito, fumar, comprar anticoncepcional, ser menor de idade, ser asiática, ser filipina, nascer peituda como eu, ter peitos pequenos, nascer com uma pinta na região da boca, exibir uma tatuagem, morder a borracha na ponta do lápis, ser uma secretária, enfermeira, aeromoça, delegada ou babá, caminhar de salto alto, se forem vermelhos então... Enfim, existir, respirar e, pensando bem, em alguns casos mais mórbidos, estar morta também é um convite. Agora, na hora do apedrejamento, gritam puta e são eles que vendem as pedras maiores para os fiéis.

El German encheu o copo até a metade, e eu sentia o olhar dele queimando as minhas costas. Eu continuava calada. Meus ouvidos se transformaram em meus olhos, e o breve silêncio que vi só foi interrompido pelo toque da mão dele no meu pescoço e a sensação de uma descarga elétrica, que viajou de mim até ele, como um mecanismo de defesa pouco eficaz. Aí ele disse: "*Relajate*". Eu continuava em silêncio. "*Dale que estamos solos.*" A mão dele começou a descer em direção à minha bunda, e antes que chegasse ao destino peguei uma faca serrilhada, não era a única faca à minha frente, também tinha uma maior, de açougueiro, que brilhava de tão limpa, mas me lembrei de que o serrilhado *del cuchillo* faria um estrago significativo. Em um único embalo, virei e apoiei a faca perto do umbigo dele, colocando pressão suficiente para que ele entendesse que eu não estava brincando. "Se você me tocar mais uma vez, se chegar perto, eu mesma corto seu pinto fora." Ele recuou, e vi um rastro mínimo de sangue, nada sério, uma ou duas gotas, um risquinho na pele dele, mas foi suficiente para começar a me xingar sem parar, pronunciando muito mal cada palavra. A última dose de uísque começou a mostrar seus efeitos, e ele caiu no chão, seco, o que me deu a oportunidade de pegar minhas chaves e sair da casa batendo a porta com toda a força que me restava. A lua cheia, e eu não tinha ideia de onde ir.

O frio agiu como um catalisador. Caminhei em direção ao salão de beleza – eu tinha a chave da porta da frente. Procurando não fazer muito barulho, entrei, peguei uma das almofadas das cadeiras em que as clientes esperavam a sua vez, e deitei no piso, me dando conta de que na minha outra mão ainda carregava a faca. Então coloquei o objeto embaixo da almofada. Era uma das facas que usávamos para espalhar a geleia nas torradas do café da manhã, para cortar e compartilhar o pão, para esparramar a manteiga e abrir *tortitas negras* pela metade a fim de untar *con crema fresca*.

Acordei com o barulho de *la* Eugenia entrando pela porta dos fundos, onde ficava a escada que dava acesso à casa dela.

"Me vas a matar del susto!"

Quando fiquei de pé, a almofada escorregou e a faca saiu do seu esconderijo. Eu conseguia ver que *la* Eugenia calculava se seria melhor perguntar ou deixar passar, mas ela, graças a… não ia ser naquele dia que eu aceitaria a existência de deus… graças à nossa ligação, sentou e me ouviu relatar tudo o que acontecera na noite anterior. Eu lembrava até dos detalhes mais irrelevantes, como as migalhas de pão em cima da mesa, quais luzes estavam acesas, como a água da pia era gelada e como ainda sentia o gosto do abacaxi nos meus lábios. Cristalizada pela coagulação, mostrei a ponta da faca e sua gotinha de sangue. Desabei, deixando-a cair, seguida, logo, pelas lágrimas que brotavam na mesma direção. Falar sobre algo traumático faz mal antes de fazer bem, e para fazer bem precisaria ainda de um distanciamento de uma ou duas décadas. Uma vez que disse tudo, *la* Eugenia me abraçou forte, quente e carinhosa, como não costumava ser, e quando perguntei o que deveria fazer, ela me deu um panorama da realidade.

"Por mais que Letícia goste muito de você, ela não vai sair em sua defesa, não porque não queira, é porque ela mesma não tem voz para falar das próprias dores e ele é o pai dos filhos dela. Você já me contou as coisas que German faz e sinto que ninguém vai acreditar em você. Mas eu acredito, tenho certeza da sua verdade, e quero te convidar para morar aqui comigo. Não dá mais para você voltar a trabalhar naquela casa; quem faz uma vez, faz sempre, e aqui você não teria que limpar nem tem crianças para cuidar, você somente se preocuparia *con la peluquería*."

"Não consigo pensar em como te agradecer."

"Não precisa, com as gorjetas que você recebe já dá para me pagar o aluguel do quarto."

Não me surpreendi com o final da nossa conversa, mas pensei que naquele momento de vulnerabilidade ela poderia ter deixado a parte mercantil para depois. *Pero ella no dava puntadas sin hilo.*

Em tão poucas horas, minha vida virara de cabeça para baixo pela vontade de *un hijo de puta*. Voltar para a casa dos Hernandez me parecia impossível, e a proposta de *la* Eugenia não era das piores. Minha preocupação constante era *con la* Sofía crescendo em um ambiente de *mierda* como aquele.

Naquele mesmo dia trabalhei no salão sem respiros; o barulho dos secadores não me dava espaço para pensar, e quando chegamos ao final da tarde, faltei às aulas para falar *con la* Letícia. Ela estaria sozinha, *el* German jogava tênis no clube nesse dia da semana, e eu sabia que não conseguiria dizer uma palavra com ele presente. Assim que cheguei, ela demonstrou preocupação genuína, contou que na hora do café da manhã tinha ido me buscar no quarto e não me encontrara.

"Não sei o que pensei... As ruas andam muito perigosas... Quando for assim, dá uma ligada para avisar que você vai dormir em outro lugar. A Sofía não quis ir para a escola sem te ver, acredita? Mas não faz mal, está brincando no quarto." Ela terminou a frase sorrindo, o que complicava cada vez mais a situação.

"Foi outra coisa que aconteceu. Mas, Letícia, *la* Eugenia me convidou para trabalhar em tempo integral com ela. Eu só precisaria me preocupar com o salão, e eu agradeço muito tudo o que você fez por mim, eu não estaria trabalhando lá se não fosse por você, mas ontem decidi que esse seria um caminho melhor..."

"Você decidiu isso ontem? O que aconteceu para você mudar de ideia? Não me entenda mal, estou muito feliz por você e triste em saber que não vamos mais te ter aqui. Mas o que quero entender é por que fazer tudo de maneira tão apressada? De um dia para o outro?"

"Letícia... Não é por sua causa, e isso é o que consigo falar, mas não é por sua causa." Repeti duas vezes a minha fala porque queria que ela chegasse às suas próprias conclusões. "Eu só desejo o melhor para a sua família..."

"O que o German fez?"

Apontei a vista para o chão, meus olhos se encheram de lágrimas, e eu lembrei novamente de *Mamá* e sua imposição quando falava *ni una lágrima más*. Dessa vez era eu quem queria deixar as lágrimas para trás, ele não as merecia, mas há uma distância muito grande entre o querer e o conseguir, que, naquele momento, caminhavam em direções opostas. Não precisei falar nada, ela se levantou, veio até o lado da mesa em que eu estava sentada, me deu um abraço silencioso, interrompido somente por um pedido: *"Espero que algún día me perdones"*.

La Letícia me ajudou a arrumar a mala, e, quando percebeu o que acontecia, *la* Sofía soltou um *berrinche* como nunca ouvira. *Se me partía el corazón*. Por isso se agarrou à minha perna, me deixando sem movimentos, ou talvez fosse eu que não quisesse me mexer. Somente ali percebi que, no quarto, havia três gerações de mulheres, três vidas mudadas – éramos três e não podíamos contra um.

La Letícia puxou *la* Sofía da minha perna. Ela não parava de chorar, e eu prometi que a visitaria sempre que pudesse, que ela poderia ir ao salão e que eu conseguiria fazer penteados lindos para as festinhas da escola, e suponho que naquele momento senti na pele o arrepio que, ao invés de me assustar, me acordou. Homem nenhum teria esse poder sobre mim, e foi por *la* Sofía que reforcei a resolução de me fazer com as minhas próprias mãos, seria eu que moldaria meu futuro, mesmo que para isso tivesse que defender as minhas vontades na ponta da faca.

Capítulo XII

Cheguei ao salão com a minha mala e *la* Eugenia me recebeu. Só naquele momento percebi que, além *del* German, deixara para trás as obrigações de limpar a casa, fazer a comida e cuidar das crianças. Ela me acompanhou até o primeiro andar – onde havia um quarto e uma pia de lavanderia – e disse: "Fica à vontade, você já tem a chave, né? Eu estou no andar de cima, pode subir sempre que precisar". Assenti, enquanto minha cabeça rodava pelo quarto. Um guarda-roupa só para mim, na casa de *la* Letícia tudo era misturado com as roupas das crianças. Também havia uma cama só para mim, e uma lâmpada que eu decidiria quando ligar. Ela me deixou sozinha para arrumar as minhas coisas. Na mala encontrei o despertador que *la* Letícia me dera de presente. Ela o devia ter guardado sem que eu percebesse, mas foi um prazer, e uma vitória pessoal, mexer o ponteiro vermelho das cinco para às oito da manhã.

Lembro que, quando começou a escurecer, deitei na cama me dando ao luxo de não fazer absolutamente nada. Percebi que nos cantos havia teias de aranha, que as superfícies estavam cheias de pó e que o chão precisava de uma boa esfregada. Você pode até se distanciar da limpeza como trabalho, mas a obsessão de *Mamá* estava gravada, quiçá por todos os tapas que recebemos, na genética Lung. Isso é algo que preservo até hoje e que faz algumas das minhas amigas me chamarem de *la fanática*, já que até inventei meus próprios produtos de limpeza, cuja receita nunca compartilhei nem compartilharia com ninguém.

Pensando em como melhorar minha nova morada, passei também a ponderar sobre como poderia reformar a mim mesma.

Eu tinha peitos do tamanho de um melão amarelo pequeno, mesmo assim grandes para minha anatomia delgada. Era comum ver os homens com quem escolhia sair, ou que cruzavam comigo nas ruas, ou mesmo longe de mim, sentados distantes em um café, boquiabertos com o olhar dirigido a toda a minha figura, tentando fingir que não babavam.

Na mesma semana marquei uma consulta com um cirurgião plástico para saber quanto custaria a redução. Eu tinha o dinheiro que juntei como modelo, não sabia se seria suficiente, mas ele explicou que a cirurgia era bastante perigosa e que o melhor seria não tocar em nada. Até que percebi que o próprio doutor tinha dificuldade de subir o olhar dos meus peitos para os meus olhos – pelo menos tinha a desculpa de fazer uma avaliação detalhada, mas mais de dez anos de medicina não transformam um homem em um cavaleiro.

Com o aval de *la* Cicciolina, ficaria com os meus peitos e com meu dinheiro, que teria um destino muito mais importante. Pagou por uma viagem em busca do que era inexplorado e que teve como um dos efeitos a redução natural dos meus melões em duas belas uvas-passas, que carrego com bastante orgulho pelo serviço prestado.

Uma semana depois da noite em que saí *con la* Ofélia, um dos donos da boate veio até o salão para fazer o corte de cabelo prometido. Era a primeira pessoa gay que conhecia e, de cara, soube que nos daríamos superbem – às vezes, acho que deveria ter nascido lésbica, mas não tive essa sorte. Duas vezes por ano eu o via montado de drag, dançando muito melhor do que eu.

"*Boluda, no sabes lo que hicieron en el boliche...*"

Algo me dizia que eu sabia exatamente o quê.

"Arrancaram a privada do chão no banheiro feminino, e olha que a gente faz rejunte de cimento para ficar bem fixa. As meninas vieram nos avisar que escorria tudo por baixo. Quando vimos não conseguimos acreditar. *Estas no son mujeres, son salvajes.*"

Comecei a rir, não via a hora de contar tudo para *la* Ofélia – tenho que admitir que ser considerada uma selvagem me encantou.

Yo fui la profesional que destronó a la dueña de la peluquería. Um processo que ocorreu muito mais rápido do que eu esperava. Morando *con la* Eugenia e somente tendo a escola secundária para me preocupar, o meu foco se voltara totalmente para melhorar a minha técnica, aproveitando os concursos e sessões de fotos para perguntar tudo o que podia. Toda vez que voltava de Buenos Aires, trazia alguma novidade para o salão.

Era tudo mérito meu, do qual não estava disposta a abrir mão. Mas a palma dela se fechava cada vez mais. Eu ganhava a mesma coisa se atendesse uma ou trinta clientes em um dia. O salário era fixo – algo injusto, mas como eu fazia algo que amava, isso acabava por mitigar as mágoas que sentia.

Como tudo o que é crônico, minhas dores de coluna passaram a ser tão comuns, tão cotidianas, que aprendi a viver com o sofrimento de uma corcunda vitalícia. No início, achei que o salão me ajudaria, mas dez horas de pé por dia segurando o secador de cabelo pesado e me curvando para cortar cabeleiras longas tinham o mesmo efeito de limpar uma casa inteira. Era melhor que carregar os baldes gigantes, mas a intensidade da dor era invariável – é como fazer um pequeno corte com papel ou com uma faca: um assusta mais do que o outro, mas ambos resultam em um pouco de sangue fluindo para fora do corpo.

Por isso, sim, para mim fazia diferença o número de clientes que atendia, mas, ao mesmo tempo, me sentia mais segura a cada trabalho finalizado. Ambivalências. Engolir a dor sempre foi meu método e quiçá seja por isso que durante toda a infância do meu filho, antes que entrasse no banho, eu o fazia se curvar como um gato para confirmar dia após dia que tudo estivesse no lugar. Minhas dores continuavam, eu só as ignorava em prol de algum futuro.

La Pocha vinha todos os sábados acompanhada de alguma freguesa nova que quase sempre eu conseguia fidelizar. Às vezes era a mãe dela, uma senhora que logo, logo chegaria aos cem anos e que amava os meus permanentes; ou uma colega da escola em que dava aulas, ou as próprias filhas, que me pareciam malcriadas porque passavam a hora inteira choramingando por problemas que, do meu ponto de vista, eram as maiores bobagens.

Em um fim de semana, *la* Pocha levou a única filha dela que eu não conhecia, a Bettina. Ela queria cortar apenas as pontinhas de um dos cabelos mais longos que já vi desde que começara a trabalhar. Os fios chegavam a cobrir a metade da bunda dela.

"*Me gustaría cortarme solo las puntas. Tres deditos.*"

Assenti, e assim que comecei a trabalhar, percebi que ela fechou os olhos. Não era o maior voto de confiança em mim, mas o salão estava cheio, o secador de *la* Eugenia soltava um barulho irritante e eu não tinha tempo para me preocupar com isso. Quando terminei, ela se olhou no espelho e deixou escorrer algumas lágrimas.

"*Eran tres deditos, nada más...*"

Ela esticou a mão com os dedos levantados. Eu a segui com o mesmo gesto, colando os meus dedos ao lado dos dela. Era verdade, eu herdara as mãos de *Mamá*, três dedos meus eram muito mais do que os três dela.

"*Eran dedos míos o dedos tuyos?*", perguntei, sem conseguir esconder um sorriso. Esperando um escândalo, recebi como resposta outro riso.

Sempre que ela ia ao salão, encontrávamos um buraco na agenda para fumar escondidas de *la* Pocha e, mesmo com todas as nossas diferenças – essa coisa de que os bolsos delas eram mais fundos do que os meus –, encontramos pontos de contato entre as nossas vontades.

La Ofélia, *la* Bettina e eu passamos a sair juntas, as três compartilhávamos alguns resquícios de loucura gravada na nossa genética, e isso nos uniu. Não sabia, naquele primeiro dia em que a conheci no salão, que ela seria tão importante na minha vida – *para bien y también para mucho mal*. Conseguiu abrir meus olhos para novos destinos, fechando os dela na frente de um dos meus piores momentos. Antes, a realidade decidiu cair como tromba d'água. Mais. Uma. Vez.

Estava no meu quarto, que consegui arrumar ao meu gosto em duas semanas. No rádio que comprei tocavam músicas do folclore nacional, sem interrupções, e essas melodias me transportavam às paisagens do Pampa, com seus horizontes planos, verdes amarelados e infinitos. Tocava "*Zamba de mi esperanza*", e ao fechar os olhos consegui enxergar as *luciernagas* acendendo e apagando as luzes em seus corpos. Parecia que tudo isso aconteceu numa vida passada, distante pelo deslocamento da alma, mas algumas coisas se repetiam sistematicamente na cidade e no campo.

Comecei a ouvir barulhos vindos do andar de cima. O quarto tinha uma janela que dava para o jardim interno, todo coberto de flores, que as comissões que eu não recebia pagavam. *La* Eugenia gritava, e comecei a ver tiras de couro e tecido de todas as cores caindo do alto. A voz de um homem, presumi, seu marido, se projetava gerando um eco de xingamentos que batiam na parede e vinham na minha direção. Ela pedia, por favor, que parasse, que ela não teria nada para vestir, e ele respondia que assim ela não sairia de casa, como uma *pintarrajeada*.

Unindo os pontos, percebi que ele cortara as bolsas e roupas dela, e as jogava no meio do quintal. Supus que naquela casa me safaria da violência, mas sempre falei que a única certeza que tinha neste mundo era a de que de cinquenta matrimônios, um era saudável. Os demais que não venham inventar histórias.

La Eugenia desceu até o meu quarto e bateu na porta, quando a vi, ela estava com os olhos inchados de tanto chorar, mas notei que pelo menos não havia rastro de golpes. Ela me protegeu *del* German porque sentia na própria pele o que era ser diminuída por um cara como esse.

"Marga, tudo bem se eu dormir aqui com você hoje?"

Convidei-a a entrar.

"Às vezes ele é assim, mas nunca me bateu, e ele também é divertido... quando saímos de casa. Não é sempre assim, não é como o que você me contou sobre a Letícia. É diferente. Ele só é ciumento. Só isso. Fico pensando no que os vizinhos falam sobre nós. Devem achar que sou uma maluca gritando sozinha..."

Pensei em todas as respostas que poderia dar, mas decidi que não era o momento para a carregar, eu precisava ser uma boia levando-a em direção à superfície.

Todo mês eu ia até o correio para mandar a maior parte do salário do salão para *Mamá*. Era como um pedágio que eu pagava por três motivos: um, não ser incomodada por ela; dois, manter a esperança da continuidade do silêncio em que vivíamos até aquele momento; e três, imaginava que meus irmãos precisavam disso para viver, comer ou comprar lenha para o fogão.

Eu não tinha muita intenção de voltar à Mácia, morria de vontade de visitar meus irmãos, mas isso implicaria ter que me conectar de novo *con Mamá*. Como não gosto de mentir, não queria ter que contar que deixara o emprego que ela arrumara e agora tinha uma profissão. Adiei a viagem o máximo que consegui, e parte da saudade se dissolveu quando, na semana de meu aniversário de dezenove anos, *la* Eugenia bateu na porta do meu quarto e disse que uma mulher chamada Marta me procurava.

Quando abri a porta que dava para o salão, não vi nenhuma Marta, quem vi era *la* Martita, que crescera muito mais do que eu imaginava, devia estar com dezesseis anos, seus olhos claros e *rulos* tão loiros quanto os meus cabelos. Nós nos abraçamos com a força de três anos de distância, e vi uma mala pequena apoiada no chão, que me deixou preocupada.

"*Qué haces acá, hermosa?*"

"*Chula, no la aguento más.*"

Fiquei feliz em ouvir meu apelido, em Campana só *la* Ofélia me chamava assim.

Eu sempre pensei que seria uma questão de tempo até Teresa ficar sozinha, sem nenhum de nós por perto.

"Vem, vamos ao meu quarto para conversar melhor. Eugenia, tudo bem eu subir um pouco?"

Ela consentiu.

"*Y esa valija?*", perguntei, uma vez no quarto.

"*Chula*, tudo o que você manda para ela vai direto para a igreja. Seguimos comendo pão duro, mas a família do pastor chamou para almoçar metade da cidade. E eu sentada à mesa vendo a fartura, com *Mamá* rindo e conversando com os outros fiéis, enquanto *el* Orlando está sumindo de tão magro. A primeira coisa que ela faz quando ele age de uma maneira que ela não gosta é cortar a comida. E, você sabe, ela não gosta de nada do que ele faz. A maior parte do meu salário também acaba no mesmo lugar. Por isso peguei a mala e vim pra cá, os Hernandez me contaram onde você morava, e saí sem avisar ninguém."

"Respira."

"Eu não quero voltar. Faço qualquer coisa, mas não me faz voltar lá."

Olhei ao redor, cabia mais uma cama. A minha alegria era tão grande que respondi que sim, ela poderia ficar, mas antes precisava falar com a dona da casa.

La Eugenia aceitou sem nem pensar. Acho que entendeu que seria bom ter três mulheres em casa – e como eu nunca dei trabalho, sempre tinha algum crédito para gastar. Ela sugeriu que *la* Martita fosse minha aprendiz no salão, que eu já estava pronta para isso e, claro, no fundo, eu sabia que ela escutava os plins do caixa. Quantos mais Lung cortassem cabelos, maior seria a rentabilidade do negócio. Mas quiçá esteja sendo muito fria diante de tal gentileza – a verdade é que eu só descobri quem era *la* Eugenia um ano depois.

A questão é que restavam apenas quatro irmãos morando em Mácia, e como *Mamá* valia pela força de pelo menos cinco pessoas, já estavam em menor número do que o adversário.

La Martita se uniu ao grupo de *la* Ofélia e de *la* Bettina. Como era mais nova, não nos acompanhava nas saídas noturnas, mas grudava como *abrojo* na gente. Em uma das minhas idas a Buenos Aires, eu a levei junto, e, quando a viram entrar na tenda das competições, os cabeleireiros enlouqueceram com as suas mechas virgens. Acredito que não haviam se passado nem quinze minutos e ela já estava sentada na cadeira, contratada como modelo.

Quando sussurrei no seu ouvido o quanto pagavam, teve um ataque de riso nervoso. Eu sabia que ela nunca tinha visto todo aquele dinheiro junto. Três horas sentada para a maquiagem e mais seis de cabelo. Quando acabou o dia, quase meia-noite, subimos no ônibus em direção a Campana com pouquíssimos passageiros, apenas um casal cujo homem era uns vinte anos mais velho do que eu.

"*Chula, por qué nos mira así el tipo?*"

"Temos dois quilos de maquiagem no rosto e cabelos de passarela, é por isso. Ou melhor, porque ele é um *baboso*."

Do casal, ouvi alguns barulhos, naquela volta para casa entramos no ônibus dos tapados, a mulher apontou o olhar para mim, e eu respondi da mesma maneira como me defendia quando era criança. Mesmo sendo o gesto mais infantil que consigo pensar. A língua meio que voou do conforto da minha boca até que todas as fibras que a compunham fossem esticadas ao máximo. Ela desviou o olhar e segurou a mão do marido, que também olhava para nós. Um ato, como o de colocar a língua para fora, significa duas coisas diferentes para uma dupla de pessoas distintas. Ela soltou um "puta", e respondi soprando um beijo na direção do seu esposo. Ficaram tão constrangidos que não ouvimos mais nada além da respiração acelerada que viajava da boca deles até nossos ouvidos. *La* Martita começou a rir tão contida quanto conseguia, e disse no meu ouvido: "*Esta es la Chula que yo conosco*".

Minha paixão por filmes me levava ao cinema de Campana sempre que conseguia um tempo livre. Eu já era conhecida pelo homem da pipoca, e o lanterninha era o irmão mais novo de uma das clientes do salão, um santo que aos domingos me liberava para ver filmes de graça. Naquele fim de semana, projetaram *Y Dios creó a la mujer* com Brigitte Bardot. Eu me identificava com a irreverência da personagem, e passei a primeira metade do filme admirando como ela brincava com a fumaça e os cigarros longos e finos. Aí tomei uma das decisões que deveriam acender um farol vermelho na mente, já que só pode ter alguma coisa errada com você para cair nisso, principalmente quando *Papá* sucumbiu diante das falhas em seus pulmões pela teimosia de queimá-los uma dezena de vezes por dia. Lembrei da ferida que o matou e da tosse que o levou até o limite da vida. Mesmo com tudo isso, fui até o quiosque do cinema e comprei um maço de Jockey longos e um isqueiro. Com quase ninguém na sala, acendi o primeiro cigarro, não tossi como esperado, talvez a aptidão para aspirar fumaça fosse uma característica da nossa família.

Sentada em uma das fileiras do meio, acompanhada de meia dúzia de pessoas que assistiam, junto comigo, a uma sequência de cenas de sexo inusitadas, pensei, vendo as imagens, na série de nós em que os corpos se colocam para sentir prazer e como parecia ser coreografado por alguma forma de instinto.

Do meu lado, continuava sem nenhuma experiência, mas eu mesma cuidava disso sem precisar de mais uma pessoa. Os homens da cidade eram um show de horrores, e como tampouco tinha pressa, afirmo que minha primeira vez não foi com um argentino – não houve um que tivesse esse privilégio; o responsável pela abertura inaugural foi um carioca chamado Rafael.

Passaram alguns meses e Martita continuava morando comigo. Como aprendiz, deixava um pouco a desejar, encasquetava em fazer as coisas de modos diferentes quando não dominava o básico. Queria pular etapas, mas sinto que essa pressa tinha como combustível a vontade de começar a ganhar grana pelo seu trabalho. Esse dinheiro, ainda inexistente, seria a pauta que motivou os acontecimentos do dia em que uma visita abalou o salão.

Lembro que era uma tarde de muito calor, daquelas que fazem o asfalto borbulhar nas juntas de uma placa de concreto e a outra. A alta umidade culminava em um ar denso típico de Campana, que, somado aos dois secadores de cabelo ligados o dia inteiro, resultava num caldeirão difícil de suportar – quase como se os fogos do inferno tivessem desatado toda a sua fúria prevendo que, pela porta da frente, que tinha um sino para avisar a entrada das clientes, entraria *Mamá*, com toda a cólera acumulada de quem não recebia nada de *la* Martita, empurrando a porta com tanta força que o sininho parou de cantar.

"*Señora, un poco más de delicadeza... No es una puerta giratoria.*"

Eu imaginara este momento algumas vezes: *Mamá* entrando *en la peluquería*, mas em nenhuma delas antecipei a minha resposta.

"*Hay tres personas antes de usted. Si pude esperar, la atendemos. Pero creo que tenemos por lo menos dos horas de trabajo por delante.*"

O rosto de *Mamá* se contorcia tanto, era como se estivesse sendo acometida por um derrame bravo. Pelo menos o segredo da mudança de profissão não se fez mais necessário. Do meu lado, busquei transmitir que sua presença não mudava em nada meu dia, desde a última vez que nos vimos naquela plataforma de trem, muita coisa mudou, e eu não queria voltar duas casas como no *Banco imobiliário*. Para *la* Martita era diferente, e não a culpo, aos dezesseis, eu também morria de medo dela. Por isso, quando a viu entrar, minha irmã largou a cliente no meio da lavada de cabeça e saiu pela porta dos fundos, correndo para o nosso quarto com as mãos ainda molhadas e manchadas de tinta.

Consegui enxergar os pensamentos de *Mamá* refletidos no espelho da minha bancada. Ela se debatia entre se sentar e esperar ou fazer um escândalo, mas o orgulho tomou conta de si, e saiu avisando que voltaria no final do dia. Adicionou, feroz: "*Prepárense*".

La Eugenia trocou olhares e fez um sinal indicando que queria falar comigo na rua, pediu licença para as clientes e assim que saímos acendi o último cigarro do pacote. Ela percebeu que minhas mãos tremiam. Passei a ter flashes de pensamentos um em cima do outro, em uma torrente de preocupações. Eu sabia que já não dependia mais de *Mamá* – na verdade, era ela que dependia de mim, mas também sei que se era capaz de deixar *el* Orlando sem comer, era difícil prever como seria a revanche de um encontro que considerasse insatisfatório. Não me preocupava *con el* Carlitos, *la* Amanda e *la* María porque já tinham idade para se defender sozinhos, mas *la* Martita me contou que abaixavam a cabeça na hora de defender o nosso irmão mais novo, e não sei se os culpo ou os compreendo, alguma vez eu mesma declarei que era cada um por si, cada um com a sua batalha pessoal, mas com dezenove anos nas costas, em cada vértebra, não entendia para que tinha nove irmãos sem disposição para defender um ao outro.

"Tudo bem? Marga, você congelou por um momento", disse *la* Eugenia, invocando a minha presença para aquele instante.

Tentei explicar resumidamente quem era aquela senhora, que ela e eu não tínhamos a melhor das relações, que *la* Martita fugiu de casa e que ela devia estar ali para a levar de volta a Maciá. Para me poupar, excluí as partes mais sórdidas, porque não queria pena de ninguém. *La* Eugenia disse que *la* Martita já tinha idade para escolher o que queria fazer e, se precisasse, iria apoiar nossas decisões.

Assim que o ocaso chegou como trégua no final do dia, *Mamá* entrou no salão. Usava um vestido florido, como o das professoras de jardim, mas que definitivamente não conseguia suavizar as marcas de um rosto que poucas vezes fez o exercício de sorrir. Era mais de argila do que de carne.

"*Vine a buscarla, a la Marta.*"

"*La* Martita quer ficar aqui."

"Ela foi embora sem dizer nada, e sem o salário dela não temos o que comer, *desgraciada*. Só pensa nela mesma."

"E o dinheiro que eu mando todo mês? Eu giro o dinheiro para a senhora. Sei que não é muito, mas não deveria faltar comida."

"Esse dinheiro tem outro destino. Reparar o que você fez comigo e com a igreja. Você não sente os olhares que os outros fiéis me dão. Pena. Eu causo pena. Isso é uma humilhação que requer a dedicação plena em busca de alguma salvação."

"E você acredita que dinheiro compra respeito? Respeitada sou eu, que trabalho até não ter força nos braços, que dei um teto para *la* Marta. Sou eu que pago a comida dela de todos os dias. Eu sou respeitada pelo meu ofício, pelas minhas clientes e pela dona do salão. Respeito é o que se recebe de fora para dentro. Não dá para usar dinheiro como isca."

Ela não esperava uma resposta como essa. Vi no seu olhar a confusão de quem perdeu o poder sobre mim, por isso continuei e a coloquei em xeque-mate.

"Mas eu já sei exatamente o que vou fazer: no mês que vem não vou mandar mais dinheiro. Vou mandar o valor em comida, para que ninguém tenha que passar fome."

Se fez o silêncio e *la* Eugenia, que permanecia no salão para me apoiar, viu o início do gesto de *Mamá* levantando a mão no ar para me dar uma *cachetada*. Mas com uma ordem firme e direta *la* Eugenia pausou o movimento. Ela avisou para *Mamá* que na casa dela ninguém bateria em ninguém – sei – e que se ela realmente quisesse fazer isso, era melhor se retirar. Eu estava preparada para receber o tapa se fosse o caso, mas não deixaria transparecer qualquer dor, para mim ela não causaria mais nada.

Foi aí que a vi perder o controle como nunca, gritando o nome de *la* Marta para a vizinhança inteira ouvir, nitidamente enlouquecida pelo fato de que não contaria mais com a minha ajuda mensal. *Mamá* viera a Campana em busca de mais grana, mas percebeu que sairia com menos do que tinha ao chegar. Tentou abrir a porta dos fundos *de un manotazo*, mas *la* Eugenia a trancou em antecipação. Foi a vez de ela se fazer ouvir:

"*Señora*, se você não sair do meu estabelecimento agora, eu vou chamar a polícia. Se você pensa que não é respeitada, quero ver depois de registrar um boletim de ocorrência no seu nome. Eu mesma mando uma cópia para a sua igreja."

Mamá me via como uma garota, mas na sua frente encontrou uma mulher que se recusava a abaixar a cabeça mais uma vez e que não precisava de nada além da própria voz para se defender. Quiçá foi naquele momento que ela passou a ter um pingo de respeito comigo, e posso adiantar que duas décadas depois ouvi dela a seguinte frase: "*De todos mis hijos, con la única que viviría seria con Margarita*". Mas, antes, senti o prazer de vê-la sair pela porta, sem nada para carregar no bolso.

Algumas semanas depois, no outro extremo das emoções, vieram momentos mais divertidos. *Hay dios, que día, que día fue aquel...*

Na Argentina dos anos 1980 não se falava em outra coisa que não fossem *Los Galancitos*, um grupo de atores que fizeram o caminho contrário da maioria: eles levaram ao teatro dramaturgias baseadas nas novelas de sucesso da televisão. Cada um fazia o papel de um galã diferente, e o sucesso foi tanto que apareciam em todos os programas de entrevistas, no rádio e nas revistas. Um desses *galancitos* era Ricardo Darín, que nunca perdeu a notoriedade, sendo protagonista de muitos dos melhores filmes que a Argentina já produziu. Eu vi absolutamente todos, mais de uma vez. Ele tinha olhos azuis e cabelo encaracolado. O que surpreendia era a sagacidade que tinha para responder a perguntas difíceis de maneira inteligente. Por isso, no grupo, foi ele que se destacou, ou que eu destaquei, depende do ponto de vista.

O clube que visitávamos *con la* Letícia organizou um evento beneficente: o dinheiro dos ingressos era destinado para alguma boa causa, e como atração, *Los Galancitos* vieram jogar uma partida de futebol na cidade. Eu não tinha dinheiro para participar do leilão das entradas, mas pedi para sair mais cedo do salão. *Con la* Ofélia, *la* Bettina e *la* Martita, saímos para montar acampamento no portão de entrada do clube. Eu tinha um único objetivo em mente, e ninguém ia me segurar. Sempre pensei que uma mulher deveria ter o direito de tomar a iniciativa quando, e se, quisesse. Esperamos quase meia hora e nada. Eu havia esquecido que um jogo de futebol durava noventa minutos, informação que as meninas já sabiam quando começaram a reclamar que estava muito quente e que com certeza nem conseguiríamos ver eles saindo. Sentaram na sombra para esperar. Eu continuava firme à frente do portão, e foi aí que comecei a ouvir barulhos de motor de carro do outro lado. Várias portas se fechando. Eu não tinha nenhuma intenção de pedir um autógrafo.

O portão se abriu, e não é que Ricardo facilitou tudo, deixando a janela do carro aberta? O veículo se adiantou e parou do lado de fora, e eu ouvi dele: "*Che, qué rubia linda!*". Pulei pela janela, deixando a metade do corpo para fora. Ele não teve muita escolha além de me beijar, quando um dos seguranças me puxou, eu falei: "*Gracias, mi amor!*". Ao que ele retribuiu com um sorriso indelével. As meninas choravam de tanto rir, mas as três reverenciaram a loucura total que me acometia.

Não sabia naquele momento, éramos todos muito novos, mas em uma noite do Oscar, muitos anos após, em que a atuação *del* Darín fora a peça central para ganhar o prêmio de melhor filme estrangeiro, contei essa história para meu filho, que não conseguiu acreditar, acho que ainda não acredita, mas eu sei, e como sei, que o beijo ocorreu e foi tão real quanto o brilho da estatueta que ele segurou entre as mãos.

Capítulo XIII

Minha perspectiva de futuro mudou em uma conversa *con la* Bettina. Tomávamos um café na casa dela, uma mansão daquelas que via nos filmes norte-americanos, aquelas que chamam a atenção dos turistas abarrotados em um ônibus com terraço, responsáveis por tantas fotos que mais ninguém veria, porque foto que não tem gente só serve de fundo de tela. O que mais me chamava a atenção no pátio ensolarado daquele dia é que havia uma estátua em tamanho real de uma mulher segurando um pratinho que *la* Pocha enchia de alpiste para atrair passarinhos. Uma das empregadas serviu chá e *medialunas*, e eu sempre atendia ao impulso de ajudar a trazer tudo até a mesa.

"*Boluda*, ontem à noite assisti a um programa de TV sobre como muitos argentinos estão se mudando para o Brasil. Mostraram o Rio de Janeiro e Florianópolis, que é para onde a maioria está indo. Eu conheço da minha infância e adolescência, passávamos um mês inteiro no verão, até que falo bem português. É um paraíso. Montanhas verdes, mar azul... E tem o Carnaval, que todos falam que é uma experiência única, cidades inteiras entram na festa. O que você acha de passar umas férias comigo lá?"

O Brasil era para mim aquele terreno gigante um pouco acima da Argentina, que aparecia em cinza-claro nos mapas da América do Sul. Durante meus estudos noturnos, os outros países nem entravam no currículo, é por isso que nem conseguia puxar na memória algum fato sobre aquele espaço enorme no globo. Eu argumentei que sairia muito caro, que não tinha esse dinheiro, mas *la* Bettina era muito rápida com números e em um papel fez as contas de quanto eu precisaria – faríamos uma viagem econômica, nada de hotéis ou excursões nem comer em restaurantes. Como se diz na Argentina, *va a ser gasolero*. Não parecia uma ideia tão absurda, sairia mais barato do que fazer a redução nos peitos, e eu ainda tinha essa grana guardada.

Não demorei quase nada em confirmar que topava. Seria a única Lung que sairia do país. No momento da conversa *con la* Bettina nem sequer me ocorreu que eles falavam outro idioma ou que usavam uma moeda completamente diferente da nossa.

O plano era em longo prazo, nos dando um ano para acertar tudo. Nossa programação era ir primeiro até o Rio de Janeiro e depois descer até a ilha de Florianópolis, totalizando quinze dias de viagem.

La Eugenia não gostou muito da ideia. O verão costumava ser muito lucrativo para o salão. Tentou me desencorajar falando que se tratava de um país muito perigoso, de muita pobreza, e eu quase caí na rede dela, mas fiquei firme, e marquei no calendário pendurado no salão o dia da minha saída e da volta, deixando o gesto estabelecer minha decisão.

Havia outra preocupação por resolver. Já se passara um bom tempo desde a visita de *Mamá* ao salão, *la* Martita continuava como aprendiz. Cumpri o que prometi e passei a mandar todo mês uma caixa cheia de comida por meio de uma empresa de ônibus que trabalhava em Entre Rios. A fonte de apreensão era *el* Orlando, que segundo contaram minhas irmãs em uma carta, não andava nada bem. Ele virou um alvo fácil de *Mamá* e seus castigos absurdos. Por isso, em uma tarde de domingo em que *la* Martita e eu ficamos no quarto descansando, me peguei dizendo:

"*Che, Mar, y si vamos a Maciá para ver como andan las cosas?*"
"*Volver? Ni muerta.* Imagina dormir naquela casa..."
"Eu preciso voltar. Sinto que *el* Orlando necessita de mim. Estou com uma sensação esquisita depois de ler a carta de *la* Amanda. Tenho medo de que *Mamá* o mande embora para outra cidade como fez comigo, e ela tem todo o poder de fazer ele sumir sem falar nada para nós. Seriam só alguns dias, um final de semana prolongado."

Levou muito mais tempo de conversa para convencer a *la* Martita de que era importante visitar Maciá. O argumento principal era que tampouco eu queria fazer a viagem, a última coisa que pensava era ter que ver *Mamá*, mas eu repetia que às vezes fazer o que não queremos é tão imprescindível quanto seguir nossas vontades.

É óbvio que eu não me sentia ansiosa por ver as casas dos meus patrões, cruzar com alguns deles na rua. Eu não queria entrar na casa de *Mamá* e ver que o tempo parou lá dentro. Tampouco queria ver o pastor, nem nenhuma das ovelhas que manipulava. O que eu queria? Atos pequenos: levar os meus irmãos para tomar um sorvete do sabor que quisessem, com direito a repetir e banho de chocolate. Queria ir nas lojas da cidade *con el* Orlando e deixá-lo escolher o que quisesse para comer, seja doce ou salgado. Não me importaria se custasse muito ou pouco, aderi, mesmo que por um momento curto, à ideia de que é possível comprar uma vida melhor com dinheiro, mesmo que seja uma sensação efêmera. Uma exceção à miudeza dos pratos de *Mamá* lhe faria bem. Lembro que quando tinha a idade dele cada ato de caridade que recebia representava o mundo inteiro. Um *alfajor*, um sacolé de morango, balas de doce de leite, todos elementos provisórios, que não curariam as feridas, mas que nos faziam fugir um pouco da realidade. Mesmo quando é um momento fugaz, me vejo repetindo aquele verso de um poeta: que seja infinito enquanto dure.

Decidi seguir o ponteiro da bússola interna com o norte na tragédia, que indicou diretamente para o Pampa argentino. Na manhã seguinte levantei cedo e, antes de começar o dia no salão, fui até a estação de ônibus de Campana para comprar duas passagens de ida e volta, para pelo menos termos a segurança de saber que a estadia tinha um fim definido. Falei *con la* Ofélia sobre a viagem, e ela achou que eu estava louca, mas o pedido era uma questão vital, tanto do ponto de vista da minha saúde mental quanto do enquadramento estratégico que tinha planejado. Ela ligou para *la* Clara e em poucos minutos tudo foi resolvido: eu dormiria na casa dela nos dias em que passaria na cidade.

"Ela está doida para ouvir suas histórias. Adiantei que você tinha um monte delas para lembrar e só contei do beijo no Ricardo Darín porque não consegui me segurar."

"Suponho que vou virar *la Chula* novamente, mesmo que por alguns dias."

"*Vos nunca dejaste de serlo.* A garota que tirou a privada do lugar era *la Chula*, a mulher que roubou o namorado da professora de química era *la Chula*, a mulher que negociou um monte de *piña colada* em troca de cortes de cabelo *siempre fue la Chula*. Mas agora você é as duas coisas: *la* Margarita e *la Chula*, tudo em uma pessoa só. Tudo o que você aprendeu em Campana, tudo o que você passou, principalmente com aquele filho da puta, valeu para algo. Você vai ver que Maciá ficou pequena e que o que te assustava vai ser motivo de gargalhada entre você e minha mãe. Vai, faz a sua visita para ver seus irmãos, mas não se deixa esquecer de que agora você não depende de ninguém."

Eu separava uma personalidade da outra, quase como se existisse um compartimento para cada uma no meu cérebro. A fala de *la* Ofélia me lembrara que essa separação era em parte imaginada, uma cisão inexistente que me impedia de integrar tudo o que havia de bom em cada uma delas. Eu tentava imaginar meu futuro quando criança, durante as missas que não ouvia, ou sentada ao pé do moinho de vento, observando a dança das folhas das árvores.

Naquele momento, na frente de *la* Ofélia, tomada por essas lembranças, me dei conta de algo que me trazia uma sensação de quase constrangimento, como se eu não devesse sequer deixar um pensamento assim transparecer na minha cabeça, mas a verdade é que eu já era mais do que sonhei ser, mais do que qualquer outro habitante de Maciá esperaria de mim. E eu me fiz sozinha.

Subi no ônibus com uma mala que levava meus sapatos de plataforma, uma bolsinha cheia de maquiagem, jeans que ousavam ter o zíper na frente, minhas blusas com decote e um secador, minhas tesouras, o borrifador de água, uma capa e minhas escovas. Eu voltava como uma profissional. Voltava como quem batalhou para aprender algo que transforma outra coisa e que gera algum valor. Ninguém poderia tirar isso de mim.

Dormi durante a viagem inteira. *La* Martita estava tão nervosa pela nossa volta à cidade que conseguiu tricotar um pulôver quase até o final no tempo em que o ônibus cruzou a fronteira entre as províncias. Pela janela, via as placas passando uma a uma, anunciando em números de quilômetros decrescentes que chegávamos perto de Maciá. Faltavam dez minutos, por isso peguei um espelho pequeno, retoquei meus lábios e apliquei rímel. No reflexo me vi linda.

Quando a estrada deu lugar a caminhos de terra, fazendo o ônibus balançar entre os buracos, via-se a escultura branca que formava com letras o nome da cidade, o último "á" exagerado em uma firula que, pensando bem, tirara inspiração nos desenhos do perfil da Torre Eiffel. Uma placa dizia: *Bienvenidos a Maciá, capital de la miel.* Uma descrição tão doce para um lugar amargo.

Ninguém nos esperava na estação rodoviária, a única pessoa que sabia da nossa viagem era *la* Clara. Carregando nossas malas na mão, senti um forte puxão nas costas, como se meu passado de trabalho pesado quisesse se fazer presente.

Toquei a campainha, correspondida quase de imediato. Ela estava nos esperando, algo que confirmei quando na mesa da cozinha vi um sem-fim de doces, *medialunas* e uma cuia grande de chimarrão fumegante.

"*Entren, entren. Chula, quiero que me cuentes todo, en los mínimos detalles.*"

A verdade é que eu não sabia nem por onde começar a contar tudo o que me transformou nos últimos anos, talvez fosse um dispositivo cognitivo que me impedia de organizar os fatos em uma linha do tempo, me protegendo como um disjuntor que, sobrecarregado, pula para cortar a energia e evitar o choque. O chimarrão tem como propriedade principal a soltura da língua dos entrerrianos – por isso, nós três, acompanhadas da cuia que passava de mão em mão, compartilhamos pequenos resumos: como foi meu medo inicial de sair na rua, como fiz malabares para dar conta de, em muito pouco tempo, uma quantidade de tarefas imensas... conversamos sobre minha participação como modelo, falei sobre meu início no salão e como ganhava meu próprio dinheiro trabalhando em algo pelo qual era apaixonada. O sorriso de *la* Clara crescia a cada fala minha. Acredito que o que via nos olhos dela era uma mistura de orgulho com admiração – eu ainda não estava acostumada a ser vista desse modo.

Acomodamos nossas coisas no que era o quarto de *la* Ofélia, ainda decorado para uma criança. Avisei a *la* Martita que descansaria uma hora e que depois cairia de surpresa na casa de *Mamá* para ver como andava tudo. Se eu avisasse que iria, ela teria tempo de maquiar uma verdade. Não me surpreenderia se não fosse capaz de colocar *el* Orlando em um programa de engorda acelerado, como fazem com o gado.

Minha aposta é que *Mamá* nem imaginava que estávamos ali, isso me dava uma vantagem suprema.

Assim que o despertador indicou que minha hora de descanso terminara, levantei, compartilhei mais um pouco de chimarrão *con la* Clara e preparei meus argumentos para ter na ponta da língua o que dizer a *Mamá*. Caminhei pelas ruas de terra em direção ao que algum dia chamei de casa. Nada era muito longe em Maciá e em coisa de cinco minutos me encontrei em frente à porta da residência Lung. Nada mudou: a pintura descascara um pouco, mas o tempo não passou naquela residência.

Atravessei o portão que dava no quintal da casa e, tentando não fazer muito barulho, entrei pela porta dos fundos sem bater. *Mamá* estava sentada de costas, mas *el* Orlando deu um pulo da cadeira que a fez estremecer. O garoto correu na minha direção. No momento do abraço, soube de tudo o que precisava saber: eu conseguia sentir cada um dos seus ossos, pontiagudos a ponto de me dar medo que pudessem rasgar a pele de dentro para fora. Em contraposição, *el* Carlitos estava cheinho, de bochechas coradas e vestindo uma camisa azul-clara. *El* Orlando usava uma camiseta encardida, que eu sabia ter pertencido *al Chueco*.

Mamá virou a cabeça na minha direção, mas não olhou nos meus olhos quando disse: "Se for entrar é melhor deixar, seus ares de Buenos Aires do lado de fora". Para o que respondi: "Olha que meus ares de Maciá podem ser mais perigosos".

Mamá mandou todo mundo dar uma volta, argumentando que queria ter uma conversa comigo. Antes que saíssem, entreguei uns trocados na mão *del* Orlando e falei baixinho em seu ouvido que era para comprar algum doce. Seu sorriso foi tão grande que senti um monte de pequenas agulhas nos músculos do coração. Era culpa? Os meninos saíram, e mesmo sem nenhuma de nós dizer uma palavra o ambiente estava carregado de eletricidade estática. Os pelos dos meus braços completamente eriçados – se nos tocássemos, algo que não iria acontecer, sentiríamos uma descarga por causa do nosso encontro.

"Primeiro, e vou me permitir ser a primeira a falar, nunca me imaginei falando isto para você, não mesmo, *pero te tengo que agradecer*. Nem todo tiro seu fura o alvo, e comigo a sua mira sempre esteve desalinhada."

Ela me olhava perdida. Com esse início, eu quebrara as pernas dela, por isso continuei no mesmo tom.

"*Gracias a vos* conheci *la* Letícia, que me ensinou a te peitar para ficar com um pouco do meu dinheiro. *Gracias a vos* consegui gerar tanto carinho pelas pessoas que hoje nem consigo contar quantas querem o meu bem. *Gracias a vos* encontrei em Campana uma profissão e *la* Eugenia, que me ensinou tudo o que sei. *Gracias a vos*, a sua intenção de me vender como faxineira para os primeiros que passavam ruiu, porque irradio um calor que me aproxima das pessoas. *Gracias a vos pude alejarme de esta ciudad que, desde que me echaste, debe hablar horrores sobre mí*. Mas que fique evidente que eu não te agradeço pela coluna torta, nem as dores que ela me causa, muito menos por ter me mandado morar em uma casa onde o homem da família quase marcou minha linha do tempo."

Mamá não se mexia, virara mármore, quase como se atrás de mim estivesse Medusa exercendo seus poderes. Respirava fazendo um barulho baixo, vez ou outra resmungava – todos os gestos pequenos, quase imperceptíveis, que buscavam não deixar passar um pingo de emoção.

"Tem aquele ditado, sabe, que diz que o sangue é mais denso do que a água, que o sangue é mais forte do que qualquer outra coisa. Mas percebi que quem dilui *la sangre que llevo en mis venas* é você. Afastando os irmãos pelo país inteiro, fez que todos os dez estivéssemos sozinhos mesmo sendo tantos. O tiro saiu pela culatra, e agora você precisa lidar com isso."

Enquanto falava, minha temperatura aumentava, escorria pela minha testa o suor que eu secava com as mãos, temendo que se confundisse com lágrimas que eu não queria derramar. *Mamá* me olhava sem perder a calma, não dizia nada. Normalmente, quando aquilo acontecia, eu já procurava o ventilador para o qual ela ia atirar a merda na tentativa de não levar uma respingada. Continuei falando outras verdades que tinha *atragantadas,* mas quando parei com o que para ela era pura verborragia, me deparei com um semblante que demonstrava ter engolido muitas das coisas que ouviu e, ao mesmo tempo, tinha uma agenda escondida. Tudo fez sentido quando a vi abrir a boca para falar:

"*Llevátelo al guacho de acá, no lo soporto, no le tengo ningún cariño.* Quando olho para ele, enxergo seu pai. É impressionante o quanto eles se parecem, a voz também é a mesma. Só que quando viro para olhar na direção dele, encontro sempre um *mocoso* que não consegue fazer sequer uma coisa certa."

"Quiçá o que precisa ser revisto é o que é 'a coisa certa' para você. *Yo me lo llevo conmigo*, mas não mando mais nenhuma comida, nem dinheiro, nem nada. Dou por cumprida a minha obrigação com você."

Eu conseguia ver ela fazendo as contas, calculando o que valia mais a pena. Quase como quem está decidindo entre comprar ovos vermelhos ou brancos, algo banal, quase sem importância, que não dava à situação a solenidade de mudar por completo a vida de um garoto que queria somente carinho, atenção, algo para comer, uma mãe que aprecie suas tentativas de ajudar a arrumar a casa e que não o enxergasse como se fosse um morto-vivo. Representava uma versão de *Papá*, que ele nem chegou a conhecer ou do qual nem criara memórias. Não sei se *Mamá* o tratava assim porque a voz lembrava a de seu marido defunto, configurando saudade, ou se era o caso de um estremecimento, um frio na espinha, pelas lembranças de espancamentos já recebidos. Dois pesos bastante cruéis para derrubar em cima de um moleque. Suspeito que as duas coisas sejam verdade, demonstrando a ambivalência de uma consciência que nunca teve o tempo de desacelerar ou se organizar, e tudo isso foi balançando os alicerces que faziam dela a nossa

Mamá – uma mulher se expressando como troglodita naquele momento, mordendo muito antes que existisse algum perigo ou decepção a caminho.

Quando terminou de brincar de matemática, foi categórica como somente ela conseguia ser. Tão solene quanto um hino:

"*Llévatelo, llega, no lo quiero verlo ni pintado*. Preferiria não vê-lo nunca mais."

Eu sabia que entraria na toca de um lobo quando apareci naquela casa, só não contava em sair de lá com um Rômulo ou Remo nos braços. Ele tinha treze anos, mas parecia ter dez, e eu logo descobriria que era dono de uma ingenuidade que chegava a ser cruel. Virei guardiã de um adolescente.

Esperei por *el* Orlando na porta de casa. Assim que voltaram do quiosque pedi a ele que ficasse um pouco comigo do lado de fora. Ele me entregou um chocolate que escolhera para mim, cheio de pedacinhos de amendoim, que abri e cortei ao meio. Compartilhar seria regra de vida, e com o doce ainda na boca falei:

"*Pequeño, te gustaría venirte a vivir conmigo a Campana?*"

"*Ella no me quiere más acá?*"

Pensei em mentir, o tom da pergunta foi desgarrador, porém eu sabia que enfrentar a verdade liberta, mas antes de isso acontecer, te destrói. Minha primeira lição não poderia ser recuar da realidade.

"Sim, ela não quer você mais aqui. Mas pouco importa. Eu estou aqui, e quero você no ônibus comigo amanhã."

Tudo o que lhe pertencia coube em uma mochila das que o governo dava de presente para alunos de escolas públicas no início das aulas.

Eu me despedi de *Mamá*, se é que posso considerar como despedida um barulho gutural no limiar entre desejar a nossa partida e nos expulsar da casa. Lar, aliás, que era cada vez maior com a diminuição forçada de seus moradores. *El* Orlando nem ensaiou um abraço de despedida, como alguém que já tentara o gesto sem resposta alguma do outro lado. Só levantou a mão por tempo suficiente para cumprir com a formalidade e, sem cruzar o olhar com o dela, saiu comigo pela porta se tornando mais um Lung exilado.

Fomos até a casa de *la* Clara, que nos recebeu com um carinho que para *el* Orlando era inédito.

"Todos os Lung são bem-vindos nesta casa. A verdade é que só tem uma Lung que não vou deixar passar pela porta, *la bruja de tu madre*, que, arrisco, já deve estar rezando pelas almas dos outros."

El Orlando não conseguiu se conter e riu diante da descrição de *Mamá* como uma figura pagã. Ele começava a viver o distanciamento, mesmo que de apenas algumas poucas ruas, e eu era testemunha do quão doce pode ser a sensação desse afastamento. Quando parou de rir, disse: "A verdade é que *sí, es una bruja. No sé si se pude decir esto en voz alta, Chula*, mas ela é uma bruxa mesmo". Nada como o sabor de saber que aquelas paredes não tinham ouvidos.

La Martita chegou um pouco mais tarde, com um sorriso gigante.

"Te vejo muito feliz para alguém que não queria nem vir nesta viagem."

"*Chula, te acuerdas del Alcides, el Bursa*? Que mandou todas aquelas cartas para o salão? Eu o conheço desde pequena. Fizemos a primeira comunhão juntos, até me convidou em alguns dos bailes da cidade. Bom, hoje passei o dia com ele. Pediu que ficasse aqui, que não volte a Campana, que estava cansado de só falar comigo por escrito, disse que me quer para casar, e eu aceitei o convite para morar na casa da família dele."

"*Y la peluquería? Lo vas a tirar todo a la mierda?*"

Eu me arrependo, mas meu tom foi tão cheio de julgamento quanto o que *Mamá* usava quando não concordava com alguém. Eu não fui capaz de entender como, com todo esse tempo juntas, ela não conseguiu aprender que nenhuma relação merece abandonar a própria independência.

O namoro *del* Alcides e *la* Martita durou muito pouco. Alguns meses depois voltei a Maciá para o casamento deles. *Mamá* estava em êxtase – a família do noivo era dona de tantos hectares de campo que mal conseguiam contar, e por seu entusiasmo, eu sabia que ela exigira algum dote pela mão da sua filha pura e virgem. Assim que cheguei, *la* Martita me contou que *Mamá* parecia um cavalo recém-domado – ainda carregava uma certa teimosia, mas guardou seus instintos em algum lugar onde estariam contidos até a próxima explosão. Não demorou muito para que eu virasse a mensageira de todas as notícias que irmão nenhum conseguia contar para ela. O tempo que passamos separadas, a visita dela a Campana, o dia em que levei *el* Orlando comigo e outras vezes em que consegui enfrentá-la serviram para me carregar de uma energia vital que não pôde ser interrompida, que me permitia não ter medo algum daquela mulher que me criou. A coisa é que a *señorita* Martita se esqueceu de contar para *Mamá* que, ao caminhar pelo corredor principal da igreja, escoltada pelo Carlitos, entraria acompanhada não somente dele, mas também de *el* Cesar, seu primeiro filho. Ela viveu aqueles últimos meses enfaixada para esconder a barriga, afogada pela própria mentira.

La Martita e *el* Alcides se amavam de verdade. Era visível no rosto dos dois, ambos felizes pela criatura que, segundo consegui calcular, devia ser o resultado de uma trepada na semana em que levei *el* Orlando comigo para Campana. Eles apressaram o matrimônio para evitar o desgosto, e ninguém reclamou, mas no calor do dia do casamento *la* Martita veio até mim com uma súplica.

"*Chula, me siento ahogada.* Não aguento mais a faixa. Somando o vestido de noiva, vou morrer asfixiada."

"Se você quiser, posso falar com *Mamá*. Mas você sabe como ela é. Só não vai cancelar a cerimônia porque está de olho na grana."

"*Vos hablarías con ella en mi lugar?* Não quero perder meus dentes hoje."

Os meus outros irmãos foram a personificação do João sem braços: moles como boneco de posto cujo ventilador não funcionava direito faz tempo. Desafiei um a um para me acompanhassem e me vi sozinha na empreitada.

Prometi não voltar a entrar naquela casa. Diante da porta, detive o punho logo antes de fazer barulho. Hesitei, mas descobri em mim uma sensação particular, diferente de todas as outras vezes em que nos cruzamos. Era uma mistura de alegria e vingança. Descobri que se podia sentir prazer diante da entrega de uma notícia que a deixaria maluca. Por isso bati firme à porta.

Sentamos à mesa na cozinha, a mesma de quando eu era criança, e comecei a me divertir.

"*Mamá, viste que la Martita engordó estos últimos meses*?"

"Não me fala que o vestido ficou pequeno."

"*No, no es eso*. Ela está comendo quase que por duas pessoas."

"Ela fica muito tempo na casa *del* Alcides, a fartura lá é grande."

"Acho que me expressei mal. Ela de fato está comendo por duas pessoas, ela mesma e outra, na barriga dela."

Mamá revirou os olhos de tal modo que conseguia ver apenas a parte branca, e em um movimento cuja performance deixou muito a desejar, caiu da cadeira, fingindo um desmaio. Eu nem me mexi – ela que se levantasse sozinha. Ver ela no chão provocou em mim uma risada que se aproximou quase como um arroto, saiu rápida, curta e toda de uma única vez. Ficou ainda mais engraçado quando a vi abrindo apenas o olho direito para conferir se eu faria algo pela sua saúde.

"Aliás, esqueci de falar: *la* Martita vai entrar sem a faixa na igreja. Falo isso para que você já possa inventar uma desculpa ao contar às outras devotas. Quer que eu chame alguma delas para te ajudar a se levantar?"

Quando saí, ela continuava no chão, suspirando, barulhenta, e eu somente conseguia pensar no quanto as chantagens emocionais pararam de me afetar. Queria acreditar que não me causava sequer um mínimo de empatia, mas quando atravessei a porta meus ideais ruíram. Eu não era essa pessoa cheia de raiva que se apresentou para soltar uma bomba em formato de feto. Por isso voltei e a ajudei a se levantar, peguei um copo d'água para agir como ansiolítico e fiquei observando ela recuperar o fôlego que, na verdade, nunca perdeu.

Esse atalho para o futuro já tomou algum tempo, por isso volto ao dia escrito do lado da palavra "partida" nos boletos do ônibus que levariam *el* Orlando e a mim para Campana. *La* Martita e *la* Clara nos acompanharam até a estação, nos encheram de abraços e deram uma sacola cheia de *medialunas* recheadas com presunto e queijo derretido para o caminho. Pela janela do ônibus, dávamos tchau – e assim que o motorista deu partida, comecei a me dar conta do que fizera.

Sem nem ter dado quinze minutos, atravessamos a divisa da cidade e meu irmão caiu no sono, levado pelo balançar do ônibus, sereno como se estivesse sob os efeitos de uma canção de ninar poderosa. Eu via que ele era uma criança. De treze anos, sim, mas uma criança. Meu cérebro se acelerou pensando nos perigos da cidade.

Irmão. Irmão... É irmão a palavra? Ele tem que ir para escola. Vai precisar de reforço. Tenho que me lembrar de conferir todas as tarefas de casa. Eu teria que impor as regras. Ele precisaria comer. Ele necessitaria de roupa de frio. A cada segundo pensava em mais um monte de outras coisas que me amedrontavam. Irmão não é a palavra, durante aquela viagem de ônibus eu me dei conta de que estava me transformando em algum tipo de figura materna, e eu sabia, como sabia, que poderia prometer um dia a dia infinitamente melhor do que a vida com aquela mulher que nos pariu.

Ninguém se torna mãe no nascimento de uma criatura. *Mamá* teve onze filhos, onze partos, e de nenhum deles voltou da maternidade transformada. Uma mulher se torna mãe nas trincheiras do cotidiano, nas decisões pequenas, na preocupação em uma noite fria em que se esqueceu o agasalho, na escuta incondicional daquilo que preferiríamos não saber. Tudo isso percebendo a permeabilidade das fronteiras entre o que é certo e errado e como as duas coisas podem ser verdade simultaneamente. Mãe, no fim das contas, é pular sempre de cabeça no rio do devir e suas infinitas correntezas.

El Orlando só acordou quase chegando à cidade. Da rodoviária até a casa de *la* Eugenia dava um bom trecho, mas por todo o caminho ele sorria, e eu o via deslumbrado pelas luzes, lojas, bares e um sem-fim de casas. Não tive como não lembrar da minha reação quando saímos da estação de trem com os Hernandez alguns anos atrás. Só naquele momento me dei conta de quanto naturalizei tudo o que inicialmente me surpreendeu. Respirando o ar gelado, guiando *el* Orlando como quem conhece o mapa das ruas, percebi que a cidade não era nem um pouco tão assustadora quanto já foi.

Assim que chegamos, falei para *el* Orlando que deixasse tudo no chão, que amanhã arrumaríamos, mas que antes queria levar ele até meu lugar favorito na cidade. Sabia que era algo que ele nunca tinha assistido e seria meu presente de boas-vindas, mas também era um pedido de desculpa mascarado pela pergunta que tive que confirmar mais cedo: "A minha mãe não me quer?".

Em letras grandes, a palavra *"CINE"* era iluminada por centenas de luzes amarelas. Compramos dois ingressos para *Bravura indômita*, com John Wayne, que eu já tinha assistido e sabia que ele iria gostar. Nada como um bando de pistoleiros para grudar o olhar de um garoto de treze anos na tela. Ele segurava o pacote de pipoca quase como se tivesse medo de que alguém as pudesse roubar, o saco apoiado no colo dele e, com as duas mãos, cobria o conteúdo doce. Quando os créditos do filme começaram a passar, eu me levantei em direção à saída, mas *el* Orlando me puxou pela camisa, disse que queria ver o filme até o final mesmo.

O garoto da limpeza começou a trabalhar ao redor da gente, e quando a última luz do projetor se apagou meu irmão considerou sair da sala, ainda com meio pacote de pipoca na mão. Naquele dia tive toda a paciência do mundo, uma serenidade que não me era comum, uma característica que, desde que nasceu, ele deve ter experimentado uma ou duas vezes. Agora, um momento impagável aconteceu quando expliquei que o moço do quiosque encheria o pacote de pipoca quantas vezes ele quisesse.

Voltamos caminhando devagar. Ele comia mais *pochoclo* e, quando deixava cair alguns no chão, fazia um barulho de desapontamento ao mesmo tempo que se agachava para juntar e os colocava novamente no pacote. Ele percebeu meu olhar de reprovação.

"É que não quero desperdiçar nada."

A mentalidade de cidade pequena não demorou muito tempo para fugir de mim e tampouco demoraria muito com ele.

Aproveitei a volta para casa, tomando alguns desvios, para fazer um tour da cidade: o centro, as praças e a reprodução do primeiro carro argentino. Passamos pela frente da casa dos Hernandez e eu contei como foram meus primeiros anos. Mostrei onde ficava a padaria em que encontrei *la* Ofélia, e acho que não era bem um tour que estávamos fazendo, era uma investigação daquilo que me formou. Por causa disso, havia um último lugar ao qual queria levá-lo: a escola em que eu estudara.

"*Esta es la única regla que nunca se pude romper. No se falta a la escuela.*"

El Orlando somente consentiu. Aposto que tinha tantas regras na casa de *Mamá* que ver tudo resumido a uma só era libertador. Naquela noite dormi muito bem. Quando fui desligar o abajur meu irmão já dormia seu décimo sonho, na mesinha do lado da sua cama o pacote de pipoca tinha o topo retorcido, quase como se fechado a vácuo. Foi um bom primeiro dia.

As semanas se encurtaram, acelerando nosso dia a dia – e em pouco tempo *el* Orlando e eu criamos uma rotina. Ele trabalhava à tarde, limpando os banheiros do estádio da equipe local, e eu preparava marmitas para ele. Nunca vi um garoto tão feliz pela possibilidade de limpar uma privada. Antes de ele começar, ensinei todos os truques que aprendera com anos de faxina; e ele vivia deslumbrado por estar no meio de tantos jogadores profissionais – mas que, vale lembrar, estavam na Série D há mais de uma década. Ele fazia o próprio dinheiro, ganhava pelo seu esforço, e isso me deixava orgulhosa.

Quando recebeu seu primeiro salário, chegou ao salão e me entregou bilhete por bilhete e moeda por moeda. Eu fiquei apavorada que me visse como *Mamá* e a sua caixinha de papelão. Expliquei que o dinheiro era dele e que poderia decidir como gastar, e, claro, aproveitei para falar das vantagens de guardar para o que pudesse acontecer no amanhã.

"*Chula*, então a minha escolha é te dar a metade para os gastos do dia a dia, pode ser?"

Concordei, feliz pela sua decisão.

Mesmo com esse ato generoso, eu estava atrasada com o meu plano de visitar o Brasil. *El* Orlando precisou de bastante roupa, e eu comprava comida para dois, juntar ficou um pouco mais difícil. Mesmo com a contribuição dele, que mal dava para comprar um pote de café solúvel, um litro de leite e, dependendo do preço daquela semana, um pouco de carne moída.

A sorte costumava ficar do meu lado. Eu trabalhava duro para lhe dar a abertura de chegar até mim, e veio: por alguns fins de semana, fui chamada para ser modelo, e isso colocou tudo nos trilhos. *Con la* Bettina, sonhávamos com os lugares que iríamos conhecer, e ela trouxe ao salão algumas fotos que a mãe de uma amiga emprestara. Morros verdes, quase infinitos, e barquinhos coloridos parados na areia.

El Orlando teria que se virar sozinho durante a minha viagem – estava decidida a lhe dar um voto de confiança. Uma ligação custaria uma fortuna, por isso avisei que seria difícil ligar para ele nas duas semanas seguintes. Eu o ensinei a fazer algumas receitas básicas, e ele assistia às aulas com dedicação. Já estava bem mais cheinho do que quando chegou, algo que eu considerava um triunfo pessoal, ganhou confiança para andar pela cidade com muito menos esforço do que eu. Cada vez mais próximos, éramos prófugos de um passado que não queríamos esquecer, mas que poderia ser muito menos presente.

Capítulo XIV

A sensação da grama do quintal de *la* Bettina nas solas dos meus pés me transportava aos dias de verão no campo. Minhas pernas magrelas submergidas na água esverdeada do estanque, invariavelmente gelada em todas as estações. Com a pele sensibilizada, adorava correr sentindo a relva fazer cócegas amplificadas pela dormência. Logo trocaria a grama pela areia, e como preparação *la* Bettina e eu usávamos os domingos para torrar no sol, perseguindo um bronzeado que culminava em pele vermelha descascando e as duas passando aloe vera nas queimaduras mais sensíveis.

La Ofélia preferiu a sombra de uma árvore longe de nós – mesmo com o nosso convite para conhecer o Brasil, inventou que precisava resolver algumas coisas urgentes em Maciá, que *la* Clara planejara uma viagem ao Sul para rever seus familiares, mas eu sabia que o que a segurava era também um pouco de cagaço. Mesmo tentando ser a locomotiva que puxava seus vagões, era difícil carregar os lastres emocionais dela e os meus. As minhas costas não davam conta disso. Mas eram apenas quinze dias, e essa coisa de tentar mudar quem uma pessoa é resulta sempre em uma péssima ideia. Tentaram me encaixar tantas vezes no lugar errado do quebra-cabeça, forçando a peça, dobrando os cantos, que devia a ela o respeito de validar suas decisões.

La Bettina, sem precisar trabalhar, repetia as sessões de banho de sol durante a semana e criou uma espécie de couro no lugar que ocupava a pele. Faltava menos de uma semana para o fim do ano, e combinamos que o início da nossa viagem seria no primeiro dia de 1981, adentrando o primeiro mês dos meus vinte anos e ainda muito distante dos cinquenta e sete que tenho hoje. Uma década que foi testemunha da minha capacidade de *llevarme el mundo por delante* e todas as implicações que isso causaria na minha linha do tempo, e na das pessoas ao meu redor. Minhas lembranças da época, as que guardo como anedotas, que conto para o meu filho em domingos chuvosos enquanto comemos *strudel* salgado, estão entre as memórias mais felizes do meu repertório.

Toda viagem é um deslocamento, físico e emocional, e eu estava mais ou menos preparada, não fosse o medo que *la* Eugenia transmitiu contando horrores sobre o Brasil. Mesmo no último dos instantes, ela tentou me convencer de que a viagem seria uma loucura. Mal sabia que essa palavra para mim era a ignição que criava a faísca de minha câmara de combustão.

No dia 31 de dezembro, eu, *la* Ofélia e *la* Bettina, entramos na boate Soho com a intenção de gastar toda a nossa energia e dormir a maior parte do percurso. Sempre que perguntava quantas horas levaria, *la* Bettina desconversava, falando apenas que seria um trajeto longo e de mais de um dia. Deixamos tudo na pista, contando a todas as pessoas com as quais interagimos sobre a nossa viagem.

Sem perceber a passagem do tempo, fui surpreendida ao ouvir pelos alto-falantes a contagem regressiva da despedida do ano:

10 – respiro fundo; 9 – viro o copo de *piña colada*; 8 – sinto uma mão repousando no meu ombro; 7 – *el* Gastón é o dono da mão; 6 – verifiquei se a professora de química não estava perto; 5 – virei e lhe roubei outro beijo; 4 – antes de ele reagir saí na

direção oposta, desaparecendo entre as pessoas que celebravam o réveillon; 3 – *la* Ofélia, rindo, pergunta-me o que aconteceu com meu batom; 2 – vejo meu reflexo em uma das paredes de espelho, a cor vermelha toda borrada no meu rosto; 1 – pensei: "que se dane". 0 – *Feliz año nuevo*, Margarita, te desejo de tudo o que há de melhor. Vamos precisar.

Antes da minha saída de Campana, *la* Eugenia veio até o meu quarto com uma xícara de café.

"Marga, aproveita a viagem, *cuidate*. Te espero em quinze dias para me contar tudo."

Agradeci, mas senti um arrepio bravo no pescoço, que se assemelhava a cócegas. Negativo, mas pouco claro. Não queria pensar no retorno antes da saída.

Às sete e trinta da manhã, já estávamos no carro comandado pela mãe de *la* Bettina, que aproveitou o trajeto para mostrar todas as preocupações maternais e formulou algumas dicas sobre os cuidados que devíamos tomar. Ela falava comigo somente, *la* Bettina dormia e tinha um fio de baba escorrendo até o casaco. Para mim, acordar cedo era rotineiro, se bem que não acordei porque mal dormi, mas carregava uma energia vital que se fazia presente na forma de apreensão e de uma pulsão constante por desbravar o novo.

Na minha cabeça, íamos até Buenos Aires para pegar um ônibus que nos deixaria no Rio de Janeiro, mas para baratear custos *la* Bettina criara um trajeto pouco ortodoxo – *más largo que esperanza de pobre*. *La* Pocha parou o carro de frente para o Rio de la Plata, onde um barco nos esperava.

Fiquei sabendo ali que primeiro cruzaríamos o rio até o Uruguai, no que seria a minha primeira vez caminhando sobre a água. A bordo, fiquei impressionada com a quantidade de prédios que formavam Buenos Aires. Vi a cidade diminuindo no horizonte, acompanhada da fumaça de um cigarro com gosto de mudança, de vitória, que era levada pelo vento em todas as direções, se espalhando e desaparecendo como a emissão de uma mensagem que nunca chegaria ao receptor.

Uma vez, *la* Letícia me contou sobre uma superstição própria. Segundo ela, nunca se deve olhar para trás quando se está saindo de um lugar para o qual você gostaria de voltar. Se isso acontecer, seria como uma despedida, e não um até logo – um processo de distanciamento.

Os ares do meio do Rio de la Plata eram gelados mesmo no verão. *La* Bettina disse que eu era lunática por insistir em ficar do lado de fora da cabine, mas o que não conseguia lhe explicar, e que não tinha como formular de modo inteligível, era a sensação do amargor de ter trabalhado uma década e meia para ter quinze dias de férias. Por isso escolhi ficar parada na proa, observando a água terrosa que se dividia com o andar do barco, criando ondas cujo destino não conseguia imaginar.

"*Déjame, boluda. Quiero absorberlo todo.*"

Desembarcamos em Punta del Este, e antes de sair do navio me preparei para que o meu primeiro passo em outro país fosse com o pé direito, mas um cara com muita pressa atrás de mim me empurrou, desfazendo meu ritual – *pelotudo*. *La* Bettina, que já conhecia a cidade, sugeriu que caminhássemos até o lugar em que passaríamos a noite. Andamos alguns quilômetros carregando nossas mochilas, e nunca foi tão fácil ignorar a dor. As casas mediterrâneas, todas pintadas de branco, chamavam a minha atenção. Pareciam espremidas e cresciam desordenadas nas encostas dos morros. Tudo de frente para o mar revolto que, naquele dia, usava a mesma paleta de cores do Rio de la Plata, me deixando bastante desapontada.

Batemos em uma porta de lata descascada, o número da casa escrito em pintura branca improvisada, abaixo disso uma pequena mensagem que afirmava: "*Sí, es acá*".

Deixamos as nossas coisas em um quarto compartilhado, e *la* Bettina disse que queria aproveitar o pernoite na cidade para ir até o cassino. *Que desastre!*

O prédio branco iluminado por luzes rosa fosforescentes era imenso, mas nada me preparou para o que acontecia lá dentro. Nem em sonhos imaginei que um lugar assim pudesse existir. Antes de tudo, ao abrir a porta, fui invadida pela fumaça no ar. Mesmo sendo fumante, a mistura de cheiros vindos de charutos e cigarrilhas sobrecarregou meus sentidos. Tudo era iluminado, o teto com luzes amarelas e um sem-fim de vitrais caleidoscópicos. O tapete vermelho se estendia por todo o salão e carregava os restos de cinzas que não cabiam mais nos cinzeiros. Eu só conseguia pensar que alguém teria que limpar o desleixo dos apostadores, mas ninguém olhava para baixo, nem pareciam se preocupar. O que me assustou não foram os barulhos das máquinas caça-níqueis nem os gritos de *"hagan sus apuestas!"*. O mais triste daquele lugar não era a sua estrutura, ou o piscar das luzes, eram as pessoas e suas superstições.

Uma senhora que portava uma permanente mal feita esfregava uma nota de dólar na alavanca antes de puxar; um cara com excesso de gel no cabelo assoprava fumaça nos dados antes de atirar; uma mulher da minha idade, de uns vinte ou vinte e um, de cabelo comprido, molhava a mão com a água benta que saía de uma garrafa plástica no formato da virgem Maria; na roleta, um homem esfregava as fichas no peitoral antes de fazer sua aposta; havia um sem-fim de patas de coelho ainda peludas penduradas como colares ou chaveiros; outro cara lambia o dedo e passava na tela *del tragamonedas*; havia santinhos segurados como leques de cartas; e a melhor de todas, imagem que até hoje não consigo esquecer: uma senhora que dava três tapas fortes na tela antes de puxar a alavanca e, pelas suas reações, o fazia tão intensamente que machucava a mão.

"*Boluda, qué te pasa? Voy a la ruleta un rato y nos vamos*", disse *la* Bettina. "*Te regalo una ficha para jugar*", e desapareceu.

Não sabia muito bem o que fazer com a ficha, por isso joguei na minha única chance de ganhar. Fui até o caixa, a troquei por uma nota de cinco dólares sem nenhum amassado, comprei uma *piña colada*, e uma corrente de ar indicou a saída. O barulho do mar ganhou força à medida que a porta do cassino se fechava – eu não precisava de mais nada. Esperar *la* Bettina não seria um problema.

Acordamos cedo para ir até a rodoviária. Percebi que *la* Bettina não tinha um plano de viagem. Ela decidia quais seriam nossos próximos passos à medida que avançávamos, e, por causa disso, compramos a passagem mais barata para Chuí, onde atravessaríamos a segunda fronteira. Ainda havia pela frente duas balsas, uma ponte levadiça e dois ônibus que paravam como pinga-pinga em pequenos vilarejos rurais.

O que mais me preocupava era o estado do veículo. As poltronas estavam queimadas por bitucas de cigarro e a lataria emitia um barulho constante, sugerindo que, se o veículo andasse depressa, iria desmontar no caminho.

Em Chuí, atravessamos a fronteira caminhando, era estranho ouvir o espanhol e o português falados ao mesmo tempo. Mas era um caldeirão bastante feio, com cheiros esquisitos, ruas que acumulavam lixo nas esquinas e pouco espaço nas disputadas calçadas. Eu queria fugir rápido dali.

Tivemos sorte, porque *la* Bettina conseguiu passagens para Porto Alegre no mesmo dia. A numeração das poltronas indicava que viajaríamos separadas e, como colega de viagem, encontrei uma freira que falava espanhol e português. Já estávamos no Brasil, e as planícies da Argentina começaram a se transformar em montanhas tomadas pelo verde de árvores que não conhecia muito bem.

Meu primeiro impulso foi preparar o chimarrão, *y como no soy angurrienta*, ofereci a cuia para a irmã. Os ônibus daquela época não tinham ar-condicionado e, somado com a temperatura da água, me perguntei se ela não morria de calor por baixo daquela roupa toda. Com o andar do veículo, tomei coragem para fazer algumas perguntas que me perseguiam desde a época da comunhão.

"*Hermana*, posso tirar algumas dúvidas com você?" Ela sorriu, não sei se estava animada ou se pensou que eu era mais uma para convencer. "Se Adão e Eva tiveram dois filhos homens, como surgiu o restante das pessoas? Não quero ser crassa, mas..."

"Há uma explicação longa, na qual sinto que você não vai acreditar. Diz que, na verdade, tiveram muito mais filhos do que aqueles mencionados na bíblia."

"Mas se eles não são mencionados, como sabemos que existiram? Quer dizer, o que impede que eu crie uma história, conte para todo mundo e quando me perguntarem de onde tirei respondo que, mesmo não estando na bíblia, aconteceu? E mais importante... quer dizer que a festa foi entre irmãos?"

"Saiba que não é uma inquietação somente sua, há quem diga que, sim, os irmãos formaram todos os outros homens e mulheres, que a genética deles era perfeita e, por isso, não passaram nenhuma doença aos outros. Mas a verdadeira resposta, a que realmente vale a pena, e uma que para muitos é pouco satisfatória, é que se trata de um mistério de fé."

"Mas isso não te soa como uma desculpa? Uma forma de justificar o injustificável?"

"Pode ser, mas para mim é uma explicação suficiente. Vale lembrar que ninguém é obrigado a compartilhar minha experiência."

"Isso porque você não cresceu em Maciá... Ou entrava pelo ouvido, ou entrava pela garganta."

"Proponho então que não lembremos de coisas ruins", disse ela, sorrindo. "E tem outra coisa... Eu não gosto de falar sobre trabalho no meu tempo livre... Ainda não bati o ponto."

Dios me libre y me guarde.

Caímos juntas na gargalhada, e percebi que eu não sabia o seu nome – o hábito me fizera esquecer que quem estava embaixo dele não era sempre a instituição. O último comentário me fez gostar muito dela, e passamos o restante da viagem conversando e fazendo aulas *express* de português. Seu nome era Teresa, melhor nem falar nada.

Quando chegamos a Porto Alegre, nos despedimos sem trocar telefone ou endereço, as duas sabendo que nossa conexão era como um fio de cabelo ressecado.

Na rodoviária de Porto Alegre, conseguimos uma passagem de último minuto um pouco mais barata. Era o último trecho até o Rio de Janeiro. Só quando vi em um mapa, que peguei no balcão de informações do terminal, o trajeto da nossa viagem, me dei conta de que era uma tripa longa de mais ou menos três mil quilômetros.

Tão longe de casa. Tão longe de um eu que somente com os efeitos daquelas estradas se transformou. O ônibus não era direto, passamos por uma dezena de cidades, a maioria rurais, e me chamou a atenção a quantidade de bois e bezerros desnutridos. Dava para ver todas as costelas, e os olhos pulavam de cabeças de traços angulares. *La Petisa*, com toda a sua malemolência e fome eventual, seria a irmã rica de todos aqueles animais. Não seria melhor morrer de um tiro de ar comprimido do que sem ter o que comer? Pode soar estranho, mas ver aquelas partes do Brasil me reconfortou: o que via falava sobre uma realidade diferente do campo argentino, mas análoga.

As pobrezas podem ser muito diferentes entre si, mas causam sempre sentimentos compartilhados por quem as sofre. Foi questão de uma centena de metros para começar a ver crianças saindo de casas de tijolo ou barro, carregando enxadas, rastelos e pás.

La Bettina dormiu quase a viagem inteira, mas não consegui me conter: com um monte de tapinhas descontrolados nas suas coxas, a acordei quando vi o mar.

Infinitas centelhas, pescadores com, o que eu aprenderia depois, tarrafas atiradas no ar, barcos com o dia de folga, descansavam na areia, onde quebravam infinitas ondas, constantes e pequenas, boias marcavam uma plantação aquática, e compreendi o tamanho da mentira que me contaram quando falaram que era azul, aquilo não era azul, uma cor não consegue definir o todo, era o resultado da combinação dos tons das lantejoulas com o do tecido do vestido dos bailes de Maciá. Só a comparação com o que é afetivo daria conta de descrever.

No caminho, avisaram que a BR-116 estava entupida – fiquei contente quando consegui entender o anúncio do motorista – um deslizamento de terra tornaria a nossa viagem mais lenta. Pouco me importava, o ônibus acompanhava a costa e eu tinha tudo o que poderia pedir.

Demorou, mas o Rio de Janeiro começou a se materializar. Tudo o que eu poderia pedir se expandiu tão rápido quanto a evaporação de gelo seco embaixo do sol de trinta e cinco graus – como marcavam os relógios de rua naquele dia. Desisto de descrever a cidade antes de tentar, porque não há como, *la* Bettina se emocionou junto comigo. Quando virei na direção dela, algumas poucas lágrimas escorriam dos meus olhos, umedecendo meus lábios e se misturando com a saliva.

Capítulo XV

Uma das poucas extravagâncias que nos permitimos em toda a viagem foi pegar um táxi da rodoviária até o apartamento que *la* Bettina alugara. Ficava na rua Barata Ribeiro, que, descobriria mais tarde, fazia parte de Copacabana. Algo que naquele momento não significava nada para mim, mas, durante meus dias andando pela vizinhança, percebi pelas roupas de quem encontrava na rua que era um bairro onde eu não teria cacife para morar. No nosso caso era tudo enganação, assim que entramos na quitinete o cheiro de umidade vindo de um carpete centenário roubou qualquer primeira impressão positiva que eu pudesse ter. Não era maior que o quarto da casa de *la* Eugenia, disputava parte da metragem quadrada com um box de plástico com rachaduras que formavam algo parecido com teias de aranha. Não havia divisões, e falei rindo para *la* Bettina que era melhor ter cuidado com o que comíamos, já que a outra não seria poupada dos cheiros escatológicos de uma privada sem privacidade alguma.

No canto oposto ao "banheiro" havia uma televisão colorida tão pequena que nos próximos dias nos faria esticar o pescoço na sua direção para distinguir uma imagem da outra. Mesmo percebendo todos os defeitos e aromas estranhos, *la* Bettina disse:

"*Bueno, por lo menos es barato. Igual, boluda, yo tengo planeado estar lo menos posible acá adentro.*"

Largamos tudo no meio do cômodo e, sem abrir nada, usando as roupas da viagem, caminhamos por algumas ruas até encontrar a praia. No caminho, conseguia sentir o cheiro do mar, mesmo sem o conhecer, quase como o ponto norte de uma bússola. Após atravessar a avenida, sem parar um segundo de andar, passei das pedrinhas brancas e pretas para a areia num embalo só. Dali até o mar só não foi uma linha reta porque desviei de sombrinhas, crianças lambuzadas de areia, uma bolinha de frescobol e o carrinho de um vendedor de sorvetes. Sem tirar o calçado, o short ou a camiseta, comecei a sentir a água fresca penetrando nos tecidos a cada passo dado, mais dois centímetros do meu corpo se inundava de mar, e na mesma proporção aumentava a minha alegria. Foi só um passo a mais para que a sola dos meus pés descolasse do chão, flutuava – e o instinto de sobrevivência me acordou: eu não sabia nadar.

La Bettina, com os pés descalços na água, se acabava de rir. Eu estava completamente encharcada e chamando o olhar dos turistas, que julgavam a minha saúde mental. Sem me importar com as alpargatas cheias de areia, caminhei até minha amiga, satisfeita com o meu primeiro encontro com o mar. Naquele dia voltamos ao apartamento para nos trocar – eu carregava um maiô azul um tanto conservador. Regressamos para a praia, de onde só sairíamos quando o último raio de sol se pusesse.

Observando as outras mulheres, me senti completamente inadequada com meu traje de banho. *La* Bettina já tinha me avisado, mas havia um pudor em mim que eu desconhecia, quase como uma célula dormente de conservadorismo *maciaense*, e isso me impedia de mostrar mais partes do meu corpo em biquínis fio-dental. Pensei em *Mamá* e em como ela teria uma síncope instantânea, fulminante, provida de tanta vergonha que deixaria uma das suas pálpebras tremendo involuntariamente com o pulsar do sangue. Estava decidido. Na volta para o apartamento passamos por uma loja e, logo na vitrine, me apaixonei por um modelo amarelo – uma das poucas coisas que comprei durante a viagem. O tecido das alças da calcinha subia pelo quadril até o encontro entre a cadeira e a cintura, e dois triângulos tampavam o essencial. Mesmo no provador, senti o vento entrando pela porta e fazendo carícias em partes do meu corpo que permaneceram sempre cobertas. Sobre a peça de cima, me lembro de que a vendedora chamava o modelo de tomara que caia. Entendi o que ela queria dizer após a tradução de *la* Bettina, disparando uma risada que tinha sua gênese na ideia de escrever o nome do modelo em um postal que começaria com o vocativo: *Mamá*.

Na rua, *la* Bettina começou a cantar:

A todos los vuelvo locos, mamá (con su pollera amarilla)
A todos los vuelvo locos, mamá (con su pollera amarilla)

Naquele fim de tarde de poucas nuvens e tons alaranjados, vestindo um short e o biquíni sem camiseta, ouvi vozes em português que se misturavam com muitas outras falas e idiomas, algumas até em espanhol. Eu, no meio disso tudo, recebi uma olhada seca e ouvi: "*Mira que fuerte que está la brasilera*". Por um instante senti que o Rio de Janeiro era nosso – o tempo todo seria insuficiente.

No início da noite, notamos que precisaríamos fazer uma visita ao mercado. No apartamento havia um fogão elétrico de boca única que exigia uma certa inteligência na escolha de alimentos de preparos simples. Pode parecer bobo, mas na minha cabeça, ao entrar no supermercado, veria os mesmos itens que costumava encontrar na Argentina, resquícios de uma vida interiorana que se aferrava a mim. No entanto, me deparei com um mundo diferente. Depois daquela experiência, sempre falei para meu filho que se ele quisesse conhecer um lugar ou cultura de verdade, a chave estava sempre onde os habitantes abastecem suas barrigas.

O que mais me interessou foi a quantidade de frutas que não existiam em Campana ou Maciá. Não fazia ideia de qual era o gosto de um maracujá, nem sabia pronunciar a palavra direito. Penso que foi ali que comecei a aprender pílulas de português. Me confundia com as etiquetas, mas começava a criar paralelos: *lechuga* era alface e *albahaca* era manjericão. Agora, para mamão e manga, não havia semelhantes, por isso comprei uma de cada e foi só misturar a minha saliva com suas polpas doces para perceber quão pequeno era o meu domínio e como isso poderia ser motivo de deleite.

Esgotadas da viagem, passamos a primeira noite tranquilas. Eu grudara na televisão, em um canal que passava desenhos animados, e *la* Bettina esquentava feijão direto na lata. Segundo ela, era um prato típico do Brasil. Na tela, *el Correcaminos* zanzava na velocidade da luz e até o "bip bip" soava diferente. Em Campana costumávamos assistir àquele desenho *con el* Orlando. Foi assistindo a esse tipo de programa, e perguntando muito, que passei a entender as primeiras palavras. Sempre que tentava reproduzir alguma pronúncia como a que ouvia na televisão, sentia minha boca deformar, quase como se estivesse fazendo uma careta, como se os músculos da face não conseguissem aceitar os novos movimentos. Fiquei repetindo "Papa-léguas" sem parar até que esvaziei seu sentido.

"*Boluda, prepárate que a partir de mañana damos vuelta la noche y dormimos en la playa, que hay poco tiempo y lo tenemos que aprovechar*", disse *la* Bettina, puxando minha atenção enquanto separava em dois pratos fundos de plástico, arranhados por antigos turistas, meia lata de feijão para cada uma.

Precisei de duas garfadas para perceber que a viscosidade que sentia no paladar, misturada com a sensação de ficar com toda a boca engordurada, não era do meu agrado. Mas tampouco dá para confiar em nada que venha de uma lata.

"*Yo no como esto. Cágate, pero no.*"

Fui até a sacola do supermercado e descasquei outro mamão, descobri mais tarde, e me senti burra, que não era necessário. Uma artilharia de chumbo de escopeta me esperava.

Depois de umas cinco rodadas de chimarrão, nos vestimos para ir até uma casa de câmbio. *La* Bettina pediu que trocasse o dinheiro enquanto ela tentava comprar um cartão para o telefone público, ela queria avisar que chegamos vivas à cidade. Após um cigarro, fui até o caixa, entreguei os dólares e, fazendo mímicas, consegui me comunicar. A atendente falava com um colega ao mesmo tempo em que contava o dinheiro, e percebi que a pilha de cruzeiros crescia de modo desproporcional. Sem questionar, coloquei tudo no bolso, e quando entreguei para *la* Bettina ela disse:

"Te deram três vezes mais do que você entregou."

Tenho certeza de que naquele momento meus olhos sorriam, brilhavam até. Lembrei dos sacos de chantilly que comíamos na padaria con *la* Ofélia sem pagar nada e como sentimos um certo orgulho disso. Mas também lembrei de *Mamá*, e como ela não conseguia conter a sede pela grana quando enchíamos a caixinha de papelão todos os meses. A visão daquele passado em Maciá me amargurou – só de pensar na possibilidade de ter algo parecido com ela me dava tontura, abaixava a pressão.

"Devolvemos?", perguntei.

"*Ni en pedo.*"

"A verdade é que a vida me deve muita coisa…"

"E já está na hora de começar a colheita."

Dividimos os ganhos em partes iguais.

"*Hoy te invito a comer camarones.*"

"*Gracias, pero que son camarones?*"

Passamos o dia inteiro na praia, rodeadas por risadas de crianças correndo e mergulhando, o cheiro de queijo coalho na brasa, os gritos dos vendedores ambulantes, o cheiro de protetor solar... e nossos vizinhos de sombrinha tocavam música brasileira – minhas pernas se mexiam sozinhas seguindo o ritmo que me apaixonou.

"*Boluda*, você está chamando a atenção..."

Não tinha me dado conta, mas comecei a perceber que me tornei a gênesis de muitos torcicolos.

"*A mi déjame de joder. Que pasen de largo. Prefiero el sol.*"

"Vai ser difícil transar com uma estrela..."

"Olha que bonito aquele vestidinho. *Voy a aprovechar la plata.*"

Acenei para o vendedor, que mal se distinguia no meio de todos aqueles tecidos.

"*Cuanto cuesta este?*"

"Oitenta mil cruzeiros."

"*Qué!? Bettina, está loco este chico. Me quiere arrancar la cabeza.*"

"*Sesenta.*" Respondi, fazendo seis com as mãos.

"Setenta."

"*Sesenta.*"

"Não consigo não..."

"*Dice que no puede por esse precio.*" *La* Bettina intervinha na negociação.

Eu insistia nos sessenta, e ele ofereceu sessenta e cinco. Dei meia-volta e ameacei voltar a deitar na toalha.

"Ok, ok, sessenta."

"*Cinquenta y cinco?*"

"Assim você me lasca."

"*Bettina, qué dijo?*"

"*Ni yo lo entendi.*"

"*Así tu me* fuedes." Arriscou o vendedor, levando as mãos para o alto com as palmas juntas em prece.

Sempre soube que pagaria os sessenta, mas pechinchar virou um esporte que eu elevaria ao status de disciplina olímpica nos próximos anos. Não sei por que, eu nunca tentei isso na Argentina, mas descobri que no Brasil tudo na praia se negocia. Eu mesma tirei a inspiração de um dos nossos vizinhos, que comprou uma rede linda por dois terços do preço inicial. Não entendi todo o diálogo – eles falavam bastante rápido, mas intuí o suficiente para saber que queria brincar também.

Ele riu quando voltei com sessenta na mão. Fizemos a troca, e nos dias seguintes sempre que passava na nossa frente a ele levava as mãos ao céu, sorrindo. Desde aquele dia nunca comprei coisa alguma sem fazer, antes, uma contraproposta. Meu filho sabe bem disso, sempre morreu de vergonha das minhas negociações.

Naquela noite voltamos ao apartamento somente para tomar banho. *La* Bettina falou com alguns argentinos na praia e conseguiu o endereço de um bar perto do apartamento com música ao vivo. A orla, cheia de gente, bicicletas e patinadores, tinha um encanto particular à luz da lua. Soube que estávamos perto pelo som dos tambores, percussão que entrava pelos dedos dos meus pés, se conduzia pela coluna vertebral, sarando tudo o que era ruim, e levava as mãos a se juntarem em aplausos rítmicos.

Yo estava en mi salsa.

Sentamos sem a intenção de permanecer assim por muito tempo. Os músicos montavam notas que pareciam convidar o corpo inteiro a dançar, mas que, ao mesmo tempo, apresentavam uma espécie de tristeza melancólica.

"*Bettina, como se llama este ritmo? Qué lindo!*"

"*No tengo la más palida idea.*"

"*Me encanta.*"

"Se chama pagode."

Virei e, *ay, dios mío*, vi um homem que me respondia sorrindo, se o Gastón era um bombom, o cara na minha frente era a caixa de chocolates inteira. Um fondue sem fundo. O bolo interminável da Matilda.

"*Gracias! Hablas español?*"

"Não falo, *pero* entendo tudo."

Olhei para *la* Bettina.

"*Dice que no lo habla, pero que entiende todo.*"

Metade do caminho andado.

"*Que dice la letra de la* música?" Falei cada palavra pausadamente, mexendo os braços, fazendo gestos, que mais pareciam tentativas de bater as asas e decolar do que comunicação de fato.

"É sobre uma vila, *una villa*, de pescadores que *perdiô* tudo *lo* que tinham num temporal, *tormenta, el* água se levou tudo, *no* restou nada. *Al final* tudo *lo* que sobrou é o amor." Para a última palavra ele se deu um autoabraço, atirando selinhos ao ar. "*Yo* sou Rafael. Quero bailar com tu. Queres?"

"*No, no sé como se baila esto.*"

"*Yo te* ensino."

"*Bettina, decile que yo bailo si me compra una cerveza.*"

"*Cerveza? Cerveza si! Cerveza* bom. Remédio. *También* a cana de açúcar. Deixa comigo."

"*Mira vos el hijo de puta...*"

Pediu uma cerveja para a nossa mesa e três copinhos de cachaça, que desceu desentupindo minhas tripas e levando embora a inibição, mas não antes de provocar uma careta pelo efeito daquele tipo de álcool desconhecido.

Começamos segurando as mãos, balançando o corpo como um pêndulo. Mas logo o peito dele chegou perto do meu, sua mão deslizou pelas minhas costas, deixando uma trilha de calor. E, para lhe dar permissão, sorri enquanto minhas mãos acariciavam o caminho até a sua bunda, estreitando ao mínimo o espaço entre um e outro.

La Bettina me disse depois que fui meio atirada. Pode até ser, mas naquele emaranhado entre mim e *el* Rafael havia consentimento, e foi por isso que abaixei a guarda. Não sei quantas músicas dançamos, mas quando voltamos a nos sentar *la* Bettina avisou que iria dar uma volta e deixar o apartamento livre por umas duas horas. Eu, burra, perguntei por quê, e ela, na minha direção, arregalou os olhos apontando com a cabeça para *el* Rafael. Ela sabia que eu nunca tinha transado e, cúmplice, viu que hoje poderia ser uma oportunidade.

La Bettina perguntou a ele em português se nos acompanharia até em casa, já que não conhecíamos bem o caminho de volta – mentira. Na rua, *el* Rafael fez o papel de guia turístico. Morava no Rio desde que nasceu, e o mais longe de casa que já estivera era Niterói. Ouvíamos atentas onde poderíamos encontrar música ao vivo nas próximas noites e o convidamos para sairmos juntos.

Chegamos à rua do apartamento, e *la* Bettina falou que precisava comprar cigarros, que voltaria logo, e me entregou a chave.

"*Entramos?*", perguntei. "*Ella va a demorar un poco...*"

"*Si, si, si, chica.* Se tu querer, si. *Tengo todo el tiempo del mundo para usted.*"

"*Que divino. Dale, vamos.*"

Tem coisas que não podem ser descritas de maneira minuciosa, como os movimentos que se seguiram no colchão encardido, porque, mesmo contando minha vida em detalhes, há algumas poucas coisas que vou guardar apenas para mim. Mas eis o que posso dizer: ele não tinha o abdome sarado nem braços fortes, e havia algumas falhas no topo do seu cabelo, mas aprendeu rapidinho por onde tinha que passar seus lábios para me fazer estremecer. Quase com didatismo, me guiou com o respeito que faltara a todos os homens com os quais cruzei.

Não vi sujeira nenhuma, nem box quebrado ou colchão manchado. Mesmo com a mente ocupada, guardei um pedacinho dela para formular a frase: *ningún argentino tuvo el placer*.

Depois, dormimos. Acordados apenas pelo barulho do interfone. Desci e deixei *la* Bettina entrar. Ela viu no meu sorriso a resposta à pergunta que nem precisou fazer. Carregava uma sacola com pão de forma, café instantâneo e um pote de margarina. À medida que o céu deixava seu tom preto e o trocava pelo azul sem nuvens, os três ríamos das nossas tentativas de ensinar como pronunciar palavras em espanhol para *el* Rafael. Ele devolvia outros desafios linguísticos nos quais falhei sem exceção.

Combinamos que ele nos levaria a um bar muito melhor do que o de ontem.

"*Ustedes preparen las* pernas que *hoy es día* de samba *en el pie*", disse *el* Rafael se despedindo e me dando em seguida um selinho. "*Chica* ermosia... *gracias, muchas, muchas, muchas gracias.*"

Ficamos sozinhas, as duas com sorriso no rosto. *La* Bettina não dormiu nada, e o meu sono era fugaz, mas o tempo também era findável, por isso dormimos na areia.

Se me perguntarem qual é o cheiro da praia, minha resposta imediata seria: protetor solar. Mas naquela manhã senti um aroma que nunca conseguiria dissociar daquele local, aos meus cinquenta e tantos, se fecho os olhos, é essa a fragrância que me invade. Um cheiro do qual nunca aprendi a gostar, mas que despertava curiosidade.

"*Boluda*, o que são aquelas bolinhas que o cara carrega? Sempre que para por aqui vem esse cheiro forte."

"Espera", *la* Bettina chamou o vendedor.

"Cinco por três mil, moça, dez por cinco mil."

"*Que son?*" Perguntei.

"*Bolitas* de cheiro bom."

Não sei se concordava, mas era um garoto de uns dezesseis anos, magrelo como *el* Orlando quando chegou a Campana, e não me segurei, usei o dinheiro que viera do céu capitalista e comprei vinte bolinhas na tentativa de partilhar a dádiva.

"*Vende mucho?*"

"*Mucho, mucho*, não... dependendo o dia enche a barriga", disse, enquanto esfregava o estômago. Não precisei de *la* Bettina para entender.

Pedi mais dez bolinhas, pensando que o dinheiro ganho precisava ser compartilhado, principalmente com alguém que já sentiu fome como eu.

O garoto, que se chamava João, sentou e compartilhou um pouco da sombra do nosso guarda-sol. Eu entendia metade das falas, e *la* Bettina, a outra. João perguntou se estávamos gostando da comida brasileira. Falei da experiência do feijão em lata, e ele balançou a cabeça de um lado para o outro, achando tudo muito engraçado.

"Hoje vocês vão comer arroz com feijão de verdade. Essas latas são para turista mesmo."

"*Boluda, nos está invitando a comer a la casa de él.*"

"*Por qué no?*"

Não ficava perto. Ele disse que seriam quarenta minutos de ônibus, era no morro Santa Marta, onde morava. O lógico seria não ir atrás de um desconhecido, mas há uma aura ao redor das pessoas desfavorecidas que nos une como ímãs, ganhando massa crítica e aglomerando todos esses pequenos magnetos em algo maior do que a soma das suas partes. *La* Bettina demorou mais um pouco para ganhar confiança.

"*Esto es justo lo que mi mamá me hizo prometer que no haría.*"

Ela não tinha campo magnético nenhum.

"*Déjate de joder, vamos*", e o tempo passou muito rápido com todas as paisagens que nos acompanharam.

"Agora precisamos subir escadas, *chicas*. Preparem as pernas."

A subida era bastante estreita e movimentada, duas pessoas carregavam um colchão e uma senhora descansava antes de continuar o caminho com as sacolas de feira. Percebi cada vez mais casas de tijolos laranja com o cimento exposto, uma ou outra era feita apenas de placas de madeira como as que usávamos para cobrir as janelas nos primeiros meses em Maciá. Lembro de desejar que neste país fosse sempre verão, já que o frio não teria problema nenhum em se infiltrar. João encabeçava a ascensão, eu estava no meio e esquecera de ver como *la* Bettina andava atrás de mim.

A palavra "pálida" não conseguiria descrever sua situação. Trocamos olhares e senti que ela estava muito perto de um ataque de pânico.

"*Bettina, confia en mi instinto que nunca me falló.*"

Saímos da escada principal para uma viela de chão de terra umedecida pelo que pareciam ser pequenas vertentes de esgoto. *El* João puxou a chave para abrir a porta e deu um grito:

"Mãe! Tem duas gringas aqui para comer com a gente."

O cheiro de alho torrado indicava o caminho para a cozinha, uma das panelas tampadas soltava vapor, fazendo um barulho alto – eu nunca vira algo do tipo. Nada ali tinha o cheiro esquisito do feijão em lata, e a limpeza que faltava no apartamento que alugamos sobrava no lar que se abria à nossa frente. *La* Bettina estava mais tranquila agora. A mãe do João nos convidou a nos sentar, perguntou de onde éramos, se o Rio tinha nos recebido bem, e disse que naquela casa sempre havia comida para todos, se não tivesse, tudo se dividiria em porções menores. Ela ria quase como o vibrato de um trompete um tanto entupido e fora da data de validade.

"João, mostra pra elas lá fora. Esse pessoal de fora adora uma vista."

Ele abriu uma porta de lata que dava para uma laje pequena com uma vista incrível da cidade, somente naquele momento percebi o quanto subíramos. O cristo redentor me importava pouco, me recusei a fazer essa visita assim que *la* Bettina teve a ideia. O que ficava evidente eram as diferenças entre quem habitava ao nível do mar e quem estava no alto, mais perto do céu.

Lá embaixo via prédios com piscinas privadas, cercados por muros com cacos de vidro quebrados e cimentados no topo da muralha, para desencorajar qualquer tentativa de entrada. João nos contou que quem trabalhava naqueles prédios – os porteiros, o pessoal da limpeza e até da manutenção das piscinas – eram pessoas que moravam na favela. Quando ele usou essa última palavra – favela – lembrei das sessões de terror que *la* Eugenia usara para me desencorajar a fazer a viagem. Era essa a palavra que ela repetia quando falava de perigo. Mas o que observava nas casas das encostas era o mais real que já vira naquela cidade. João e sua mãe eram reais. O garoto soltando pipa era real. A mulher pendurando a roupa num arame também era real.

Mas é lógico que também estava tomada pela lente do turista, de quem não viveu um minuto lá, que tira algumas fotos da paisagem daquela laje e fala sobre a visita como um ato de coragem. Se bem que não reproduzi a última parte, eu estava revestida pela ingenuidade do início da vida adulta. Agora, com algumas décadas a mais no corpo, entendo que tudo era muito mais complexo. Sempre guardei aquela visita comigo, decidida a nunca acreditar naqueles que falam do ponto de vista do medo.

Dei graças à vida por não me fazer desistir do feijão naquela primeira noite e dei toda a minha atenção quando a dona da casa explicou a receita. Eu me despedi dela com a melancolia adiantada de quem sabe que as chances de voltarmos a nos ver eram pequenas. João queria aproveitar a tarde para ver se vendia algo e guiou o nosso caminho de volta. Combinamos de nos ver na praia no dia seguinte, mas ele não apareceu.

Naquela mesma noite, *el* Rafael fez o interfone gritar no horário combinado. Estávamos prontas, e os três caminhamos até a orla, era o caminho mais longo, mas quem reclamaria de uma lua espelhada nas águas calmas? Não sei se era possível, mas o espanhol *del* Rafael parecia ter melhorado de ontem para hoje. Isso, ou meu ouvido começava a se acostumar com a mistura que ele chamava de portunhol. O bar tinha como tema o fundo do oceano, estrelas de mar grudadas nas paredes, redes de pesca penduradas no teto, um aquário gigante de peixinhos coloridos, e o chão era revestido com a textura da areia. Meu primeiro pensamento foi: imagina o trabalho que deve dar para limpar tudo isso...

Sentamo-nos em uma mesa pertinho das caixas de som e microfones.

"*Te sigo debiendo los camarones. Espera...*", *la* Bettina chamou a garçonete. "Uma porção de camarão à milanesa, por favor."

"*Voy les* apresentar *una* inimiga *de la tristeza y timidez. Una aliada del* oba oba: *la* caipirinha."

Hoje, *el* Rafael parecia um pavão mostrando seu leque de penas coloridas. Estava tentando me impressionar, virando, sob meu olhar, um homem como qualquer outro. À minha frente, se demonstrava alguém que tentava demais – chegava a ser triste. Mas eu estava de férias, e saber que não o veria nunca mais me levava a dar um desconto.

"*Bettina, esto camarones son un manjar. Y la tal de caipiriña es un peligro.*"

"*Como decís siempre, hay una vida mejor, solo es más cara.*"

Não era exatamente esse significado que eu dava à frase, mas *la* Bettina a adaptou para a sua realidade.

Os músicos começaram a se posicionar e dois deles vieram até a mesa, *el* Rafael os conhecia e nos apresentou. O pavão voltava a aparecer. Ele os convidou para tomar uma cerveja no fim do show.

A música animada tomou conta do salão. Muitos repetiam as letras e outros tantos descoordenados usavam a superfície das mesas como tambores – alguns com mais sucesso do que outros. *El* Rafael estava nesse último grupo dos descoordenados.

Quando terminamos de comer, ele me puxou para dançar no intervalo entre uma música e outra. Até aquele momento a banda tocava canções muito movimentadas, mas na retomada o ritmo ficou mais lento, meloso, a boca do cantor muito perto do microfone para captar o som enquanto sussurrava a letra, o que nos levou a dançar colados, emanando calor.

A voz derramava uma tristeza digna de poeta. *El* Rafael disse, com certa dificuldade de encontrar as palavras, que o nome do compositor era Baden Powell, mas que Vinicius de Moraes a levou ao estrelato – nunca ouvira aqueles nomes, mas os revisitaria alguns anos após aquela noite, disparando lembranças dos meus dias no Rio, do barulho das ondas e de como o *resplandor* do sol no mar me lembrava pontinhos de purpurina prateada.

El Rafael, lembrando da noite anterior, e porque lhe pareceu uma boa desculpa para chegar ainda mais pertinho de mim, sussurrou uma tentativa de tradução da letra no meu ouvido:

"*Es mejor ser alegre que ser triste, la alegria es la mejor cosa que existe. Es asi como la luz del corazón...*"

"*Qué bonito, estoy totalmente de acuerdo*", respondi.

"Bonito, eu?"

"*Y creído...*"

"Quê?!"

"*Nada, nada. Una música más y listo, ok? La caipiriña está haciendo efecto.*"

Depois da dança, passei o restante da noite focada em tentar transparecer um tanto de indiferença *con el* Rafael. Ele estava chegando perto demais, e homem grudento sempre me causou alergia. Era uma questão de tempo até ele me lambuzar no seu caramelo – tão viscoso como o petróleo –, dificultando a abertura das minhas asas. Mas havia vantagens de sair com alguém local. Quando a banda finalizou a última música, *el* Alfredo, que tocava o pandeiro, e *el* Arthur, responsável pelos sons lindos da flauta, sentaram na nossa mesa para tomar uma cerveja como prometido. Há muito tempo não me sentia tão feliz.

Os três se ofereceram a nos acompanhar até o apartamento, e foi a melhor escolha dizer sim, porque da porta do bar até a Barata Ribeiro, *el* Alfredo não parou de tocar, acordando os vizinhos, que nos xingavam das janelas dos prédios – uma aula sobre como insultar em português. Meu preferido: vai se foder! Reflexivo... Nada nos deteve.

Na porta do apartamento os músicos se despediram, levando o som com eles. *La* Bettina disse que precisava subir, e eu fiz um gesto indicando que ela não deveria sair do lugar.

"Margarida, posso subir *con usted*?"

"*No, hoy no, yo voy a subir solita.*"

No dia seguinte me lembrei da realidade quando me dei conta de que prometera a *la* Eugenia alguma ligação durante a viagem. Doía ter uma tarefa dessas nas férias, mas eu queria ter um emprego na minha volta. Além de tudo, *el* Orlando estava morando na casa dela, a cordialidade me parecia imprescindível nesse caso. Só assim teria notícias dele. No colchão, *la* Bettina dormia, roncava até. Decidi tentar superar o meu medo de andar sozinha pelo bairro e buscar um telefone público. Carregava todas as moedas que encontrei, sem saber direito se eram cruzeiros, dólares ou pesos uruguaios, mas no primeiro orelhão percebi que não havia lugar para colocar o troco. Primeiro sinal.

Observei que outras pessoas usavam fichas e comecei a jogar imagem e ação nas lojas, perguntando onde poderia comprar uma. A mímica até que dava certo, mas ouvi uma e outra vez: "Tá em falta". Segundo sinal.

Minha procura me deixava cada vez mais longe do apartamento, até que me dei conta de que não sabia voltar. Eu me perdi tentando me conectar com Campana. Terceiro sinal.

A cidade estava envolvida em me afastar de tudo o que era relacionado com a Argentina. Eu sabia que *el* Orlando se viraria sozinho e *la* Eugenia teria que esperar. Imagino que *la* Pocha já tivesse contado as novidades no horário que reservava todo sábado no salão, isso teria que ser suficiente.

Para encontrar o caminho de volta, falei com um casal que me pareceu receptivo. Estavam entrando no carro quando perguntei qual caminho era melhor para chegar à rua do apartamento. Tentaram me ajudar, e juro que me esforcei, mas eu não entendia absolutamente nada. Falavam muito rápido, e com uma entonação diferente da *del* Rafael. Os três ríamos pela nossa incapacidade de nos comunicar, e eles fizeram sinais indicando que eu entrasse no carro. Inconsciente, entrei. Poderia ter dito não, deveria ter dito não, mas confiei. Eu não faria a mesma coisa se estivesse em Buenos Aires. Mas há pessoas que são apenas boas, e eles me deixaram na porta do apartamento.

Quando contei o que aconteceu a *la* Bettina, ela disse que eu estava maluca. Pode até ser. Mas também pode ser *la Chula*. A minha sensação era que o Brasil já me tratava melhor do que Maciá e Campana somados. Era quase um convite – para quê? Ainda não fazia ideia. Mas a sensação continuaria durante toda a nossa viagem.

Quiçá seja por tudo isso que os dias que nos restavam no Rio se passaram tão rápido. Decidimos deixar *el* Rafael de escanteio, sair sozinhas e aproveitar a praia. *La* Bettina quis me arrastar para ver o Cristo Redentor, mas eu já conseguia ver ele ao longe desde a praia e isso era suficiente. Para mim, era algo muito esquisito habitar uma cidade sob o olhar constante do suposto filho de deus. Me divertia pensar que perdi minha virgindade sob a vigilância atenta de Jesus.

No último dia, à tarde, fomos até a rodoviária para partir em direção a Florianópolis. Juntamos o que restara do dinheiro da casa de câmbio e compramos duas passagens. Esse trecho da estrada me encontrou melancólica, questionando se veria algum lugar tão bonito como o Rio.

Fizemos a maior parte da viagem de noite, o mar, tão lindo de dia, era agora engolido pela escuridão das estradas mal iluminadas. Procurei a mochila para pegar o chimarrão e, assim que abri o zíper, o cheiro das bolinhas de sândalo inundaram a cabine. A fragrância, que não me agradara nem um pouco na praia, trazia naquele momento a memória de João e sua mãe. Lembrança que me fez repensar minha percepção do perfume. Também havia um pouco de angústia. Não sabia se voltaria ao Rio, nem sequer ao Brasil. Quantos anos mais teriam que se passar para ter direito a outras férias?

Contava quantos dias faltavam para nossa volta a Campana na tentativa de entupir a ampulheta de tudo o que é finito, trancando a areia branca no lado de cima, suspendendo o tempo. Até *del* Rafael já começava a sentir saudades – mas no caso dele isso se diluiu com mais algumas horas de estrada. Terminei quase uma garrafa inteira de água quente despejada na erva-mate e deitei a cabeça na cortina da janela. Quando acordei, por causa dos raios de sol que esquentavam meu rosto, vi que atravessávamos uma ponte em que uma placa anunciava: "Florianópolis, Ilha da Magia" – e por falta de um termo melhor, pegando apenas o significado, sem conotações religiosas, pensei: "amém".

Capítulo XVI

À diferença do Rio, Florianópolis, mesmo sendo capital do seu estado, me dava a impressão de cidade pequena. A maior parte da ilha era tomada por morros em que não se via nenhuma casa, e o único conjunto de prédios grande ficava no centro, onde alugamos um apartamento. Este, pelo menos, tinha a limpeza em dia, um fogão de verdade e uma privada, digamos, privada.

Abasteci a geladeira da quitinete com todas as frutas que não conhecia e queria provar. Comprei também um saco de feijão e outro de arroz – estava determinada a reproduzir tudo como a mãe do João tinha me ensinado. Eu queria levar um pouco do Brasil comigo na nossa volta. É evidente que não ficou igual, mas foi uma tentativa bastante afortunada, e como precisávamos economizar, já que os últimos dias no Rio levaram boa parte da grana que tínhamos, acabamos por comer feijão no almoço, na janta e de sobremesa.

"*Tenemos que ser inteligentes*", disse *la* Bettina. "*Me contaron que hay un bar al que van todos los argentinos, gente de Campana, seguro conseguimos que nos compren unas cervezas.*"

"Eu não vim até o Brasil para me misturar com gente daquela cidade. Prefiro sair para caminhar, é de graça."

Nós nos dividimos na entrada do prédio: *la* Bettina saiu para a esquerda, em direção à música que se ouvia ao longe, e eu para a direita. Fiz isso com frio na barriga, óbvio, mas deixei o cagaço de lado e segui na direção de uma rua iluminada com pequenas lamparinas penduradas de um lado da calçada ao outro – resquícios de um novo ano que, para mim, se apresentava estupendo. Durante a caminhada não cruzei com muita gente, apenas um bar estava aberto e quase vazio. Aliás, o centro que escolhi conhecer estava deserto e com todas as lojas fechadas, mas consegui sentir que, de dia, aquele lugar virava uma colmeia cheia de abelhas trabalhadoras.

Segui e encontrei uma praça lotada de árvores. Era difícil acreditar que o sol conseguia se filtrar por todas aquelas folhas durante o dia. Parecia um manto só, sem remendos. O arrulhar dos pombos insones indicava que mais de um transeunte não sairia ileso ao ataque aéreo. Feixes de luz verde partiam do chão, tingindo o tronco de uma figueira que uma única pessoa não conseguiria abraçar. Em algumas partes, barras de ferro funcionavam como apoio para galhos cansados de desafiar a gravidade.

Uma placa comemorativa indicava que a figueira nascera em 1871 e fora transplantada àquela praça vinte anos depois, ainda em sua juventude, quando, imagino, suas raízes eram rasas o suficiente para aceitar a mudança. No novo local, se espalhou pelo chão, levantando o empedrado branco e preto da praça muito além do limite da sua copa, gerando uma ou outra corcunda no piso que, por isso, era completamente desregular.

Dei mais de uma volta completa ao redor do tronco e fui tomada pela necessidade de manter aquele lugar como um segredo. Ergueria uma dezena de tapumes se fosse necessário, compraria um martelo, construiria uma daquelas tendas brancas gigantes e proibiria a utilização do espaço aéreo no raio de cinco quilômetros. Tudo isso porque aquela árvore, aquela figueira na minha frente, aquela árvore insistente... *aquel* árbol *era yo* e, de certa maneira, eu queria proteger sua teimosia, porque sua impiedosa forma de rasgar o chão me enchia de orgulho e pena.

Mas, diante da missão impossível de cobrir seus galhos e folhas por completo, compreendi que teria que deixar a figueira ser quem ela era. Bem nesse momento, senti um míssil de bosta escorrendo entre o espaço dos meus olhos e o nariz. *Hija de puta*. A árvore era o lar de muitas criaturas, e nem todas elas tinham a intenção de compartilhar o espaço comigo.

A volta foi tranquila, cruzei com poucas pessoas, e o dono do bar pelo qual passei antes agora fechava o portão barulhento, deixando alguns poucos bêbados órfãos com suas latas de cervejas quentes nas mãos.

Chegando ao apartamento, busquei um mamão na geladeira, liguei a televisão e acendi um cigarro, seguido de outro e seguido de outro. Quando escovei os dentes, vi, no espelho do banheiro, o rímel nos meus olhos completamente borrado.

La Bettina me acordou, senti o cheiro de café e ela me contou que encontrou com dois caras da nossa idade que vieram de Buenos Aires. Eles alugaram motos e nos chamaram para visitar a ilha de ponta a ponta. Se bem eu queria fugir de tudo o que vinha da Argentina, o convite era atrativo – algo como "*la Chula* Easy Rider".

Eles nos aguardavam em frente à porta do prédio, usando jaquetas de couro que virariam saunas sob o sol. Era até um pouco ridículo, como se tivessem procurado em uma revista a foto de um motoqueiro para copiar as vestimentas. Nunca fui do tipo que se impressiona com imitadores, mas rir resultaria em perder a carona, e isso seria uma pena. *La* Bettina nos apresentou, e quando os ouvi falar, com o forte sotaque da cidade de Buenos Aires, tive vontade de sair correndo até a minha árvore.

Capacete era coisa de fracotes naquela época, e eu só conseguia pensar como o cara que me levava terminaria o dia portando aquela careca toda. Partimos em direção ao norte da ilha, que segundo... segundo... não me lembro nem do nome do coitado, era o lugar preferido dos argentinos em Floripa. Foi fácil descobrir porque as praias de Jurerê e Canasvieiras, ambas de águas serenas, levavam à taquicardia qualquer coração. Já a Praia dos Ingleses era o oposto, as ondas grandes estavam lotadas de surfistas que pareciam pontinhos coloridos no horizonte.

Poderia até ser uma ilha, mas as distâncias entre um lugar e outro tomaram boa parte do nosso passeio. Eu pouco me importava e, navegando pelas ruas e avenidas rodeadas por montanhas, sentia como se a moto decolasse por alguns instantes. Lembrei de onde conhecia essa sensação que jurava já ter experimentado, talvez não com a mesma aceleração, mas me lembrei de *la* Ofélia, e me lembrei de Maciá, e me lembrei da bicicleta: a nossa moto. Nunca contei a ninguém, mas naquele trecho do nosso percurso deixei cair algumas lágrimas, que pularam direto dos lacrimais para o vórtex de vento que gerávamos, o ar se encarregava de impedir o acúmulo da tristeza, apagando cada gota como se evapora um pingo de água em uma frigideira quente.

Por ruas de terra, entramos em Santo Antônio de Lisboa, naquela época uma vila de pescadores com alguns restaurantes espalhados de frente ao mar. A água calma, como nas represas no campo da minha infância, estava lotada de barquinhos coloridos. Os meninos nos convidaram para comer ostras gratinadas, prato típico daquele bairro. Explicaram que, pela natureza das águas, aquela região da ilha era ideal para criar ostras e mariscos. Eu não sabia o que eram essas coisas, mas foi só provar uma vez para saber que queria comer uma panela inteira. Daquelas gigantes que usam mais de uma boca do fogão.

"*Boluda*, eles perguntaram se queremos conhecer o sul da ilha, não gostam muito porque é mais descampado, não tem muita coisa, é meio rural."

Ouvir *la* Bettina usar a palavra "rural" daquela forma me irritou. Séria, respondi:

"Yo quiero conocer todo."

Nos dias seguintes, soube que de ponta a ponta a ilha tem cinquenta e quatro quilômetros, e eu não conseguia entender como em um espaço tão pequeno cabia o paraíso. Consegui observar a mudança de paisagem, as casas que tomavam as praias do norte da ilha, de alvenaria, não se viam à medida que adentrávamos o sul. No lugar, havia casas de madeira no meio de mantas de capim verde-flúor, a maioria com uma ou duas vacas ou bois pastando e galinheiros feitos com tábuas e arames.

Queria parar, queria descer, queria abrir o portão de lata e madeira, queria bater as mãos para ver se tinha alguém em casa, queria entrar, queria sentar, queria compartilhar algo para comer, queria... mas o piloto deu uma empinada, como pinto curto que era, e eu mal consegui me segurar nas suas costas. A única coisa que me incomodava da ilha era ele.

Uma placa indicava que estávamos na região do morro das pedras. O caminho passou a ser sinuoso, e nas curvas, nossos joelhos chegavam muito perto do chão. O ar quente em alta velocidade, como o do secador de cabelo, dourava, ou cozinhava, a pele do meu rosto. Mas com a natureza me rodeando, mal consegui pensar em qualquer outra coisa, era como se as árvores estivessem nos engolindo, até os cheiros pairando eram diferentes de qualquer outra parte da cidade – úmido, terroso e ainda mais salgado.

O caminho desembocava em uma ruazinha com uma faixa pendurada: bem-vindos ao Pântano do Sul. Havia bastante gente andando de sunga e biquíni, poucos carros, com placa argentina menos ainda, e ao longe comecei a ver o mais belo mar de toda a ilha. Sem ondas, mas, ao mesmo tempo, furioso. No horizonte marítimo, duas pequenas ilhas que só poderiam estar desabitadas me intrigavam. A areia era um pouco mais grossa do que nas outras praias, como se Pântano fosse menos refinado, mais durão.

Tudo isso somado me deixou com a impressão de que tinha encontrado meu lugar na terra.

Deixamos as motos, e eu e *la* Bettina olhamos para o todo sem conseguir formar qualquer avaliação. Em uma escala de zero a cinco estrelas, aquela praia ganhava algumas luas. A costa era imensa, uma quantidade de quilômetros que não conseguia calcular terminava em uma cordilheira que portava uma quantidade imensa de verdes, dando a ilusão de que tudo era a copa de uma árvore só. Fiz a proposta de seguirmos o encontro do mar com a areia até onde começavam aqueles morros distantes. *La* Bettina concordou e nossos acompanhantes – seguia sem saber seus nomes – disseram que ficariam em um barzinho no início da praia. Xô, encostos!

A maioria dos banhistas se concentrava em uma parte pequena da areia, ficando cada vez menores com o nosso andar. À medida que avançamos víamos cada vez menos pessoas à nossa frente, onde falta o humano a natureza se desenvolve. Comecei a ver bichinhos quase transparentes correndo de um lado a outro. Eu me assustei quando um passou correndo pelo meu pé. Eram siris, e quando nos viam, faziam buraquinhos na areia para se esconder. No ar, urubus esperavam a oportunidade de descer para comer, e alguns se espreguiçavam estendendo suas asas gigantes. Acredito que naquele dia soube pela primeira vez o significado da palavra "paz" – tão estranha até aquele momento da minha vida. Sentia, da ponta dos cabelos até os dedões dos meus pés, um relaxamento sem precedente. A única vontade que tinha era a de permanecer naquele instante.

De volta ao apartamento, nos despedimos dos pilotos, defraudados pela falta do convite para entrar. Falei para *la* Bettina que me acompanhasse até a minha árvore, queria ver como era de dia, e queria compartilhar com ela aquele lugar tão importante para mim.

De entrada tudo estava diferente. As ruas, vazias naquela noite, agora estavam lotadas, era difícil caminhar sem esbarrar em alguém, gritos de "Câmbio Dólar!" tomavam conta das esquinas e brinquedos de corda davam mortais no ar enquanto faziam barulhos irritantes – odiei, principalmente, um pintinho amarelo.

A praça também estava cheia de gente, todos indo para algum lugar, apenas alguns turistas se detinham para tirar fotos com a figueira.

"*Boluda*, não sabia que era esta a árvore. Não sei se você sabe, mas tem uma superstição... Meus pais que me contaram, eles fazem sempre que vêm aqui. Se você quiser voltar a Florianópolis, tem que dar uma volta no sentido horário, se você quer um namorado, duas voltas. Se quiser se casar, três."

Com as instruções, comecei a caminhar dando exatamente um giro em torno do tronco. Eu queria voltar, não dei a segunda volta e muito menos a terceira, preferia voltar sozinha. *Dios me livre y me guarde.*

La Bettina falou que precisávamos aproveitar os últimos dias, perguntou a qual praia eu queria voltar, e comecei a sentir náuseas. Precisei até me sentar em um dos bancos cagados da praça. Foi aí que formulei todos os meus sentimentos em uma fala só:

"Bettina, eu dei a volta na árvore... mas eu não quero voltar. Não quero, não."

"Você não gostou daqui?"

"Não, nada disso. Eu não quero voltar porque o que quero, de verdade, é ficar. *Yo me quiero quedar acá.*"

La Bettina viu meu desespero crescendo e disse que ela faria tudo para me ajudar. Avisou que tínhamos pouco tempo, mas que ia dar tudo certo. Em uma das bancas do centro, comprou o jornal local, *Diário Catarinense*, para ver os classificados.

"Eu quero ficar."

Havia uma única maneira de me manter em Florianópolis – arrumando um emprego. Sem isso, voltaria com o rabo entre as pernas para Campana e ao cotidiano de *la* Eugenia. *La* Bettina me ensinara que *peluquera* em português era cabeleireira, palavra que mal conseguia repetir sem enrolar a língua. Na primeira passagem, encontramos dois ou três anúncios com as palavras "salão de beleza", mas somente encontramos vagas para manicure, e eu não tinha o menor talento nesse campo. Também havia um para recepcionista, que sem saber português ficaria difícil de conseguir. Já para trabalhar com cabelo precisaria dominar um léxico específico e aprender o resto com o tempo.

"Eu quero ficar."

Em uma segunda leitura dos classificados, já um tanto desanimada, comecei a planejar sair caminhando pelo centro em busca dos salões abertos. Queria vasculhar cada rua, para convencer a quem fosse que me contratar seria uma vantagem.

"Eu quero ficar."

"*Boluda, vos tienes el culo más grande del mundo. Sos más suertuda que la mierda.*"

Na penúltima página, um anúncio pequeno tinha as palavras que me deixaram mais feliz em toda a minha estadia: "Precisa-se de cabeleireira para trabalhar no centro de convivência da UFSC", seguido de um número de telefone. *La* Bettina fez a ligação de um orelhão, lutando contra o barulho da rua. Ela se passou por mim e anotou direitinho como chegar ao salão.

"É na universidade daqui, fica dentro do campus. Elas falaram que não é muito longe. Que tem que ir de ônibus."

Pegamos tudo o que precisávamos do apartamento e caminhamos até o terminal local.

Cada um dos vinte minutos de viagem pareceu feito de chiclete, esticando de maneira grudenta e aumentando meu nervosismo. *La* Bettina pediu ao cobrador que nos avisasse quando chegássemos à universidade, e um tempo depois, com um gesto afirmativo, ele indicou que era o nosso destino.

Percebi que o prédio do centro de convivência era o epicentro dos encontros entre estudantes e serviços. Antes de entrar, olhei os morros ao nosso redor, centenas de árvores e palmeiras, o verde tomando conta do lugar. Um riacho cortava o campus em duas partes, e algumas pontes foram erguidas para levar os alunos de um canto a outro. Do lado de fora, um grupo se sentava com as costas nas paredes de mosaico em rodas de conversa. O movimento era fraco, mas me lembrei de que estávamos no meio das férias. Dentro, havia uma agência de correios, uma bancária, o restaurante universitário e, na quina, o Salão Primavera.

Duas cabeleireiras brigavam por espaço, batendo os cotovelos umas nas outras. O cheiro de tinta tomava o ambiente, e eu conseguia sentir também umas pitadas de pó descolorante pairando no ar. Estava em casa. Nem se passaram cinco minutos e eu quase arranquei a escova da mão de uma delas que, com o puxa-puxa, causava, de modo evidente, dor profunda no couro cabeludo da cliente.

"Corte e escova?", perguntou uma moça de cabelo encaracolado.

"*Qué dice, Bettina? Escoba de piso?*"

"*No, Boluda, escova es lo que llamamos* brushing."

"*Boluda! Boludo! Pelotudo!*", gritou a mesma moça em uma escala crescente de volume. Só poderia ser resultado de um derrame. Mas se desatou a rir, e eu ri junto.

"Sou Bettina e ela é Margarita, ela vem por causa do anúncio *en el... como se dice?... en el...* jornal?"

"Claro, assim que a dona do salão tiver um tempinho, fazemos o teste. Sou Joana. Margarita, primavera, margarita, primavera... pode funcionar." Sorriu.

Um teste? Confiava no meu trabalho, mas mesmo assim estava como vestibulando de primeira tentativa. Aquela seria a minha prova de entrada para a universidade ou a prova de saída do Brasil. *La* Bettina e *la* Joana trocaram mais algumas palavras, mas eu estava nervosa demais para acompanhar.

Uma moça se apresentou como *la* Marli. Ela era a proprietária. Estendi a mão e ela veio na minha direção, me dando um beijo em cada bochecha.

"Você não fala português?", perguntou. "Como você vai se comunicar com as clientes?"

Olhei para o lado em que estava *la* Bettina. Mas *la* Joana pulou da mesa de recepção e disse:

"Eu traduzo tudo até ela aprender."

"Jô, cuidado! Não se apaixona como da última vez. Margarita, primeiro quero ver seu trabalho."

"*Qué quiere que haga?*", perguntei.

"*Un* brushing.", disse a dona do salão.

"Segura um pouco", disse Marli.

Antes que eu pudesse começar, ela pegou um pente da bancada e bagunçou o cabelo inteiro; chegou a dar nós. Quase da mesma forma em que os cabelos de *la* Sofía Hernandez acordavam. Sabia o que fazer. Empunhei o secador, e em quinze minutos o cabelo estava desembaraçado e com ondas que pareciam naturais, tal como aprendi a fazer nas tendas dos concursos de beleza.

"Marli, quero marcar com a gringa para a próxima vez", disse uma moça que pintava o cabelo na cadeira ao lado.

La Bettina só sorria e fez o gesto que indicava que estava tudo bem e que faria a tradução depois.

"A cliente quer marcar com ela logo no primeiro cabelo. Acho que não tem erro. Consegue começar amanhã?"

La Bettina fez a ponte linguística.

"*Preguntale quanto pagan por mes.*"

"*Dice que es por comisión. Sesenta-cuarenta por ciento.*"

"*Me quedo con el 40 por ciento?*"

"*No, con el 60.*"

"*Decile si no quiere que empiece ahora!*"

Na volta, estávamos tão felizes que pegamos o ônibus errado para o centro e acabamos atravessando a ponte para o continente. Entrei em pânico com a possibilidade de a cidade estar me expulsando, mas o cobrador nos explicou como voltar. O erro valeu a pena: ver novamente o metal preto e antigo da ponte Hercílio Luz iluminada, naquele início de noite, me lembrou das lamparinas que pendurávamos na árvore lá do campo, lá do início, quando preparava os salames com tripas fedorentas e recitávamos versos acompanhados do violão. Percebi que desde que comecei a viagem não gastei um segundo pensando em *Mamá*; o que ela acharia de tudo isso?

La Bettina me puxou do passado com uma pergunta importante que ainda não tinha me feito:

"Onde você vai morar?"

"Podemos pedir mais alguns dias no apartamento?"

"Sim, mas é bem caro para alugar por dia. Nem eu nem você temos dinheiro para isso. Você precisa alugar um quarto. É mais barato. Pensei em ligar para a mulher que alugou o apartamento."

"Sim", respondi, acompanhada de um lapso temporal difícil de estabelecer, um vendaval de pensamentos me engoliu inteira.

Preciso ligar para *el* Orlando, mas o que falaria para ele? O que faria com ele? Ele era responsabilidade minha. *Casi no tengo ropa para trabajar.* Minhas tesouras estão todas *con la* Eugenia. *Hace frio en el invierno acá*? Eu tinha três ou quatro trocas de roupa. *Todo el resto de las cosas está en Campana.* Tenho o dinheiro da passagem de volta e só. *Lo que tengo es muy poco.* Eu sabia que ganharia o sessenta porcento, mas o sessenta de qual valor total? Aliás, como eu só pensei nisso agora? *Mi visa es por noventa días.* Dei um passo duas vezes maior que a minha perna, e os tendões já estavam reclamando. *Soy la gata flora, si se la ponen grita, si se la sacan llora.* Tinha poucas certezas, uma era a seguinte: haveria infinitos mamões e mangas no meu futuro.

Dois cartões telefônicos, com a maioria dos circuitos queimados, foram o suficiente para tornar mais sólido algo que fora construído em cima daqueles cilindros que os equilibristas usam no circo para nos impressionar, empilhando dificuldade a cada um adicionado.

Eu estava longe de ser uma acrobata, malabarista quiçá, mas respirei quando *la* Bettina fez um sinal positivo com os polegares.

A dona do apartamento em que estávamos não tinha nenhum quarto para alugar, mas indicou outra pessoa, que indicou outro fulano, até que conseguimos chegar a *la* Elisa, *la santa Elisa*. Ela tinha um quarto disponível em seu apartamento, ficava no centro da cidade, não muito longe de onde estávamos, e nos convidou para visitar o aposento.

Assim que *la* Bettina desligou, entramos em uma lanchonete para perguntar como chegar até o endereço e saímos de lá direto até a grade preta da entrada do prédio de *la* Elisa.

Pelirroja, de um cabelo vermelho, tão vermelho que com o movimento do vento as mechas eram como labaredas descontroladas – eu sabia que não era a cor natural, mas a cabeleireira que atingira esse tom estava de parabéns. *La* Elisa dispensou a minha mão estendida e me deu dois beijos, um em cada bochecha. Não esperava pelo segundo, mas ela fez tudo com um carinho que me era estranho, e que eu nunca recusaria.

O quarto era exatamente isso: uma caixa de quatro por quatro metros quadrados sem nenhum móvel, colchão ou sequer cortina. Não seria difícil alguém dos prédios vizinhos acompanhar todos os meus movimentos. Mas eu não tinha muita escolha, a sorte já estava do meu lado com o emprego. Com a ajuda de *la* Bettina, negociamos o valor. Ela nos convidou para tomar um café, contamos que eu era cabeleireira, que tinha conseguido um emprego na universidade – omitimos algumas informações, como o fato de eu não ter documentação para morar no país ou que naquele momento estava muito longe de conseguir pagar o aluguel combinado. *La* Elisa contou que ficara viúva há pouco tempo, e o apartamento era grande demais para estar sozinha. Não tinha filhos para cuidar, e o silêncio que se instaurara no último ano a matava pouco a pouco – lembro de ouvir exatamente essas palavras, que em espanhol são muito parecidas. Essa fala me partiu ao meio.

No final daquele dia, eu já possuía um endereço na ilha, já sabia que dados colocar como remetente nas cartas que eu nunca mandaria. Voltamos para o apartamento acompanhadas de uma brisa muito bem-vinda após um dia de quase trinta e três graus. A ideia era ir direto à rodoviária para comprar a primeira passagem disponível. Cada uma carregando suas mochilas, a minha, e seu escasso conteúdo, era tudo o que teria pelos próximos meses.

O ônibus de *La* Bettina saía do terminal em uma hora, como despedida, ela me convidou para tomar um café e comprou dois pães de queijo – o primeiro que comi.

"*Boluda*, o país que criou este pão aqui não pode ser ruim."

"*No te voy a dejar sola*. Assim que eu chegar, vou falar com a Eugenia e vou encontrar uma maneira de te mandar o resto das suas coisas. O que eu falo para seu irmão?"

"Pede para ele esperar um par de meses, até eu encontrar um lugar fixo. Eu ligo para ele assim que puder, só preciso colocar a cabeça em ordem. Acho que *la* Eugenia não vai querer hospedar ele agora..."

"Se precisar, ele vem morar na casa dos meus pais, tem tanto quarto sobrando que ninguém vai se cruzar, e ele tem o emprego dele no clube de futebol."

Senti o alívio que encontramos apenas nas palavras amigas.

"*Boluda, estoy loca?*", perguntei.

"*No, estás feliz.*"

Nós nos despedimos com a promessa de que *la* Bettina voltaria assim que seus pais liberassem mais algum dinheiro. Fiquei até o ônibus sair da plataforma e, por um tempo mais longo do que gostaria, fiquei paralisada diante da ausência da minha amiga.

Carregava nas minhas costas retorcidas tudo o que me pertencia, feito uma tartaruga que carrega a própria casa para onde quer que vá. Respirei fundo algumas vezes e dei as costas para a plataforma. O som das despedidas e dos encontros se materializavam como uma salada de falas em português, algumas lágrimas quebravam o murmúrio e o alto-falante indicava que outro ônibus sairia para Buenos Aires em duas horas. Podia subir e me esquecer de tudo, podia subir e tudo seria mais fácil. Eu já tinha um emprego em Campana, um lugar para morar, e no curso de dois dias mandei tudo para o ar e ainda atirei com escopeta em cada uma das partes para que se desintegrassem antes mesmo de cair no chão.

Em momentos como aquele, havia uma única coisa a se fazer: entrar em movimento. Deixando o corpo decidir no lugar do cérebro. Atravessei a porta da rodoviária e encontrei três bandeiras gigantes, majestosas, duas que não reconhecia e outra que se faria muito presente dali em diante, de cores estridentes, de formas geométricas e com um dizer de duas palavras e uma conjunção bordadas em uma faixa branca que pede por tudo aquilo que não tive no começo da minha vida na ilha.

Capítulo XVII

O medo existia, mas eu não tinha tempo para o reconhecer ou validar sua presença. No caminho até o apartamento de *la* Elisa, não pensei em nada, sempre que surgia alguma pergunta eu a matava, fingindo que assim elas desapareceriam – belo engano.

"Margarita, quando vão trazer suas coisas? O condomínio só deixa fazer mudança de sábado", disse *la* Elisa, que falava devagar, sabendo da minha dificuldade com o idioma.

Como consegui, expliquei que não tinha mais nada.

"Você só tem essa mochila?"

"*Sí*."

"E onde você vai dormir?"

Apontei para o quarto.

"Mas não tem nem cama, nem nada."

La Elisa começou a balançar a cabeça de um lado para o outro, coçando o couro cabeludo, preocupada. Eu sofria com a prolongação do seu silêncio.

E se ela juntasse os pontos e descobrisse que eu mal tinha dinheiro para o ônibus do dia seguinte, que não sabia como ia juntar a grana do aluguel e que naquela noite não ia comer nada para reservar os trocados para o dia seguinte? E se ela chegasse à conclusão de que nem visto eu tinha?

Em retrospecto, acredito que ela pensou em todas essas coisas, sim. Nos seus minutos silentes, tentou decidir se queria se engajar ou fugir. Mas ela levantou o olhar, sorriu um sorriso muito parecido com o que eu já recebera de *la* Letícia Hernandez, de *la* Eugenia, das clientes cúmplices que guardavam as gorjetas no bolso da minha calça no salão de Campana e também de *la* Clara e de *la* Ofélia. Eu acumulava o carinho das mulheres que me fizeram crescer e conseguia sentir que mais uma se somava ao grupo.

La Elisa me convidou até a mesa da cozinha, esquentou feijão, arroz, e fritou dois ovos para cada uma. À medida que pegava os objetos, ela virava e me ensinava como se falava em português: CO-LHER; GAR-FO; TOR-NEI-RA e mais importante: CER-VE--JA, despejada em dois copos meticulosamente nivelados e que proporcionou um brinde dedicado à minha nova etapa.

Depois de muito insistir, *la* Elisa me deixou ajudar a lavar a louça. Deixei tudo brilhando e, quando terminei, juntei as duas mãos e as apoiei no meu rosto, indicando que iria dormir. Ela fez um gesto que interpretei como "espera" e voltou à cozinha com um monte de cobertores, me ajudando a transformar em um colchão improvisado. Um ato de carinho que nunca esqueci e que foi apenas o primeiro de muitos outros. Olhando o resultado, pensei se as minhas costas tortas segurariam o tranco.

O salão abria às oito, mas eu estava acordada desde as seis, tendo comprovado, ao longo da noite, que as dores da minha coluna não dariam uma trégua apenas porque me sentia feliz. Na noite anterior, *la* Elisa anotara em um papel o nome do ônibus que eu precisava tomar e, na sacada do apartamento, me explicou onde ficava o ponto.

Assim que a porta-camarão de vidro do ônibus se abriu, ouvi o som alto vindo de um rádio a pilha no qual um homem cantava mais ou menos bem. Ficaria sabendo, meses depois, que se tratava de um tal *del* Fabio Junior e, ao entender suas letras melosas, decidi que não era para mim.

O cobrador cantava baixinho enquanto contava as moedas e me deixava passar. Voltei àquela canção quando fui capaz de entender a letra, e um trecho me pareceu muito oportuno para aquele meu primeiro dia: "Gostaria de saber mais do que aos meus vinte e poucos anos". E, por não saber mais, levei tombos que ralaram minhas mãos e joelhos, suficientes para deixar a pele engrossar, virar couro e se tornar ensinança.

Do ponto em que desci até o centro de convivência dava dez minutos caminhando, mas pareceu muito menos. Do verde que cobria a maior parte do campus, eu ouvia o som de tantos pássaros que não conseguia identificar, e um riacho produzia barulho alto por causa da chuva da madrugada. Poucos estudantes carregavam seus cadernos e livros, e a verdade é que senti inveja, muita, por sinal. Se bem nunca fui *la Chula* universitária, estudante de psicologia, me prometi naquele momento que, se tivesse um filho, ele estudaria ali.

Ao redor da porta do centro de convivência, um garoto vendia livros usados em uma mesinha de madeira e uma moça da minha idade, com cabelos ainda mais longos do que *la* Bettina, estendera um tecido colorido onde descansavam colares feitos à mão. Sorri na sua direção, ela me deu uma ideia que aplicaria logo no dia seguinte.

Era cedo, e o salão estava com as luzes apagadas. Dentro, só estava a moça engraçada que sabia xingar em espanhol. Assim que me viu, abriu os braços e os enrolou em um abraço desajeitado, que correspondi aliviada. Pelo menos teria uma aliada.

"De onde *tu eres, chica*?", perguntou.

"*De Maciá, una ciudad muy chiquita en Argentina.*"

"*Boluuuda, yo soy Joana, hija* desta ilha. Manezinha. Trouxe isso para ti."

La Joana estendeu um folheto anunciando aulas de português para estrangeiros.

"*Son gratis, aqui en la universidad, a la* noite. Eu te mostro onde fica."

Desta vez fui eu quem abriu os braços em convite. Uma lágrima, que tentei evitar, escorreu mesmo assim.

"Nada, nada, *chica*. Não *tienes* que chorar que Brasil é um *poquito* de tristeza para muita mais alegria."

Já tinha ouvido algo muito parecido de *el* Rafael. O que me fez pensar que falas como aquelas faziam parte do universo cosmológico do brasileiro. Com o passar do tempo, um pouco mais longe dos meus vinte anos, fiquei sabendo que o país no qual havia escolhido viver era um dos maiores consumidores de antidepressivos no mundo.

La Marli entrou, me acordou das divagações e me cumprimentou ao mesmo tempo que estendeu uma sacola.

"Juntei umas escovas, tesouras e um secador de cabelo antigo meu. Até que tragam as suas."

"*Gracias. Muchas gracias*", respondi, sabendo como nós, cabeleireiras, somos ciumentas com nossas ferramentas. Eu mesma não as emprestava a ninguém.

La Marli mostrou qual seria a minha bancada, onde ficavam as tintas, e explicou como funcionava a distribuição das clientes novas. *La* Joana me ajudou e traduziu para *la* Marli:

"Ela quer saber o que acontece se a cliente pede para fazer direto com ela."

"Nesse caso a cliente é sua. Ambiciosa, gostei."

Minhas duas colegas chegaram logo em seguida, uma era *la* Rosa, uma senhora de mais idade que parecia um amor. A outra era *la* Michele, que no momento que cruzamos olhares me deixou saber: a relação com ela seria complicada.

Uma a uma chegaram as clientes, e o primeiro cabelo que cortei me encheu de orgulho. Via nos olhos refletidos no espelho que ela aprovou meu trabalho. Assim que terminei, atendi mais duas mulheres antes de me dar conta de que *la* Rosa e *la* Michele continuavam na primeira. Era claro que eu não estava fazendo amigas. Quiçá seja por isso que nenhuma me convidou para almoçar.

"Margarita, *quieres almuerzo* comigo?", perguntou *la* Joana.

Eu me assegurei de que mais ninguém ouvisse e falei baixinho: "*No almuerzo, no tengo plata. Zero.*"

"*No hay* problema, vem!"

Segui-a até a porta do restaurante universitário. *La* Joana me entregou uma ficha valendo uma refeição, e eu nem soube como agradecer, estava acostumada a enganar o meu estômago a se sentir cheio quando estava vazio, uma habilidade que ganhei crescendo no campo, mas, depois de quatro horas de trabalho sem parar, me convidar a comer algo quente era um ato de carinho que definia para mim o caráter de *la* Joana. Ela me contou que o pai era pescador, pegava camarão e lula nas encostas do mar, e tinha um monte de irmãos em uma casa que comportava a metade deles. A identificação foi imediata, e contei sobre os Lung e como era parecido na casa de Maciá. Terminei o almoço com um convite para comer na casa dela e a certeza de que encontrei uma amiga na ilha.

No final do dia, *la* Marli me puxou até a salinha das tintas.

"A Joana falou comigo... vou pagar o seu trabalho por dia até você se acertar. Só não fala para ninguém. Você trabalha muito, e muito bem."

Quando o dia laboral chegou ao fim, fui até o prédio do departamento de línguas. Era bem perto do centro de convivência e, com o panfleto na mão, e a companhia de *la* Joana, me inscrevi no curso para estrangeiros. Eu ri quando percebi que já poderia falar que estudava na universidade, era só uma questão de ponto de vista.

Enquanto caminhava até a parada de ônibus, me senti a pessoa mais afortunada, mas suspeito que não era bem isso. Eu dava tudo de mim, essa sempre foi a minha fortuna. Em menos de quarenta e oito horas morando na cidade, sentia no corpo, no meu cerne, que não iria embora daqui nunca.

Na manhã seguinte tudo correu bem – eu continuava aprendendo a entender os pedidos das clientes e, no horário do almoço, tirei uma canga da mochila, a estendi ao lado da moça que vendia colares e arrumei todos os brincos de bijuteria que trouxera na viagem. Às vezes a linguagem era uma barreira, mas quando se tratava de negócios, eu me fazia entender rápido e combinei que poderíamos fazer conjuntos dos meus brincos com os colares dela para uma promoção. Em quarenta minutos vendemos a metade da mercadoria, e eu lhe ofereci dez por cento a mais caso ela vendesse os outros enquanto eu trabalhava. No final do dia, guardei a grana no bolso da calça, pensando que agora estava mais perto de dormir em uma cama. Faltava bastante, mas faltava menos.

Logo antes de ir para minha primeira aula, *la* Joana atendeu o telefone e me chamou, disse que era *la* Bettina. Sem nem a deixar falar, fiz a pergunta mais importante.

"Como está *el* Orlando?"

"Ele está bem, está aqui em casa. Mas está inquieto querendo ir para aí."

"Fala para ele esperar. Estou dormindo no chão, não tenho nada ainda, diz para esperar até eu me acertar aqui."

"Ele está na minha casa porque quando falei para a Eugenia que você não ia voltar ela me fez esperar na rua e jogou tudo nos meus pés. Muito puta. Nem sei se ela me deu todas as suas coisas. Empurrou o Orlando para a rua sem dó. Mas ele está bem aqui. Assim que meus pais liberarem mais algum dinheiro eu levo as suas coisas. *Como te sentis con tanto cambio?*"

Até aquele momento não tinha me feito essa pergunta. Mas respondi e, durante a resposta, descobri como me sentia.

"*Siento que me puedo comer al mundo.*"

A rotina, assim como o caos, nos engole de repente. No meu primeiro mês na ilha, estava focada em juntar grana para mobiliar o quarto, pagar o aluguel para *la* Elisa e comprar comida. Com a fome eu sabia bem como lidar – um metro e sessenta preenchido por quarenta e três quilos e nem sabia calcular quanto desse peso era água de chimarrão. *La* Joana, sempre que podia, arrumava uma ficha para o restaurante universitário, mas ela mesma não tinha muito dinheiro e nem sempre conseguia me ajudar.

Havia algumas coisas com as quais não me acostumava, mas no melhor sentido. Tão belas que me davam força para continuar. A beira-mar norte à noite, onde o mar era quase uma piscina de tão calmo, era uma das minhas preferidas, foi uma pena descobrir algum tempo depois que era uma das águas mais poluídas de Florianópolis.

Nas minhas caminhadas pela orla, pensava *en el* Orlando, com quem falei uma vez desde que chegara, e pedi, quase implorei, que ele ficasse na casa de *la* Bettina por mais alguns meses. Não comer era válido para mim, mas não dar de comer ao outro, um irmão, me encheria de tristeza. Pelas minhas contas, a situação econômica ficaria um pouco mais confortável em três meses – foi esse tempo que pedi a ele.

Eu continuava frequentando as aulas de português e, segundo *la* Marli e *la* Joana, passei de falar espanhol para falar portunhol. Isso já era motivo de alegria. Me esforçava e acompanhava o curso intensivo todos os dias depois de sair do trabalho. Em casa, *la* Elisa me ajudava a aprender ditando palavras e frases, eu as escrevia partindo do som que ouvia e ela apontava os erros – mesmo desde aquela época me apaixonei mais pela ideia de escrever no idioma do que falar. Quiçá seja por isso que nunca perdi meu sotaque forte de gringa, mas sei usar crase melhor do que muito local.

Sempre havia pegadinhas. De todas, uma palavra era a que mais me intrigava: bater. No Brasil se batem os ovos, batem dois carros e, em uma briga, um bate no outro. Em outros momentos representa um barulho, também tem as batidas policiais, bate o coração, bate saudades, a batida da música, no fim de semana alguns falavam que fariam um bate-volta, tem a batida que dá para beber e bater punheta, que só aprendi o que era muito tempo depois. Tudo se bate. Mas a mais importante para meu percurso: o corte de nuca batida – que *la* Joana precisou explicar, porque eu não fazia ideia do que poderia ser.

Perdida entre tantas traduções, no primeiro mês tentava me encontrar em meio a tantos acontecimentos. Tinha apenas uma certeza: não me arrependia de nada.

Estava tão concentrada em infinitas traduções que após o primeiro mês percebi que já usava certas palavras em português quando pensava em alguns objetos e sensações. Pequenas vitórias.

O dinheiro que ganhava no salão evaporava com o aluguel do quarto e as poucas coisas que comprava no mercado. Eu ainda não tinha uma clientela fixa, depois da primeira semana, o movimento no salão ficou bastante fraco, quase ninguém caminhava pelo campus nas férias de verão, o que significava menos gorjetas. O único dinheiro que consegui guardar foi o da venda dos brincos, que juntei com o objetivo de comprar uma cama.

Mas o clima muda de repente, e os meus radares indicavam a chegada do dilúvio além de uma frente fria vinda da Argentina, que descarregou toda a sua força em mim e que chegou em forma de telefonema.

"Margarita, tem alguém no telefone falando espanhol e acho que é para você. Chama Orlando."

Não foi uma, foram duas descargas elétricas, uma partindo da ponta dos meus cabelos e outra dos dedinhos dos pés, as duas se encontraram bem no meio do meu estômago vazio, e cheguei a me sentir tonta enquanto caminhava até o telefone. Eu sabia. Eu sabia. *La puta que te parió, yo sabía.*

"*Chula? Soy yo, el Orlando.*"

Do meu lado a habilidade da fala fora impedida pelo que parecia uma bola áspera de pelos de gato gigante na garganta.

"*Chula, me escuchas? Atravesé la frontera, mañana a la noche llego a Florianópolis.*"

La reputa que te parió, yo tenía razón.

"*Hay, qué boludo que sos*, eu disse para esperar mais um pouco!"

"Não consigo te deixar aí sozinha. Quero estar aí com você."

Os músculos da barriga se descontraíram e quase dereti com a resposta dele. Lembro dos meus olhos molhados, e lembro exatamente da minha resposta:

"*Te espero con un abrazo y un café calentito.*"

Con la Elisa criamos um laço de carinho forte, durante o primeiro mês ela me convidava a jantar junto sempre que cozinhava algo, e eu, em agradecimento, comecei a limpar o apartamento, mesmo sob seus protestos. No dia da ligação de *el* Orlando deixei tudo brilhando na esperança de suavizar a notícia de que meu irmão precisaria de um lugar para morar, e como eu não tinha recursos, esse lugar teria que ser o apartamento dela e, mais do que isso, eu não tinha um tostão para pagar nada a mais.

Com a certeza da derrota, expliquei toda a situação. Tentei usar uma pitada exagerada de drama, porque eu não estava acima do exagero se isso me permitisse cuidar do meu irmão. Mas, pensando bem, à medida que falava achei difícil agravar as verdades dos Lung, a nossa história não comportava diminutivos ou amaciantes.

"Ele não dá trabalho nenhum. Vai ficar no quarto a maior parte do tempo..."

"Margarita, não precisa se preocupar, é claro que ele pode ficar aqui."

"Mas tem a luz e a água, e eu não consigo pagar a mais por essas coisas."

"Eu aluguei o quarto em parte pelo dinheiro, sim, mas principalmente porque me sinto muito sozinha neste apartamento depois da morte do meu marido. Eu imagino como o Orlando devia se sentir sozinho sem você, e fico feliz em saber que posso ser um elo entre vocês dois."

"Fechado, mas, em troca, e não vou aceitar um não seu, cuido do seu cabelo todas as vezes que você precisar."

Mesmo ali eu estava negociando.

"E eu ensino ele a falar português."

Grata pela cumplicidade, fui na direção dela buscando um abraço. Gesto de carinho que nunca recebi em casa de *Mamá*, e que no início da vida adulta eu distribuía sem dó para compensar aqueles anos. Ao chegar perto de *la* Elisa, não consegui me segurar.

"Podemos começar agora, o seu cabelo está bem seco e precisa de um corte."

Ela soltou uma gargalhada, e somente naquele momento me dei conta da minha indelicadeza. Minha língua sempre foi muito mais solta do que deveria, um atributo de *la Chula* que nem sempre jogava a meu favor, já que nos anos oitenta ninguém queria uma mulher autêntica, muito menos sincera.

O ônibus de *el* Orlando chegaria às cinco da tarde. Eu pedi que ele me esperasse na rodoviária até terminar o dia no salão. Corri até o ponto do ônibus e atravessei a passarela para o terminal Rita Maria tão rápido quanto consegui. Ele estava de costas, assistindo a uma televisão, hipnotizado. À medida que me aproximava, percebi o quão magro estava, os quilos que ganhara em Campana foram todos perdidos no tempo em que não nos vimos. Durante o abraço, senti um a um seus ossos pontiagudos que me espetavam como o medo de não conseguir reverter essa situação tão cedo.

"*Te quiero matar, pendejo.*"

"*Yo solo quería estar con vos.*"

Desarrumei o cabelo dele com a mão na esperança de que o gesto demonstrasse somente a parte de mim que estava feliz, filtrando a que gerava preocupações.

No meu português, falei:

"Bem-vindo ao Brasil, garoto."

Capítulo XVIII

Os meses que se seguiram foram como um supositório revestido de lixa. *El* Orlando e eu tínhamos nos acostumado a fazer meia refeição por dia. Nas noites em que *la* Elisa ficava em casa ela compartilhava o que cozinhava, mas costumava comer fora com os colegas do banco várias vezes por semana. Eu jamais tocaria nas coisas dela na geladeira sem que me convidasse. *La* Joana, usando seu poder de persuasão, e um pouquinho de poder de sedução, aplicou na moça da entrada do restaurante universitário alguma magia. Conseguia, para mim e *el* Orlando, duas viradas de catraca sem custos. Meu irmão caminhava do apartamento de *la* Elisa até a universidade para economizar o bilhete de ônibus. Duas horas andando, o que aumentava o saldo negativo nas calorias que ele ingeria. O dinheiro que economizávamos tinha um objetivo comum: sair do piso frio para uma cama beliche que descolasse nossas colunas do chão.

Lembrei do momento iluminado da minha estadia em Campana, em que formulei que dormir era um divisor de classes, nada tinha mudado, e o que nós dois buscávamos era começar o dia sem o corpo condenado.

El Orlando, quando não nos encontrávamos pela universidade, ficava o dia inteiro no apartamento. *La* Elisa deu carta-branca e deixou claro que ele poderia ver televisão ou ouvir rádio sempre que quisesse. *El hijo de puta* aprendeu português vendo novelas bem mais rápido do que eu que fazia aulas.

Do meu lado, me sentia bastante culpada em deixar ele sozinho tanto tempo e, nas segundas, meu dia de folga, tentava compensar. Saíamos para caminhar pelo centro, visitávamos a minha árvore e voltávamos pela beira-mar norte, sentindo a brisa do mar. Sentávamos na grama, lembrávamos da vida em Maciá, pensando no que os nossos irmãos estariam fazendo naquele momento, e esperávamos que as luzes da ponte se acendessem como se fosse um ritual. No caminho, quando passávamos por restaurantes ou vendedores ambulantes e seus carrinhos carregados de salsichas, fingíamos que não sentíamos o cheiro que vinha na nossa direção. A água do chimarrão era nossa forma de enganar o estômago. Lembro de uma vez ter lido que água é um inibidor de apetite natural, *el hijo de puta* que falou isso deve ter tomado um litro entre duas refeições e se sentido satisfeito. Deve ter sido nesses primeiros tempos na cidade que ambos começamos a conviver com a gastrite crônica que nos segue como fantasma até hoje.

Há também aquelas coisas que só fumante entenderia. *El* Orlando, no mês em que estive na ilha, ganhara o hábito de queimar os pulmões como *Papá y como yo*. De vez em quando, pulávamos a compra do pão para comprar cigarros vendidos avulsos. Lembrei de uma vez em que, com caneta, marcamos na parte branca a metade, para dividir de forma justa quanto cada um absorveria de nicotina.

El Orlando sempre me falava que se sentia mal por não conseguir contribuir nas finanças, mas ele nem sequer passou pela aduana quando entrou no país, e como menor de idade ninguém iria querer se arriscar. Foi dele que surgiu a ideia de lavar roupa. Conversou con *la* Elisa e perguntou se emprestaria a lavanderia, sem me falar nada, e pesquisou o preço do sabão em pó em vários mercados, para estimar o quanto custaria e quanto cobrar.

Eu não poderia estar mais orgulhosa. Conferimos as contas e tudo fazia sentido. À mão, em folhas brancas, e com uma caneta azul esferográfica, fez pequenos cartões de visita que eu distribuía no salão e aos estudantes que encontrava no caminho. Não demorou muito até que chegou na sua capacidade máxima, e se bem o lucro era uma tristeza, eu estava feliz que ele tivesse ocupado a cabeça a despeito do estômago.

Passava as tardes lavando tudo à mão, colocando o sabão em pó em uma balança, para se certificar de que fosse apenas a porção calculada. Perto do horário em que eu chegava ao apartamento, ele dobrava tudo com tanto cuidado que as peças não precisavam sequer serem passadas. Ele fazia as entregas perto de casa e, como a maioria dos clientes era de estudantes da universidade, combinava a retirada comigo na porta do salão. Tudo o que ele juntava me era entregue e, à diferença de *Mamá*, eu tratava de lhe assegurar que o dinheiro seria guardado e, o que poderia soar mais disparatado ainda, principalmente entre nossos irmãos, continuaria sendo dele.

Depois de três meses repetindo a nossa rotina, convidei *el* Orlando a me acompanhar até a rua das lojas de móveis usados. Juntos escolhemos uma cama beliche bastante feia, mas sólida e de madeira maciça – comprávamos para durar, não para decorar –, e também dois colchões tão fininhos quanto uma prancha de EVA. Nas primeiras noites, dormimos como se fossem de molas ensacadas. *La* Elisa celebrava cada uma das nossas vitórias e nos deu de presente dois travesseiros, que gostaríamos de ter comprado com a cama, mas nossas economias não o permitiram.

La Bettina conseguiu uma grana dos pais e veio nos visitar por algumas semanas, momento em que confirmei a ira de *la* Eugenia, que a fez me mandar apenas a metade das minhas coisas. Meus tamancos vermelhos, minha primeira compra, mesmo ela sabendo que eram tão importantes para mim, não estavam entre as coisas recuperadas. Mas ela se encontrava tão distante de mim agora, distância física e psíquica, que nem me permiti ficar com raiva, acho que o que sentia naquele momento estava próximo da pena. *La* Bettina disse que ela ficou furiosa, gritou que eu era uma má agradecida, que todo o tempo que ela dedicou a mim fora em vão, e repetia que eu era ingrata. E eu só pensava em como é triste ver alguém ser feliz e se sentir desse modo, ver na alegria do outro somente a ruína dos nossos propósitos.

    La Bettina partiu prometendo voltar logo, e na hora do adeus, percebi que o abraço dela *con el* Orlando demorou o suficiente para me deixar incomodada. As mãos se entrelaçaram, a de *la* Bettina subia e descia pelas costas do meu irmão, e *el* Orlando respondeu passando a mão pelo cabelo quilométrico dela. Não falei nada naquele momento porque não queria ser mal agradecida com minha amiga, especialmente depois de hospedar *el* Orlando e trazer minhas ferramentas de trabalho. Mas um vaga-lume acendia e apagava do lado direito do meu cérebro, indicando precaução, como a luz amarela de um semáforo orienta cuidado durante a madrugada.

Quando chegamos ao sexto mês meu português já tinha melhorado muito. As aulas, combinadas com o apoio de *la* Elisa, surtiam efeito, e eu já dominava a linguagem do salão, mas sempre havia espaço para algo novo. Como quando me pediram para desembaraçar o cabelo de uma moça e eu só queria entender como se engravidava um cabelo.

    Com o passar do tempo, conseguimos comprar uma cômoda antiga para guardar nossas roupas e passamos a ter um espaço na geladeira para nossa comida. Não foi de lavanderia ou cabelos ao vento que conseguimos guardar algum dinheiro. No meu dia de folga, passei a limpar o salão em que trabalhava – gentileza de *la* Marli –, o que não contribuiu para a minha popularidade entre as outras duas cabeleireiras. Não melhorou quando a dona do salão sugeriu que eu desse treinamento para elas, já que eu tinha uma boa bagagem técnica e conseguiria dar dicas úteis de como, por exemplo, não puxar a cabeça inteira da cliente junto com a escova.

Os ventos mudaram um dia em que entre uma cliente e a outra chegou uma moça que pediu para ser atendida por mim. Aquilo me pareceu esquisito, porque a mesma mulher fora atendida *por la* Rosa e *por la* Michele no decorrer de duas semanas.

"Eu preciso que você acerte a cor do meu cabelo. Já passei com aquelas duas, os outros salões aqui perto... É uma pior que a outra."

Respirei.

"Vamos lá, todas as cabeleireiras às quais você foi são muito competentes. Principalmente as minhas colegas de trabalho. Pensa desta forma: se apenas um aluno tem problemas de aprendizado, há grandes chances de que esse problema seja o aluno. Se vinte alunos tiverem problemas, a questão seria a professora, não acha?"

Naquele momento, eu a via fazer o cálculo do que eu acabara de falar. Ela se levantou da cadeira e saiu sem olhar para trás. Minha atitude somou muitos pontos *con la* Michele, e no almoço, cada uma com a sua marmita, as quatro mulheres que tocavam o salão se sentaram todas juntas embaixo de uma árvore. Pela primeira vez, falamos sobre tudo, menos sobre cabelo.

Ao mesmo tempo, com os seis meses, criei uma clientela que me deixava belas gorjetas, e até começou a dar para guardar alguns trocados. Depois da cômoda, compramos um ventilador, uma cortina, roupas de inverno, que nenhum dos dois trouxera, e, mais importante, nas segundas, no final da tarde, cumpríamos o nosso ritual de esperar pelas luzes da ponte com um cachorro-quente na mão, ostentando duas salsichas, ervilhas e molho agridoce.

A ilha não nos dava apenas trabalho, nos dava natureza, e, para mim, era suficiente. Além de tudo, era de graça. Em Campana, só tínhamos o rio marrom como atração e em Maciá... bom, nada. Sempre que o templo clareava, juntávamos os trocados da semana e saíamos cedo para pegar o ônibus rumo ao sul da cidade, era quase uma hora e meia de viagem para chegar ao Pântano do Sul.

El Orlando passava o dia inteiro no mar ou conversando com os pescadores, ajudava a puxar as redes e, mais de uma vez, voltava com um peixe, envolto em jornal, que ganhara de presente pela ajuda. Eu torrava no sol e, se a semana tivesse sido muito boa, uma cerveja gelada para acompanhar o cigarro.

Voltávamos ao centro assim que começava a anoitecer. Era impressionante quão escura a ilha era nessa época, com espaços que começariam a ser preenchidos nas próximas décadas à medida que o homem dominava o mato. Ou, melhor, que o homem matava o mato.

Os próximos meses vieram para completar o ano desde que me envolvi em toda essa loucura. A rotina, para muitos uma condenação, deu *al* Orlando e a mim uma estabilidade que nos era estranha. Já não faltava comida, se bem usados, tínhamos todos os móveis de que precisávamos e, sempre que podíamos, convidávamos *la* Elisa para jantar com os nossos próprios alimentos. Quando sobrava um pouco mais, nos deliciávamos fazendo uma compra grande no mercado ou buscávamos camarões frescos no mercado público para fazer fritos à milanesa.

Depois de um ano de parceria inestimável *con la* Elisa, me dei conta de que precisava do meu próprio espaço, um teto para chamar de meu, algo para além de um quarto abarrotado em que dormíamos um em cima do outro.

Foi ela que me ajudou a encontrar um bairro legal, no lado continental de Florianópolis, que tinha aluguéis muito mais baratos dos que os da ilha. Mas, mais importante, me conectou com o *Señor* Assis, gerente do banco em que ela trabalhava, que topou a ausência de um avalista, ou depósito, e a falta de RG, CPF ou qualquer outro documento válido no Brasil. Tudo partindo da confiança que *la* Elisa tinha na gente.

Nós nos mudamos com a ajuda de um carreto que mais parecia a charrete puxada *por la Petisa* do que um veículo a motor. Era o que o nosso dinheiro conseguia comprar. Quando subimos o último dos móveis, virei e vi *la* Elisa segurando o portão de entrada do prédio, lágrimas escorrendo até os lábios, que sorriam como quem aprova as mudanças, mas que iria sentir muito a nossa falta – o apartamento estava vazio mais uma vez, mas minha ligação *con la* Elisa se manteve forte. Nós nos encontrávamos uma vez por semana no salão Primavera, e ela ainda faria um dos maiores atos de carinho que conheci. Estremeço ao pensar que uma década depois o câncer tomaria conta daquela mulher inteira até levá-la a um buraco na terra diferente daquele que *Mamá* fizera *el* Orlando conhecer no início da vida.

Com tudo indo para o lugar certo, havia uma coisa que, tanto para *el* Orlando quanto para mim, nos enchia de angústia: continuávamos ilegais. Um ano inteiro tremendo sempre que ouvíamos uma sirene ou passávamos por algum policial na rua. A última coisa que eu precisava era voltar para Campana ou Maciá de mãos abanando. *Me muero. Me muero. Me muero. Me muero.* Poderíamos perder tudo o que conseguimos até aquele momento. Sem contar que não conseguimos abrir conta em banco, comprar a prazo ou registrar algum serviço no nosso nome – *la* Elisa, como sempre, emprestou até o CPF dela para pedir a luz.

Lembro de que o rádio estava ligado no último volume enquanto arrumávamos o novo apartamento. Era pequeno, um quarto com a pintura descascando pela umidade; gotas choravam do teto até a metade da parede, como se fosse um suor com cheiro a doença respiratória. Passei um bom tempo lavando as paredes da sala com água sanitária, não seria a minha primeira batalha com a umidade. Meu filho perguntou uma vez se eu já tinha percebido que meu humor se alterava em consonância à umidade relativa do ar – algo que me pareceu ridículo na hora, mas que o empirismo caseiro se encarregou de comprovar. No rádio, a música parou para dar lugar ao jornal, que anunciou uma anistia entre os governos argentino e brasileiro para legalizar os estrangeiros residentes no país – falaram que havia muitas condições, mas que os interessados deveriam procurar a Polícia Federal.

Dava medo entrar na toca do inimigo. Um conhecido argentino recomendou não ir. Para ele, o propósito era juntar informações de onde cada um morava para usar mais tarde. Mas eu sentia no peito que daria certo, que tudo estaria bem. Mesmo assim, fui inteligente e pedi a uma cliente que era advogada que me acompanhasse no dia. *La* Gorete concordou, mesmo me avisando que ela não teria o que fazer diante de uma decisão da Polícia Federal, já que não era a sua especialidade. Mas eu estava apenas compondo uma cena na esperança de me sentir mais segura.

No caso de *el* Orlando tudo era mais complicado. Ele era menor, não passou pela imigração na fronteira e não tinha autorização dos pais para viajar. Era melhor ser um contraventor do que tratar da nossa mudança com *Mamá*. Fazia um bom tempo que não pensava ativamente nela, queria acreditar que a tinha apagado de vez, mas a verdade é que eu passara branquinho no nome dela. Eu a escondi, mas se escavasse com a ponta de uma régua e removesse a camada branca, o nome ainda estaria lá.

Quando me viu sair, *el* Orlando comeu as unhas até chegar na carne, com medo de que eu não voltasse.

Com o endereço em mãos, *la* Gorete e eu fomos na direção do posto da Polícia Federal que ficava na parte continental de Florianópolis. Chegamos e começamos a procurar por alguma placa, mas a porta de vidro onde o número batia com minha anotação estava fechada e sem qualquer identificação. Caminhamos pelo quarteirão até que começamos a suar, o sol daquele dia ruía até os ossos, e eu agradeci por ter escolhido roupas leves: uma bermuda jeans, uma camiseta vermelha e botinhas brancas All-Star. Ficaria sabendo, algum tempo depois, que o conjunto fora meu ingresso para a legalidade. Se bem acharia hoje toda aquela atitude bastante machista, me permitiu conhecer o homem com o qual teria o meu único filho.

Percebemos que da calçada da frente dois caras nos chamavam. Sentados em um bar de esquina, nos perguntaram se estávamos procurando a PF.

"É ali mesmo na porta de vidro, mas tiramos a placa quando fazemos trabalho externo", disse enquanto me mostrava o brasão da polícia em uma prancha de plástico com ventosas.

Trabalho externo, sei.

Notei que na mesa havia um copinho de pinga vazio e um litro de cerveja pela metade; eram oito e meia da manhã. Naquele dia, entendi de que modo um cara que toma álcool no café da manhã pode ser sinônimo de simpatia e como uma bermuda podia jogar a meu favor: um deles, o careca, cravou o olhar nas minhas pernas com a intensidade de uma águia faminta. Sorriu na minha direção e nos convidou a sentar.

"Sou Carlos, e ele é Diogo. Antes de mais nada, preciso que você escreva seu nome e o número de telefone... para fazer o cadastro, sabe... Ô, João! Faz favor, traz uma caneta pra mim..."

Eu, burra, acreditei se tratar de algo importante e escrevi os dados que ele pediu, com a minha melhor letra, atrás de uma comanda semimolhada que ele assoprou na tentativa de secar, dobrou pela metade e colocou do bolso da frente da camisa. *La* Gorete não se conteve e deixou escapar uma risada, me puxando para a realidade do que acabara de acontecer. *El* Carlos se levantou para pagar a conta e o acompanhamos até a sala onde trabalhava. Ele me perguntou, mais uma vez, meu nome e telefone.

"Esses dados você já tem", sorri.

"Eram para meu cadastro pessoal."

Eu sei que disse que ele era completamente careca, mas havia uma faixa de cabelos pretos que passava pela nuca até as pontas das orelhas, deixando um clarão no topo, reluzente, quase como se os poucos fios estivessem tentando, e falhando, abraçar sua cabeça. O que faltava no coro cabeludo abundava nos braços, nas mãos e escapava também pela gola da camisa. Seus olhos eram castanho-claros, e ele carregava a voz assertiva de quem estava acostumado a aparentar autoridade no trabalho, mas que esbanjava encanto nas horas livres. A combinação genética que produzia aquele mel todo migrou do espermatozoide de *el* Carlos até a personalidade do meu filho. Ainda bem que foi isso, e não o metro e cinquenta de altura. Porque mesmo com o carinho que passei a sentir por *el* Carlos naquele dia, não conseguia mentir para mim mesma: o cara era feio que nem ressaca de pinga em garrafinha de plástico. Não era um feio bonito, era feio de verdade. Mesmo assim, *a mi siempre me gustaron mucho más los feos*.

"Vamos fazer o seguinte...", disse, agora com tom mais sério. "Vou requisitar os seus papéis de entrada no Brasil. Preciso ver se você é elegível para a anistia. Por enquanto não precisa se preocupar, você pode andar com o seu documento argentino que não vai acontecer nada." E adicionou, já com outro registro: "Pode sair para beber, ir a festas, só precisa de escolta policial... e fica tranquila, eu vou fazer de tudo para que você continue morando na minha cidade".

Escolta? Minha cidade? Com essas, levantei da cadeira e me virei para *la* Gorete: "Vamos?". Nem voltei a olhar na direção dele. No final foi um babaca. Charmoso, sim, mas babaca. Levaria mais alguns anos para nos encontrarmos novamente, quando voltei àquele posto da Polícia Federal me falaram que ele fora transferido para o aeroporto. Lembro que senti algum desapontamento no dia, mas a verdade é que *el* Carlos virou apenas mais uma memória no fundo do meu crânio. Se alguma vez eu quisesse que nosso encontro acontecesse, seria nos meus termos, partindo da minha iniciativa. Havia outra prioridade: estava preocupada em me fazer sozinha, passando longe da necessidade de qualquer tipo de escolta.

No início de 1982, me dei conta de que confiava cada vez mais no meu português quando me permiti parar na banca de livros usados, do lado de fora do centro de convivência. Pensei que seria um caminho natural no meu aprendizado, começar a folhear livros e aprender a grafia do que, até aquele momento, conhecia apenas por sons. O que me fez parar de vez foi a capa de um dos volumes vendidos, cheia de rabiscos feitos do que parecia caneta preta ou carvão. Um cavalo voador com cara de pânico levava no dorso uma figura lânguida e assustadora. Em letras cinza, se lia: *O fantástico na ilha de Santa Catarina,* de Franklin Cascaes. Percebendo meu interesse, o vendedor abriu o livro no meio, e dois novos desenhos me fascinaram. Em um, havia um barco como os dos pescadores na praia, e na proa, estava de pé uma criatura parecida com um humano, mas construída totalmente em ossos. Portava uma cabeleira mais longa do que a de *la* Bettina, desenhada fio a fio. Os outros marujos olhavam para a figura com cara de pânico.

"São bruxas."

"Bruxas?", confirmei.

"Sim, Cascaes reuniu muitos dos mitos da ilha. Transcreveu os causos que os pescadores contam desde sempre, como as bruxas que sujam os barcos à noite, como gostam de infernizar os cavalos fazendo tranças com suas crinas. É a ilha da magia, da boa e da ruim. Tem muito mais desenhos, você quer levar?"

Após, é claro, negociar o preço, entrei no salão e passei uma a uma as páginas, gravando na retina desenhos ainda mais assustadores do que os que já tinha visto. Li que as bruxas costumavam ser a sétima filha de uma prole só de mulheres, e entendi que o machismo se infiltra sempre que se forma qualquer agrupação feminina. A ideia de que mulheres com poderes sobrenaturais sobrevoavam os céus da ilha, parando nos descampados para atormentar éguas enquanto dançam sob o luar, vociferando feitiços pagãos, me fascinava.

Fechei o livro e só o abri no ônibus de volta para casa. Nas páginas, encontrei a descrição de algo parecido com uma festa, ou reunião, realizada pelas bruxas na praia de Itaguaçu, lado continental. Como eu sabia que ficava perto do nosso apartamento, caminhei até o local indicado e encontrei um monte de pedras empilhadas surgindo da água como criaturas petrificadas. Continuei a leitura. Segundo o relato, as bruxas da ilha da magia decidiram fazer um encontro ali, convidando todas as criaturas mágicas, mas deixando de fora o diabo, que não gostou nada da afronta.

A coisa toda é que ele fedia a enxofre, ninguém gostava, e costumava obrigar as bruxas a beijarem seu rabo como forma de afirmar seu poder. Não era surpresa que o convite dele se perdeu no caminho. Puto, muito puto, o demônio transformou todos em pedras, aquelas que eu via na minha frente. Quer ser uma mulher poderosa? É simples, é só fazer um beijo grego no capeta.

Eu me despedi das bruxas com uma pequena reverência, as últimas palavras que li antes de fechar o livro e ir para casa explicavam que a melhor maneira de reconhecer uma feiticeira era pelos seus cumprimentos, sempre iniciados com a mão esquerda, e eu anotei mentalmente que, para deixar todos na dúvida, compartilharia o gesto bruxólico. Depois de tudo, *creo en brujas, y que las hay, las hay.*

Sem a capacidade de fazer feitiços, me restava apenas o peso nas costas, que magia alguma, nem a química dos analgésicos, conseguiu apaziguar. Como um zumbido constante no ouvido, do qual não se consegue escapar, a minha coluna reclamava diariamente, querendo fazer presente o seu legado histórico de baldes gigantes de metal e de todas as vezes em que me curvei para passar pano em chão que nem sequer era meu.

Já adulta, conheci um quadro de Frida Kahlo que resume essa dor, quando o vi no Instituto Tomie Ohtake fiquei paralisada. Meu filho me perguntava se estava tudo bem, ao mesmo tempo que lágrimas escorriam das minhas bochechas para os cantos da boca. Pintado a óleo, na tela, via o olhar sofrido de uma mulher remendada por pregos, usando um espartilho branco para se manter ereta e, no centro do corpo, a pele e a carne ficam transparentes, deixando à vista um pilar estilo grego, provavelmente de mármore, trincado do pescoço até a cadeira, mantendo em pé apenas pela cola da perseverança. Deve ter dado muito trabalho alheio fazer essas fissuras, labor dedicado e sistemático de quem não nos quer ver de pé. Uma coluna partida em seis pedaços, mesmo quando apenas um seria o bastante para me imobilizar.

Não podia parar, esta máquina precisava seguir em marcha, transformar a dor em movimento e correr pelos trilhos na esperança de que não falte algum batente, já que o solavanco trincaria os remendos improvisados em argila e me desmontaria inteira, vértebra por vértebra, voando para longe em todas as direções, aceitando que o que as mantivera unidas por todo esse tempo era pura esperança.

La Doña Rosa me chamou um dia durante o almoço para uma caminhada. Parecia nervosa, como quem faria algo clandestino. Falava entrecortado, para dar lugar a inspirações curtas e constantes.

"Marga… estou… estou pensando… em abrir meu próprio salão… mas… estou com medo de não dar certo…"

La Doña Rosa era um amor, mas muito cagona. Do meu lado, vi a oportunidade de diminuir a disputa pelas clientes com as outras cabeleireiras e negociar um percentual mais alto para meu trabalho.

"Deixa que eu lido com o medo. Eu vou trabalhar com você, te ajudo a montar tudo."

"Eu poderia te dar… oitenta por cento… do que você fizer… se você me ajudar com a parte administrativa…"

"Fechado."

O número me pareceu digno, com algum tempo morando no bairro eu sabia qual percentual os outros salões pagavam, e nada chegava perto disso. Enquanto ela sorria pelo meu aceite, eu fazia contas de quanto ficaria no meu bolso com vinte por cento a mais no final do dia. La Doña Rosa recuperava o fôlego.

"Já estou de olho numa sala no Córrego Grande... acho que em um mês saio do Primavera."

"Eu saio junto com você. Vou falar com as minhas clientes e avisar que vamos nos mudar. Só tenho um pedido..."

"Diga."

"Quero duas cadeiras e duas bancadas para atender mais de uma cliente ao mesmo tempo."

Eu mesma criava para mim o inferno, desde que com ele viesse acoplada a segurança financeira – "trabalho em primeiro lugar", quase conseguia ouvir a *Mamá* dizer com a caixinha nas mãos, "só assim se aprende a viver". Eu procurava uma estabilidade que precisava para trilhar o caminho do meu próximo objetivo. Foi na mudança para o salão *de la Doña* Rosa que comecei a pensar, e pensar mais um pouco, em como seria eu, caso fosse mãe.

El Orlando já despertava meu instinto materno, mas fora, assim como eu, criado na violência indelével, que fica na pele e na psique. Eu queria descobrir como seria uma criança que nunca tivesse experimentado essa dor, coberta de carinho, minha e só minha, criada pela plena força desta mulher – e dar um novo sopro de vida para o sobrenome Lung.

Mas para isso precisava resolver algumas questões, a óbvia, claro, seria a necessidade de um homem para depositar em mim seus nadadores frenéticos. Foi, de início, uma decisão minha que a criança cresceria sem intervenção masculina, mas diante da impossibilidade da conceição imaculada, tive que ser criativa e, mais importante, algo que me era estranho, paciente. Desde essas primeiras vontades em 1982 até o parto se passaram quase oito anos.

Guardei todo centavo que sobrava mentalizando as roupinhas que comecei a comprar cedo demais. Guardava em uma parte do armário tudo o que seria do meu filho: dois tipos de chupeta para escolher, uma colher em formato de avião, fraldas de pano, roupa de cama pequenininha, sapatinhos cinza, uma ursinha de feltro com um chapéu de chuva amarelo, uma toalhinha com orelhas e uma versão infantil do livro que li sobre as bruxas. O pior investimento foi a mamadeira, que nunca seria usada. *El hijo de puta era un ternero guacho.*

Capítulo XIX

O salão de *la Doña* Rosa estava ficando lindo. Eu mesma recebi as nossas três cadeiras e as acomodei do modo mais eficiente. As paredes eram rosa, o que talvez não tivesse sido a minha escolha; o lavatório, todo preto, como os que via nos concursos de cabelo em Buenos Aires; e os espelhos enormes cobriam duas paredes da sala. Eu me encarreguei de fazer o primeiro pedido de produtos e avaliar quais seriam as tintas que teriam maior saída, comprei caixas de luvas e dois ou três milhares de grampos. Eu me sentia feliz com toda a confiança da minha colega – ela ficou satisfeita quando mostrei o resultado das minhas negociações. Por ser muito boa na minha profissão, e na tentativa de me celebrar, comprei o secador de cabelo dos meus sonhos, todo vermelho, até o bocal, como meus tamancos extraviados.

Naquele momento, ao segurar o aparelho na frente do espelho do salão vazio, empunhando a principal ferramenta do meu trabalho, e fruto do tal, percebi quão feliz era desde a minha chegada ao Brasil. Houve fome, sim. Houve dores, claro. Mas todas as vezes em que faço as minhas contas o saldo sai positivo. Se consegui fazer tudo isso em um ano, o que seria capaz de fazer na próxima década?

As clientes se acostumaram rápido, tínhamos os aparelhos mais modernos, café e chá para quem quisesse e um sem-fim de revistas com as últimas tendências de cabelo. Escondidas no meio de todas elas deixei duas edições em que eu aparecia como modelo. Sempre que alguém chegava até elas, pegava um grito na minha direção: "olha só a gringa aqui!". "Gringa! *Muy gata, muy gata.*" *La* Gorete, a advogada, inclusive sugeriu que eu mandasse uma daquelas fotos para *el* Carlos da PF – não seria agora que eu correria atrás de macho.

Sentia muita falta de ver *la* Joana todos os dias, mas sempre que podíamos nos juntávamos para almoçar na universidade, onde agora conseguia comprar minhas próprias fichas. Virei uma visitante assídua da casa dos Quirinos, que me lembrava tanto a minha em Maciá, com filhos por todos os lados disputando o pão e a margarina. Entre todos, ajudavam o pai a separar os camarões que vendia de madrugada para os comerciantes do mercado público. Aquele pescador criou uma família inteira com as mãos de pele grossa e curtida pelo sol, mas preciso ser justa, ele não teria feito nem a metade do que já fizera sem a parceria de *la* Ondina, sua esposa, uma manezinha arretada, que, aos gritos, dirigia os próximos passos do marido.

Depois de um ano trabalhando com *la Doña* Rosa e alugando o apartamento em coqueiros, decidi que nos mudaríamos novamente para a ilha. Não compensava a passagem e os quarenta minutos que tinha que percorrer de ônibus. *El Señor* Assis tinha uma casinha disponível a uma caminhada de distância do salão e, com a minha reputação já estabelecida pelo pagamento sempre em dia, fez o esquema de não exigir nenhuma documentação. *La* santa Elisa emprestou novamente seus documentos para pedir o religamento da luz e da água, foi uma das primeiras clientes a nos seguir para o novo endereço.

El Orlando conheceu a cidade como se tivesse nascido nela. Fazia longas caminhadas às tardes para matar o tédio de ficar sozinho. Continuava lavando roupa, e eu tive o prazer de lhe dizer que agora poderia ficar com o total dos seus ganhos. Mesmo assim, muitas vezes, ele usava o dinheiro para comprar maços de cigarros longos para mim ou chocolate com amendoim, meu preferido.

Durante todo esse tempo, *la* Bettina ia e vinha, virando nossa ponte entre um país e o outro, gostava de ficar sabendo o que acontecia na Argentina, mas, toda vez que ela vinha com fofocas de Campana, eu saía rápido na direção oposta, acendendo um cigarro. Minhas suspeitas se confirmaram no meio de todas aquelas visitas, ela e *el* Orlando passavam cada vez mais tempo juntos e, mesmo que nenhum deles tivesse me contado, era só ver a dinâmica dos dois brigando pelo controle da TV para perceber um certo carinho na disputa. Ela tinha vinte e dois, e ele, quinze, e eu mordia os lábios para não me intrometer, já que se *la Chula* soubesse desse conservadorismo, me daria um murro bem no meio da testa. Um relacionamento que amadureceu na minha frente, para o qual acabei nem jogando contra nem a favor, e que dura até o meu presente.

Os quinze *del* Orlando se transformaram em dezessete, os dezesseis nem vi passar, e depois em dezoito, número de velas brancas e azuis que comprei no mercado para o bolo de chocolate que eu mesma fizera. Na semana seguinte, foi até o posto da Polícia Federal e deu entrada no longo pedido de documentação – o meu, anos após, continuava pendente – e, com o número do protocolo, ligou para *el Señor* Assis e conseguiu um emprego em uma loja dele na rodoviária. Nunca vi um garoto tão feliz como quando me entregou as últimas peças de roupas alheias que lavaria.

Meu irmão com dezoito, e ela com vinte e cinco, fazia sentido. *La* Bettina passava já a maior parte do tempo no Brasil e, como compartilhava os gastos com a gente, e o salão andava muito bem, eu me vi na situação de poder economizar para o terreninho onde ergueria minha casa.

Continuava comprando roupinhas para meu filho que ainda não existia, e vi no passar de todos esses anos um incentivo exponencial para colocar em marcha o plano *la Chula* prenha. Admito que estava demorando bastante, mais do que esperava, mas é que os caras que conheci no meio disso tudo nunca duravam mais do que um ou dois encontros, e pensar em ser uma agente da reprodução deles me causava calafrios.

A memória e o tempo, como qualquer coisa volátil, abundam na dor e se tornam rarefeitos na alegria. Aos meus cinquenta e tantos, quando penso naqueles nossos primeiros dois anos, depois de um início atordoado, dos estômagos vazios, vejo uma sucessão de lembranças, de episódios que temporalmente parecem infinitos. Contudo, as lembranças dos anos que se seguiram se apresentam como as estradas do campo que percorríamos com meus irmãos para ir até a escola, totalmente esburacadas, como recheadas de lacunas, dificultando ainda mais os pulos entre uma memória e a outra.

Vi passar alguns réveillons, acompanhei a vida de *el* Orlando enquanto se tornava adulto, vi *la* Bettina pular de cidade em cidade algumas dezenas de vezes, e eu já me sentia confortável com a rotina do meu trabalho. Aqueles anos se comprimiram em um sentimento: o regozijo. Mas digo tudo isso para falar que me lembro do dia em que pendurei o calendário que ganhei no mercadinho da esquina de casa e me surpreendi quando, de entrada, tive que arrancar as duas primeiras folhas.

Já era março e já era 1988, no próximo novembro faria vinte e oito anos, quase a mesma idade que meu filho tem agora. Para a maioria dos fumantes já era quase a metade da vida, vício que se derramou até ele pela árvore genealógica, com o peso de, pelo menos, três gerações.

Lembro que foi em uma sexta-feira de muito calor e clima seco, a terra acumulada nos paralelepípedos se levantava em redemoinhos que irritavam o nariz, o ar-condicionado do salão não dava conta da temperatura elevada dos secadores, eu tinha que enxugar a testa constantemente para poder trabalhar. *La Doña* Rosa atendeu ao telefone e me disse que era alguém da Polícia Federal.

No momento gelei, ninguém fica tranquilo perante a uma ligação da lei, mas o registro que ouvi do outro lado da linha me era familiar. Era a voz do homem que viria a ser pai do meu filho.

"Gringa, aqui é o Carlos. Tenho uma boa notícia, estou com seu registro aqui nas minhas mãos. Acabou de chegar."

"Quando posso passar para buscar?"

Imagino que a minha alegria era perceptível e viajava até *el* Carlos pelos fios de cobre que nos conectavam.

"Eu estava pensando em levar até você."

"Sei...", suspeitei que esse não era o tratamento padrão para todos os estrangeiros.

"E se quiser, podemos beber uma gelada, comer alguma coisa..."

O calor era tanto que qualquer associação com uma palavra que representasse frio seria irrecusável.

"Pode ser, vou terminar por volta das sete."

"Passo pelo salão nesse horário. É o do Córrego Grande, né?"

Não sei como ele soube que mudei de endereço comercial. Fiquei desconfiada da possibilidade de ele ser um desses caras obsessivos. Descobri depois que tinha acesso a uma base de dados imensa, o que lhe dava uma vantagem considerável no jogo da conquista.

"Carlos, Carlos... *hay dios*. Vai, pode ser, fechado."

Ele chegou com quarenta minutos de antecipação, mas como não sou mulher de largar tudo por um cara, o fiz esperar mesmo terminando a última cabeça antes do tempo. *La Doña* Rosa ficou espiando pelas persianas e relatando os movimentos dele. Quando saí, o encontrei encostado no carro, sorrindo, e dessa vez, não me pareceu tão feio quanto alguns anos atrás. Na distância do tempo todo em que não nos vimos ele envelheceu muito bem. A escassez de cabelo também aumentara na mesma proporção que seu charme. Ele se impulsionou na carroceria do carro e veio na minha direção.

"*Chica* linda. Agora você é quase brasileira."

Ele carregava na mão meu registro nacional do estrangeiro, um pedaço de plástico que abriria portas. Vendo *el* Carlos na minha frente, pensei em como fora ligeiro em me convidar para um encontro logo depois de um acontecimento que me fez tão feliz.

Talvez seja essa a palavra que melhor o definiria: ligeiro. Sim, ele sempre foi ligeiro.

O carro cheirava a aroma artificial de pinho, uma árvore verde, e não autóctone, de papelão pendurada no espelho retrovisor que balançava com as curvas da estrada. Acho que eu fiquei hipnotizada com o movimento do pêndulo. Percebi que no painel havia pendurado um cinzeiro abre-fecha e perguntei se ele fumava, se tudo bem acender um cigarro, ao que respondeu não e sim. Algo me dizia que ele mandara lavar o carro só para nosso encontro, mas pensando tudo desde meus cinquenta e sete acho que eu estava me achando um pouco demais.

"Vamos para o sul da ilha, praia da Armação. Conhece?"

"É na mesma direção que o Pântano do Sul, né?"

"Isso, é a minha praia preferida da ilha. Tem um lugar bem bacana e onde se come muito bem."

No meio do caminho, o trânsito se mexia com a força vital de uma lesma. Toda sexta-feira da temporada quente era igual: quem era do centro migrava para suas casas de praia, e o engarrafamento era inevitável. Alguns carros carregavam caíques, boias e flutuadores no teto. No banco de trás da maioria, crianças enlatadas pareciam furiosas com o atraso da gratificação. Olhei na direção *del* Carlos, nossa conversa não avançara muito – sinto que nós dois estávamos à espera do álcool para tornar a situação um pouco menos constrangedora.

"Olha, não me orgulho muito do que vou fazer agora, mas acho que vai ser a única maneira de chegar antes da meia-noite."

Do porta-luvas ele puxou uma cúpula vermelha, que ligou no painel do carro, abriu a janela e a grudou no teto.

"Pronta?"

Com o apertar de um botão a cúpula se transformou num farol que emitia luz vermelha acompanhada de um barulho alto. Na nossa frente, os carros começaram a abrir espaço para nos deixar passar. Em dez minutos, deixamos o engarrafamento para trás. Eu ria alto, era quase uma gargalhada. Sabia que tentava me impressionar – depois daquele momento não precisamos do álcool, a nossa conversa desatascou. É claro que era errado, mas há alguns errados que, dependendo das circunstâncias, são a coisa certa a se fazer, ou melhor, a prazerosa. Fiquei feliz em saber que, pelo menos, *el* Carlos era consciente disso.

Ele me contou que sua família toda era nascida na ilha, descendentes de portugueses, que tinha irmão e irmã também da polícia – mesma profissão que exerceu o pai quando estava vivo e que inculcara à maioria dos seus herdeiros. Também me falou que naquela semana tivera que mandar uma atriz argentina de volta para a origem porque não trouxe a documentação certa, e ela tentou de todas as formas, legais e ilegais, resolver a situação, o que o fez ficar cada vez mais puto. Ela teve que ficar esperando o voo de volta em uma salinha do espaço da PF no aeroporto, sob constantes protestos.

"Eu levo meu trabalho a sério."

"Eu também."

Concordar nisso me fez baixar ainda mais a guarda. Falei de Maciá, de todos os meus irmãos, de como não sabia nada sobre oito deles desde que viera para o Brasil, que *el* Orlando morava comigo, e a minha língua soltou algo sobre o apelido *la Chula*, que ele gostou e, até hoje, usa sempre que nos vemos.

"É aqui, chegamos."

Pequenas ondas, quase silenciosas, batiam na areia a metros das casas ao longo da costa, todas simples, nenhuma mansão. *El* Carlos foi em direção a uma toda de madeira. Do lado de dentro se infiltrava luz e música pelas fendas entre as madeiras imperfeitas usadas na construção quase totalmente rodeada de areia. Fomos até uma porta lateral, a entrada oficial dava direto para a praia, e caímos direto na cozinha, onde três fritadeiras trabalhavam na ocupação máxima, uma moça picava salsinha quase enchendo uma bacia gigante de metal. As panelas todas manchadas pela rotina do fogo alto eram cheias de amassados, as bocas do fogão maltratadas me contavam que aquela cozinha tinha alma.

Mesmo assim, a limpeza respeitava o padrão *la Chula* de qualidade. Nunca foi necessário algo ser novo para ser higiênico. Em uma mesa, havia uma dezena de bandejas de plástico empilhadas, cheias de gelo, e carregavam peixes de olhos tão brilhantes que pareciam ter saído do mar naquele mesmo dia.

El Carlos me contou que era exatamente isso. Eles preparavam o cardápio de acordo com o que o mar entregava na pescaria noturna e matutina. Um cara com o cabelo amarrado em um rabo de cavalo entrou por uma porta no lado oposto de onde estávamos. Sem nem levantar o olhar, saiu dando ordens para os cozinheiros.

"Fabiana, dois camarões à milanesa, uma casquinha de siri gratinada e três tainhas grelhadas. Cadê o Bruno? Coloca ele pra trabalhar, que já come de graça."

"Bruno é o filho dele. Trabalham juntos desde que era adolescente", disse *el* Carlos chegando perto do meu ouvido.

"Lapa! Lapa, Lapinha!" Depois soube que esse era o sobrenome de *el* Carlos. "Que lindo te ver aqui rapaz. Agora mi isplica quem que é essa belezura e o que cê inventou para convencer essa rapariga a te dar bola?"

Ele tinha o sotaque forte dos manezinhos da ilha, que eram os que foram nascidos e criados em Florianópolis e que, na maioria das vezes, nem sequer saíram do perímetro da ilha.

"Essa é a Margarita, é argentina, e prometi pra ela o melhor jantar de toda a ilha. Como só você consegue fazer."

"Intão, se fossi pra mim, eu começava com esse camarões graúdos, lindo que só Deus, saído direto do meu quintal, maix não empanaria não, tas tolo? Só grelhado e com umas gotas de limão é delicia, e dá pra senti o gosto do bichinho mesmo. Aí, claro, o pirãozinho também não pode faltar, né? E a lua cheia trouxe umas anchova de lamber o beiço."

"Se tu diz... Tudo bem o cardápio?", perguntou *el* Carlos, olhando na minha direção.

"Não tenho nem como discutir, deixa o homem cozinhar que ele sabe o que faz."

"Ixcolhe a mesa que mais te chamar, num instantinho mando aquela pinga que sei que cê gosta e umas isquinhas de peixe."

Ao atravessar aquela outra porta, percebi que a metade do chão do restaurante era coberto por uma placa de cimento, o outro chão era de areia, que invadia o salão a partir da praia. Foi nessa segunda metade que *el* Carlos escolheu se sentar. Tirou os sapatos, subiu um pouco a calça, revelando tornozelos peludos, e me convidou a tirar as alpargatas antes de se sentar.

"Vocês se conhecem há muito tempo?"

"Mais do que você pode imaginar. Cresci nesta praia, e somos amigos desde a infância. Um amor de pessoa, do tipo que dá vontade de reproduzir ou clonar. Eu venho aqui umas três vezes por semana. Sempre escolho me sentar na areia e nunca desdenho do cardápio que ele inventa na hora. O que eu mais gosto dele é que, mesmo com quase vinte anos desde que abriu isso aqui, o sucesso nunca subiu para a cabeça. Para ele, construir algo de tijolo e cimento, e eu concordo, mataria o lugar."

Um garoto, que descobriria ser o Bruno, veio até a mesa com uma cerveja e dois copinhos de pinga na outra mão. *El* Carlos conversou sobre como andava a mãe dele, e recomendou que tinha que beijar o chão em que pisava com os pais que tinha. Terminou com uma quase intimação: "e estuda, estuda muito, rapaz".

No fundo, se ouvia *Coração em desalinho*, de Zeca Pagodinho, paixão que não me deixou em todos estes cinquenta e sete anos...

Meu peito agora é só paixão... Meu peito agora é só paixão... Cantei tanto essa música quando foi lançada em 1986 que marcou aquele ano inteiro para mim. Um ano muito bom por sinal.

Tudo o que veio até a mesa, e era um restaurante de porções fartas, não teve sobras desaproveitadas – algo que sempre me deixava doida – até as migalhas de empanado frito que deixaram as iscas de peixe não se salvaram da ponta do meu dedo indicador.

Quando terminamos, e já tomados pelo torpor do álcool, ninguém estava completamente bêbado, mas estávamos no limiar entre revelar podres e ter algum controle sobre o que a língua falava. Perguntei se ele iria comigo caminhar pela praia; não era a mais bela das noites, nuvens cinzas azuladas cobriam tudo, não se via o reflexo da lua no mar, e, na areia, muitas algas brilhosas tornavam nossa empreitada um pouco escorregadia.

E eu me sentia à vontade de falar que ele tinha acertado ao fazer o errado com a sirene, que escolhera a região da ilha da qual eu mais gostava, que ver a amizade dele com o cozinheiro o fez virar de carne e osso na minha frente, que se tivesse me levado a algum lugar chique, teria sido a maior bola fora, que as paredes de tábuas e porcas enferrujadas pela corrosão do mar me pareciam muito mais charmosas do que grandes estruturas de concreto, que comer com os pés na areia fez da minha noite uma alegria, que via tanta normalidade partindo *del* Carlos que acho que senti algo parecido com segurança, e isso não estava me assustando, que achava aquele nariz gigante *del* Cyrano de Bergerac algo que marcava seu rosto e o fazia único, e que de algum modo queria esse nariz bem no meio do rosto do meu futuro filho, mesmo que ele viesse a reclamar depois, que se falasse a coisa certa a seguir não haveria limites para o crescimento do meu carinho por ele e que eu tinha no fundo da minha mente a melodia de uma parte de *Contigo aprendí*, de Armando Manzanero, que insistia em dizer que:

Contigo aprendí que existen nuevas y mejores emociones,
Contigo aprendí a conocer un mundo nuevo de ilusiones.

E foi isso que aconteceu: ele fez todas aquelas coisas sem eu falar ou dar dicas, em uma harmonia completa com o que eu estava sentindo. E assim que pensei em me virar para iniciar o beijo, pisei em um conjunto de algas que me tiraram o equilíbrio e me derrubaram na areia gelada. Era o mundo falando alguma coisa que eu ainda não tinha decifrado. Em vez de me ajudar a levantar, ele se sentou do meu lado, pedindo a minha mão como apoio, gesto que se manteve e que evoluiu para o entrelaçar dos nossos dedos repletos de partículas de rocha incrustadas nas linhas das nossas palmas e suas indicações de futuro. Ficamos em silêncio por um bom tempo, eu não sei se aguardava que ele tivesse a iniciativa ou se queria que ele esperasse por mim. Sentimentos conseguem ser tão ambíguos, tão contrários que, naquele momento, filtrar o joio do trigo se tornou uma tarefa ingrata, como o era fazer os fios de lã nas manhãs frias no campo. Transformar algo em outra coisa nunca nos deixa ilesos. Marcando o meu próprio tempo, o único que sabia seguir, virei na direção *del* Carlos, completamente insegura, mas transparecendo uma falsa compostura que virou ação em um beijo muito mais do que sincero e, sim, aquele nariz todo atrapalhava um pouco.

Para ir embora, passamos novamente pela cozinha.

"Foi tão bom pra você quanto foi para mim?"

"Melhor", respondi.

Na volta, sentia o cheiro do mato que pairava por tantas partes da cidade. Agradeci a falta de trânsito, porque permitia criar o nosso próprio vento. *El* Carlos dirigia muito bem com algumas doses no corpo, e eu sempre fui um pouco inconsciente. Parou na porta da casinha do Córrego Grande, desligou o carro, como alguém que tivesse sido convidado a ficar, mas que entendeu pelo meu segundo beijo que se tratava de uma despedida, por pouco tempo, mas uma despedida, enfim.

"Posso passar por aqui amanhã depois do trabalho, *Chula-Chula*?" Era muito engraçado para mim ver alguém que falava português tentando pronunciar meu apelido entrerriano – para ele havia um xis sustenido que a palavra não tinha.

"Pode, claro que pode. Você compra a cerveja?"

"Pode deixar", disse *el* Carlos, sorrindo o sorriso mais genuíno que via há anos. Até chegar na porta do condutor, não tirou o olhar de mim, fez uma pausa um tanto dramática, deu mais um sorriso e partiu. Ao mesmo tempo que preferia não pensar ainda no assunto, eu sentia, no meu âmago, as pulsações de um útero faminto.

Frequentemente falo, falei e falarei para meu filho – seja no meu presente, meu passado ou alguma projeção futura – que ele sempre foi um projeto na minha vida. Nada foi improvisado. Não é à toa que um terço do meu guarda-roupa já não era meu, era dele. Mentiria se dissesse que me sentia totalmente segura do ponto de vista financeiro, não pensei nem somei o custo de fraldas, de creche ou da falta de um plano de saúde. Mas isso era apenas contexto, encontraria uma maneira de resolver, sempre consegui. Porque naquele momento imaginava que uma vez que eu segurasse aquele menino no meu peito, o momento glorioso em que os medos não se dissolvem, mas ficam diluídos, seríamos somente ele e eu contra o mundo inteiro.

Prometi a mim mesma que ele estudaria o que quisesse, mas nunca escondi a minha vontade de que fosse na Universidade Federal de Santa Catarina (UFSC). Eu o imaginava correndo pelado pela areia do Pântano do Sul ou comendo na sombra das árvores em uma praia que conheci alguns anos atrás, e fiz a anotação mental de que era um bom lugar para resguardar o menino do sol típico de Florianópolis, que chegava a temperaturas de pururucar a pele. Achei oportuno descobrir que a praia das árvores era um dos pontos de encontro das bruxas da ilha. Ele aprenderia português antes do espanhol, mesmo que o meu sotaque se infiltrasse em si pelos ouvidos, e quiçá, ponto crucial, seria criado por uma mulher e mais ninguém.

Para que tudo isso que imaginava se sucedesse, eu precisava de um homem que pudesse largar, que não ficasse sabendo da gravidez ou que, se soubesse, entendesse que nada queria dele – nem mesmo um sobrenome. Insisto, eu precisava de um homem que pudesse largar, mas tudo o que acontecera no dia anterior *con el* Carlos complicava muito o meu plano, porque na não procura achei alguém com quem me importava. Alguém que eu queria querer.

Naquele final de tarde, ao abrir a porta de casa, encontrei *el* Carlos sentado à mesa da cozinha jogando baralho *con el* Orlando. Meu irmão estava com a cara de frustração de quem já perdera algumas partidas – as apostas eram representadas por feijões pretos e brancos. A dele foi uma frustração passageira, porque logo voltaram para jogar mais uma mão.

"*Chula, este tipo es de los buenos, totalmente aprobado*", disse *el* Orlando piscando para mim.

Eu dei um beijo *en el* Carlos, fui até a geladeira para beber algo gelado e notei que boa parte fora tomada por latinhas de cerveja. Peguei a que me pareceu mais gelada e me sentei na outra ponta da mesa. Meu irmão tivera uma sequência de boas mãos, e entre os três conversávamos sobre o que mostravam no jornal da noite, sobre como foi o dia, e eu me vi envolvida em uma normalidade que me era estranha. *El* Carlos me conheceu ontem e conquistara *el* Orlando antes mesmo de eu chegar em casa. Ao mesmo tempo que ele me parecia fascinante, e a cerveja na geladeira também era parte disso, eu me sentia, assim, um pouco invadida – sem que ninguém pedisse licença.

Quiçá tenha sido por isso que depois daquela noite avancei com mais cautela. Minha experiência com os homens me dizia que de um momento para o outro até o mais legal conseguia virar ogro. Mas o tempo passou, eu me soltei a rir com as histórias de *el* Carlos como policial do aeroporto, incluindo uma listagem dos lugares onde já encontrara cocaína escondida, e como um cara tentou entrar no país com uma mala grande cheia de salame sem confirmação de origem e com, brincou, cheiro de triquinose. Outro, um argentino, trouxe carne suficiente para fazer um churrasco para vinte pessoas sem refrigeração alguma.

El Orlando estava mais apaixonado que eu. No restante da noite voltaram ao baralho algumas vezes, variando os jogos. Quando anunciei que estava cansada e que iria me deitar para esticar a coluna, *el* Carlos levantou da mesa. Veio até mim e perguntou se seria tudo bem dormir ali naquela noite, que já estava tarde, carregava algumas cervejas, e eu respondi que sim. Pedi a ele que esperasse e voltei para a sala com um jogo de lençóis, apoiei tudo no sofá e antes de dar a volta para ir até meu quarto, desejei aos dois boa-noite – o rosto *del* Carlos demonstrava confusão, e propositalmente não respondi nenhuma das perguntas que, sabia, espiralavam dentro da cabeça daquele homem.

Eu tinha apenas uma certeza: se aquela relação acontecesse, seria nos meus termos. Eu o testava, e ele percebeu isso bastante rápido. Como não reclamou, no dia seguinte, como recompensa, ganhou o direito de dormir comigo na cama. Nos dias subsequentes, outros direitos foram outorgados, até porque *no soy de hierro*.

A presença dele em casa se fez cada vez mais bem-vinda, sem nem ter que lhe pedir, ele passou a fazer compras no mercado e se demonstrou um belo chefe de cozinha. Todo aquele que tem como trabalho algo que exige ficar em pé o dia inteiro sabe como uma comida pronta ao chegar em casa pode significar o universo. Três dias da semana ele dormia comigo, e os outros, junto com a mãe, revezando com seus outros irmãos para não deixar ela sozinha, já que sentia muita falta da companhia do marido. Do meu lado, me surpreendia uma figura materna real que inspirasse cuidado.

Passamos o verão suando e compartilhando um ventilador barulhento. O outono de 1988 parecia não chegar, sem tréguas na quentura ou na umidade. Mas a ilha surpreende, e o inverno foi de cortar a pele. A brisa do mar, quando vinha do Sul, era um canivete de gelo. Admito que era bom ter outro corpo esquentando os lençóis durante aqueles meses. Quando virou primavera, os ipês coloridos se multiplicavam entre a mata dos morros. Contrastando o verde-escuro com flores amarelas, brancas, roxas e rosa, *una belleza*.

La Doña Rosa e eu quase não tínhamos horários livres, o salão estava sempre cheio e era difícil até de parar para almoçar. *El* Orlando tinha seu emprego e *el* Carlos ajudava muito com as contas da casa, por isso consegui guardar alguma grana para me sentir mais segura em relação a ter meu filho.

Já de volta aos primeiros dias do outro verão, em um dezembro de fritar cérebros, cheguei em casa e vi o carro *del* Carlos parado em frente. Às vezes ele conseguia sair mais cedo do que eu, mas achei estranho ver as luzes da sala e da cozinha desligadas, um alo de claridade escapava pelas frestas da porta do que era o nosso quarto. Eu a abri e ele estava sentado no chão, com a gaveta das compras para bebês aberta e uma mamadeira, ainda embrulhada em plástico, nas mãos. Como a gaveta ficava em um lugar diferente do que a das roupas dele, e como ele não era de ficar xeretando, pensei que nunca a encontraria.

"*Chula,* desculpa, é que eu estava procurando pilhas para o controle remoto e acabei abrindo aqui."

"Vai fugir agora?", perguntei.

"Oi?" O rosto demonstrava a confusão. "Não, lógico que não. É que você nunca falou sobre fazer um filho comigo."

"Mas é essa a questão, eu não quero uma criança com você. Eu quero uma menina ou um menino só para mim."

"Ok."

"Se por algum motivo a gente terminar o relacionamento, a criança fica comigo. Eu vou tomar todas as decisões e vai ser registrado só com o meu sobrenome."

"Ok."

"Vai ser eu, ela ou ele e ninguém mais."

"Ok."

"Que *mierda* você quer dizer com 'Ok'?" Adicionei, puta.

"Que eu topo. Eu gostaria de te dar um filho."

Agora quem se sentia confusa era eu. Ele disse que sim. *Dijo que sí*. Respirei. E sem perceber, comecei a esboçar um sorriso lento, que me tirou da pose defensiva para a do abraço em um único movimento.

"Nunca ninguém fez essa festa toda para transar sem camisinha."

"*Hay, hay! Sos muy boludo, Carlos.*"

Fechamos a gaveta – senão seria um pouco esquisito –, apagamos a luz e tranquei a porta do lado de dentro. Naquela mesma noite fizemos a primeira tentativa antes da segunda e da terceira, mas acho que a última não vingou, *el* Carlos já estava exausto. Eu ficava muito feliz de saber que poderia contar ao meu filho que, sim, ele tinha sido feito com amor. Abri um buraco no passado, quando me lembrei da ocitocina, da professora de química histérica e dos meus tamancos vermelhos batendo forte no chão.

Com os primeiros dias de verão, chega o Natal que, mesmo sendo um feriado religioso, decidi festejar preparando macarrão caseiro cortado à faca e um molho de tomate suculento com pedaços grandes de frango bem apimentados – uma das comidas preferidas *del* Orlando e uma receita que aprendi vendo a *Mamá* cozinhar. A escolha do menu não levou em conta que, em Maciá, comíamos isso no inverno, e naquele dia vinte e quatro a temperatura estourava os termômetros. Liguei para *el* Carlos, que avisou que não poderia vir, havia alguns voos não programados chegando e só tinha ele de plantão. Avisei que deixaria um prato de macarrão na geladeira. Meu irmão e eu comemos sentados no sofá, vendo o especial *del* Roberto Carlos.

Trocamos presentes. Ele me deu um perfume que comprara na rodoviária onde trabalhava, eu comprei uma jaqueta com zíper que ele amou, e algumas horas depois fui até o quarto e desmaiei na cama.

A semana entre o Natal e o Ano-Novo era a mais cheia do ano no salão. Quase nem vi os dias passarem, chegamos a trabalhar até as dez da noite com uma, ou nenhuma, pausa para fumar. No dia trinta e um, terminamos oito horas da noite, e eu saí do salão com um único objetivo: beber as cervejas geladas que, tinha certeza, *el* Carlos comprara.

Perto da meia-noite nós três fomos de ônibus até a beira-mar norte carregando uma garrafa de espumante tão azedo quanto barato e, com três taças de plástico, brindamos a chegada de 1989, um dos melhores anos de toda a minha vida. Tudo com o fundo sonoro das explosões coloridas no céu, que eram como os bichinhos de luz piscando na escuridão dos Pampas argentinos.

Em janeiro, *el* Carlos e eu trabalhamos todos os dias com afinco no enrolar de corpos que resulta na reprodução. E, ainda em janeiro, mijei em um teste de farmácia.

É engraçado pensar em como um dos primeiros testes desse tipo foi criado a partir de um experimento bastante estranho: o bioquímico injetava o xixi da moça em uma rã, e se depois disso a fêmea ovulasse, a mulher estaria grávida. Eu não precisei de rã.

Tinha certeza, pelo que sabia do meu corpo, que algo estava em mutação dentro de mim. Havia uma mórula que estava doida para se dividir – e o teste mostrou exatamente isso, meu pequeno Lung estava a caminho. Seria libriano, o que não me soava tão mal, uma criança equilibrada e extrovertida para contrastar e combinar com o meu fogo no rabo.

El Carlos tentava pagar pelas consultas com a obstetra, mas segui firme com a minha resolução de que a criança era minha, mesmo que por causa disso tivesse que pedir ajuda em outro lugar. *La* Elisa tinha um horário fixo toda segunda-feira de manhã e decidi puxar ela para a calçada, era a primeira amiga para a qual contaria e não conseguia parar de sorrir. Ela sabia da minha vontade fazia tempo e, por isso, me abraçou por uma eternidade. Eternidade, aliás, que me deu coragem de estender o meu pedido.

"Eu odeio pedir dinheiro emprestado. Mas garanto que devolvo antes da data acordada. *El* Carlos quer ajudar, mas eu quero fazer tudo isso sozinha, não depender de ninguém, sabe?"

"Claro que entendo, mas acho que tenho uma ideia melhor. Eu tenho plano de saúde que cobre essas coisas, é ótimo, benefício do banco, e conheço uma obstetra que passaria as consultas no meu nome numa boa. O que você acha?"

Nos anos 1980, fraude era o que fazíamos para ajudar os amigos. Uma luz de polícia pedindo passagem sem necessidade, a fita cassete com as músicas da novela vigente vendida na rua, alguns trocados que evitam uma multa no trânsito e, para alguns, as visitas ao Instituto Nacional do Seguro Social (INSS) eram um *open bar*. Não digo que tudo isso foi bom, era apenas diferente. Humano tratava o outro como humano, mesmo que isso pedisse alguma falcatrua em favor de um bem maior. Aos meus cinquenta e sete, a burocracia se tornou tanta que nos afastou desses atos bondosos e nos aproximou do pânico institucional – que paira sobre as nossas cabeças na forma de polícia, cartórios e Receita Federal.

"Não quero que você faça nada que possa te prejudicar…"

"Imagina, mulher. Estou tão feliz por você. Hoje mesmo marco a consulta e te aviso, é aqui no bairro mesmo."

Eu me sentia aliviada, amparada e muito grata. Decidi que assim que saísse do salão ia ligar para *la* Amanda, a irmã que era um ano mais velha que eu e a única com aparelho de telefone em casa. *El* Orlando me encontrou no orelhão da esquina da rua em que morávamos – chovia, e na cúpula de proteção só cabia um de nós. Seria a primeira vez em que nos conectaríamos com a terra que nos criou desde que morávamos no Brasil. Ligamos para a telefonista e ditamos a longa sequência de números necessários para ligar para outro país.

Na primeira tentativa aguardei no silêncio de uma linha em espera.

"Senhora, acredito que houve um problema na conexão. Gostaria de conferir o telefone e tentar novamente?"

Repeti cada dígito e ela confirmou que estava igual ao que tinha tentado. Pedi que me conectasse novamente. O telefone ficou mudo por quase trinta segundos. A voz doce e sussurrada da telefonista disse no meu ouvido direito que a ligação fora recusada pelo receptor. Agradeci, e antes de virar para olhar nos olhos *del* Orlando, estiquei a pele do meu rosto em um sorriso.

"*Chula, no me tienes que mentir más, soy grande. No aceptaron la chamada?*"

"*No.*"

Ao responder à pergunta percebi que meu irmão estava completamente encharcado, e garanto que no meio de todas aquelas gotas se camuflaram outras, produzidas pelas suas próprias lágrimas. E, quando chegamos em casa, endireitei para o banheiro, tranquei a porta, liguei o chuveiro e, com a proteção acústica do barulho de água caindo, me deixei desmoronar até ficar em posição fetal, braços amarrados nos joelhos e o cabelo molhado cobrindo o meu rosto. Sempre acreditei que a nossa infância seria um elo suficiente para manter todos os irmãos juntos, mesmo que muito longe. Ter a confirmação do contrário era devastador.

Capítulo XX

Nos primeiros meses ninguém acreditava que eu estava grávida, quase não tinha barriga. Insistiam que a minha gravidez era psicológica. Uma piada bastante cruel quando paro para analisar agora. Mas lá pela metade do sexto mês, a pele começou a se esticar, o umbigo começou a sumir e minhas roupas não cobriam nem a meia esfera onde morava o meu filho. Algumas clientes me presentearam com roupa elástica para grávidas, e eu adorava desfilar pela rua como a deusa da fertilidade. Mas, ao mesmo tempo, todo o peso extra nas costas comprimiu ainda mais umas vértebras nas outras.

Assim como no apartamento do continente, a casa de Córrego Grande era a definição da palavra umidade, que parecia me seguir para todos os lugares, eu até tentava lutar contra, mas comecei a espirrar muito e ter dificuldade para respirar. Tinha certeza de que aquilo não era nada bom para uma criança, e passar panos com água sanitária nas paredes toda semana tampouco me parecia saudável. *Con el* Orlando, procuramos em todo o bairro por uma alternativa, algo mais arejado, que não tivesse água brotando pelas paredes.

O que encontrávamos era ou muito caro ou muito pequeno – minha intenção era abrir o meu próprio salão em casa, para ficar perto do meu filho, já que meu irmão trabalhava e eu não tinha como pagar alguém para fazer isso. Precisei elevar meu campo de visão para notar uma casinha que ficava no início de um morro quase íngreme, toda pintada de branco, com as persianas de madeira em azul-frança e um quintal onde daria para correr à vontade, poderia até arrumar um cachorro se quisesse.

Uma semana depois, nós nos mudamos, momento em que percebemos que o "morrinho" simpático implicava o treino constante da força e tensão dos nossos calcanhares e tendões. Isso porque eu ainda nem experimentara subir aquela rampa com uma criança de colo pendurada no meu pescoço. Pela altura do terreno, do quintal conseguia ver a maioria dos prédios da universidade, a pista de atletismo tingida de laranja, as flores nos canteiros e o centro de convivência do lado da bandeira do Brasil desbotada. Tudo uma pintura da minha chegada à ilha e de um futuro que eu desejava.

La Doña Rosa entendeu que eu precisava fazer mudanças. Antes de sócias, éramos amigas, e nunca pautamos a nossa relação pela inveja. Isso faz uma diferença grande, e se tratava de um traço muito incomum no mundo do cabelo. Minhas clientes me seguiram e as dela ficaram, vez ou outra, quando chegavam mais pessoas do que conseguíamos atender no nosso salão eu indicava como chegar até o de *la* Rosa, e ela fazia o mesmo. Se me perguntavam se era boa, respondia sempre: tanto ou mais do que eu.

Comprei dois espelhos e duas cadeiras, e comecei a atender em um dos quartos da casa. Um início improvisado, nem lavatório tinha, e as clientes se agachavam para enfiar a cabeça embaixo da torneira da cozinha. No caminho, sempre se perdem algumas freguesas, aquelas que não valem a pena, mas *la* Elisa e *la* Gorete marcaram o primeiro e o segundo horário no que foi meu primeiro dia trabalhando sozinha.

O carro mil do Carlos só subia até a casa em primeira marcha e com impulso prévio na rua principal. Já o Fusca amarelo dos vizinhos da frente nem chegava a reclamar pelo ângulo de subida. Sem que eu pedisse nada, *el* Carlos trazia cremes hidratantes, pé de moleque, chocolate amargo e vidros de palmito e alcachofra em conserva que comia na frente da televisão sem adereços. Cheguei até a beber a água dos vidros para saciar uma necessidade gutural por coisas salgadas. Ele tinha o dom de ouvir minhas vontades e as tornava realidade sempre que podia.

Em uma daquelas noites do meu sétimo mês, ele apareceu na porta de casa falando acelerado e avisando: "Hoje vou ficar só meia hora e preciso sair logo… É coisa de trabalho, tem uma gelada? Por favor, fala que sim". Nada estranho no pedido, mas eu o via um tanto atordoado, a voz parecia a de alguém que se declarava culpado antes mesmo do julgamento. Tanto que sinto que ele conseguiria dublar a sentença imaginária do juiz porque sabia cada uma das palavras que seriam proferidas. Mas as cervejas fizeram seu efeito, *el* Carlos foi relaxando, apagou no sofá e o cobri com uma manta.

Quando acordei na manhã seguinte, ele não estava mais lá. Sem nenhum recado na geladeira, comecei a preparar o salão para o dia de trabalho. Eu gostava de deixar todos os instrumentos em um carrinho de rodinhas, cabiam as tesouras, escovas em fila, da maior à menor, e a navalha de mango branco que, naquele dia, pensei em usar para algo além de cabelo.

Às oito da manhã carreguei para a porta a placa de alumínio com meu nome e telefone em letras pretas de caixa-alta e fundo de tom amarelo pastel. Abaixo, em uma cursiva simulada, lia-se: "cabeleireira". Eu mesma escolhi as cores junto com o cara da gráfica. Não havia ninguém caminhando pela rua, por isso entrei para preparar o chimarrão, amargo, como sempre gostei, e com erva-mate contrabandeada da Argentina nas visitas de *la* Bettina.

A primeira cliente daquele dia, *la* Gorete, entrou para pintar o cabelo e logo me vi imersa no meu trabalho e na nossa conversa.

As técnicas de mistura das tintas me transportavam às tendas das competições de cabeleireiros em Buenos Aires e às longas horas de preparação. No final, sempre terminava íntima com as e os profissionais que me escolhiam. Assim como naquela época, eu continuava absorvendo que nem esponja o conhecimento da minha profissão. Afirmo que sou feita um pouco de cada uma das profissionais com quem trabalhei – talvez não tanto de *la* Eugenia, que quase não entrou na lista por ter ficado com meus tamancos.

Nunca fui muito boa para lembrar placas ou modelos de carro. Sob minha visão, eram todos iguais: algo que não conseguia comprar. Pela janela que dava à rua, percebi um veículo preto muito parecido com o que *el* Carlos dirigia, não saberia precisar se era o mesmo ou não, mas logo vi uma moça bonita e rechonchuda descendo pela porta do motorista com alguma dificuldade devido à inclinação, mas não dei muita importância.

Foi enquanto eu enxaguava a cabeça de *la* Gorete que ouvi alguém batendo palmas do lado de fora do portão, pela janela fiz sinal de que podia entrar e indiquei onde ficava a porta.

Sem se dar o tempo de respirar, nem sentar, percebia nela a tremedeira de quem tinha algo importante para falar e que segurava havia bastante tempo no meio da garganta, como um gogó enxertado, transplantado, presente a cada engolida.

"É você que é a tal da *Xula*?"

A pronúncia desleixada me pareceu muito deselegante, mas fiquei curiosa. Ouvir esse nome fora de meu círculo íntimo foi uma surpresa.

"Eu sou a Lorena. A esposa do Carlos."

Foi como se alguém inserisse múltiplas agulhas na minha réplica de boneca vodu que já cansara de apanhar.

"Você sabia que eu existia?"

Minha cabeça balançava indicando que não.

Ela interrompeu a fala quando viu que havia uma parte de mim que não chegara a considerar.

"Essa criança é dele, do Carlos?"

O meu silêncio foi a resposta afirmativa de que ela precisava, coincidiu no espaço-tempo com a profunda desilusão que começava a me assolar. Sem perceber, iniciei um movimento, me dei um curto, mas forte, murro na coxa esquerda. *Como pude ser tan pelotuda? Justo yo. Que no quería un hombre en mi vida.* Eu, que já sabia o perigo que são, lembrete que deveria ter disparado junto às luzes de emergência e todas as sirenes antes daquele dia.

La Lorena tinha um plano: sair atrás *del* Carlos. Não fiquei paralisada, não precisei de um momento para respirar, estava pronta. *La* Gorete parecia preocupada comigo, e eu fiz um pedido:

"Gorete, você seca o seu cabelo? Vou te dar a chave. Fecha a casa pra mim?"

Em momentos assim era necessário escolher de que lado ficar. *Qué hijo de puta! Qué desgraciado!* E avaliando as opções de escolha, percebi que a resposta estava clara e nem um pouco escondida. Eu me encontrava no mesmo quarto que uma mulher magoada, e em algum outro aposento, de alguma outra casa que não sabia que existia, *el* Carlos dormia plácido em uma cama de casal acostumada a carregar dois corpos. Minha aliança nunca se efetivaria com um "ele" se houvesse qualquer "ela" envolvida.

Por isso entrei no carro, mesmo que em retrospecto me parecesse uma loucura, já que carregava a minha barriga de quase oito meses no interior de um veículo claramente dirigido por alguém que não estava pronta nem para dar a ignição. A sua perna usada para acionar a embreagem tremia quando chegávamos aos faróis.

Sem saber aonde ela estava me levando, me mantive calada pelo máximo de tempo possível, sabendo que a minha vontade era dizer apenas as palavras necessárias. Mas percebi que quanto mais tempo passávamos em silêncio mais as mãos dela tremiam e faziam movimentos involuntários. Na tentativa de acalmá-la, e esperando chegar viva ao nosso destino, comecei uma conversa bastante constrangedora, mas que parecia atenuar os sintomas da sua ansiedade.

"Você e *el* Carlos têm filhos?", perguntei, temendo a resposta.

"Temos um casal de gêmeos, Renan e Juliete. Estão quase com nove anos. Eles adoram o pai."

O último comentário foi uma flechada no meio do meu peito.

"E tem outro com a mulher antes de mim, um garoto, já deve ser um rapaz. Eles se mudaram para os Estados Unidos assim que o menino nasceu."

Com meu filho seriam quatro, a criatura ainda não nasceu e já tinha três vezes mais irmãos do que a uma hora atrás, a vida reprodutiva *del* Carlos poderia ser representada pela figura de um esperma perigoso e grudento.

"Ontem chegou em casa falando que queria terminar tudo, que não me amava mais, que queria uma tal de Xula, que não tínhamos nenhum futuro. Foi tudo muito depressa, porque nos dias anteriores ele não reclamou de nada. Eu só queria saber se fui eu, algo que eu fiz."

"Sabe o que eu fiz ontem à noite?", perguntei. "Como estava fresco, busquei uma colcha para ele não passar frio. Levantei da cama, fui à sala, voltei para o quarto, escolhi uma bem fofinha e o cobri como se cobre uma criança, como se cobre um inocente. Burra. Idiota."

"Foi um amigo dele que me contou sobre você, o Vitor, que tem o barracão, o restaurante, aquele na Armação."

Até o pessoal do restaurante no nosso primeiro encontro sabia e eu não.

Considerando as pilhas de bosta que começava a ver na minha frente, soube que não escaparia de algum respingo viscoso.

A coisa é que entre nós duas havia uma diferença importante: ela queria recuperar algo, e eu já tomara a decisão e atirara tudo pela janela daquele mesmo carro um pouco mais cedo. Conseguia sentir no corpo a velocidade, *la* Lorena passou a dirigir com o pé no acelerador de maneira pouco delicada. Percebi que ela queria algo de mim, às vezes tirava o olhar da estrada, me olhava, abria a boca, molhava os lábios e nada. Dois minutos depois voltava a repetir o movimento. Quiçá ela quisesse respostas, e eu não negaria essas conversas. Por isso, falei:

"Aquilo que não é dito, aquelas angústias que guardamos só com a gente, tudo isso vira trauma, e isso dói muito mais que qualquer dúvida. Pode ficar livre para me fazer perguntas."

Ela atirou no mesmo instante em que terminei de falar.

"O Carlos está ajudando com as coisas da gravidez? Pagando seu médico?"

Expliquei que não o deixara pagar por nada, que o combinado fora que eu não queria participação alguma do lado dele. Muito menos agora.

"A criança é minha, não *del* Carlos."

"Então você não vai querer dividir a herança dos outros filhos, é que já são três."

Hay, el dinero, siempre llegamos al dinero. El puto dinero.

Ela matou *el* Carlos várias vezes nos seus raciocínios daquele dia.

"Não quero nem um centavo", respondi.

Achei melhor acompanhar com o olhar o caminho rodeado de natureza. Com aquela última pergunta, senti bastante pena de *la* Lorena. Eu sabia o que diria para *el* Carlos, uma ou duas frases categóricas indicando o fim dos nossos laços. Já ela parecia estar juntando os cacos para ver se dava para grudar de novo uma vida com boas intenções no lugar da cola. Interrompi meu devaneio fugaz para dizer o que precisava ser dito.

"Do meu lado, ele é todo seu. Mas, sem querer dar uma de professora, porque não sou educadora dos sentimentos de ninguém além dos meus, pensaria melhor o que você está disposta a passar daqui em diante. Ficar presa a um relacionamento é uma das coisas mais cruéis pela qual uma mulher pode passar." Fala para a qual ela não deu a menor importância.

Em silêncio, ela saiu do asfalto, e o barulho de pedrinhas molhadas batendo na lataria parecia uma chuva que caía de baixo para cima, desafiando a gravidade. Seguiu mais alguns metros e estacionou em frente a uma casa de madeira muito bonita, com duas redes penduradas na varanda e uma bicicleta pequena, toda preta, descansando no gramado. Ela abriu uma porta de correr que ficava em uma das laterais da casa e virou na minha direção, pedindo silêncio. Explicou baixinho que queria ver a cara dele com nós duas dentro do quarto. Teatral demais, é o que eu diria sobre essa coisa toda que ela planejara. Nunca fui muito chegada a esse tipo de pirotecnia emocional, mas desta vez poderia ser divertido. E o divertido sempre ganha da compostura.

Ele estava deitado, ainda com as roupas da noite anterior, posicionado como se estivesse dormindo de conchinha com uma pessoa de vento. Foi ao ver ele naquela situação que entendi quão pequeno era. Tanto fisicamente quanto o que o fazia mesquinho. Decidi que não adiantaria muito chutar alguém que já estava beijando o chão. Foi aí que *la* Lorena começou a bater palmas sem medir o impacto nas suas mãos, que, certamente, doeriam pelo dia e quiçá por mais alguns.

O homem deu um pulo amplificado pelas molas do colchão, quando virou e acomodou a vista à claridade. Não é que *el hijo de puta* olha para nós duas e solta um meio sorriso? A esposa pegava as almofadas ao seu redor e atirava contra *el* Carlos, que em resposta teve um ataque de risos. Era uma criança, cheia de malícia, mas uma criança como todas as outras, e, por isso, em um momento em que ela parou para pegar fôlego, falei:

"Me escuta só uma vez, *no te qui-ero ver más en mi pu-ta vi-da*, virei a 'outra' de um casamento *por vos, pelotudo? No, no, no, no.* É melhor esquecer que a gente já esteve junto", e, olhando para *la* Lorena, adicionei: "*te lo regalo*".

Saí pelo mesmo caminho em que entrei, antes de atravessar a porta principal ouvi a esposa *del* Carlos tentando amarrar com palavras um cara que era cafajeste por vocação. Atravessando o quintal, vi mais uma vez a bicicleta tamanho criança, solene, me esperando como um tiro nas costas.

Quando estávamos chegando, vi que havia um ponto de ônibus perto. Caminhei lentamente até lá, e com um terço do caminho coberto, o céu despencou em água todo de uma vez. A ilha também precisava descarregar algumas coisas. Eu olhava em frente com foco no ponto, jurando que as únicas gotas que escorreriam pelo meu rosto naquele dia seriam as da chuva. Eu mesma me tiraria daquela lama de merda, como sempre fiz.

Já no ônibus, agradeci pelas janelas abertas, o vento mexia de leve nos meus cabelos, e após falar com o cobrador descobri que tinha uma bela viagem pela frente. Encharcada, sentei na única cadeira sem par do ônibus, logo na frente. A minha aventura era para dentro e não comportava mais ninguém.

Em um momento de luz pensei que havia algo de bom em tudo aquilo, que com a cagada *del* Carlos ele se afastaria de mim e do meu filho. Ele me dava mais um argumento para nem abrir a porta se decidisse me visitar. Subir o morrinho até a casa foi um processo lento, mais de uma pessoa me ofereceu o ombro como ajuda, mas recusei sorrindo para todos os benevolentes. Sentei na mureta de casa, triunfante pelo resultado do esforço. Lá embaixo as manchas verdes da natureza lutavam com as construções do bairro como borrões de tinta, sem fronteiras distintas. Daqui de cima tudo parecia ok.

No último dia do meu sétimo mês, senti um desconforto enquanto segurava o secador acima dos meus ombros em um cabelo longo demais para minha condição. A obstetra, *la* Carolina, não viu motivo para preocupação. Entrando no oitavo mês ela disse que a criança estava pronta para vir ao mundo – ou ser arrancada. Discussões envolvendo o parto natural só vieram a aparecer muito tempo depois, quase nos meus cinquenta, e ainda sinto falta de ter empurrado meu filho com toda a força que tinha disponível, mas na maioria dos casos não era uma questão de decisão. Parecendo mais uma transação do que um nascimento, a médica avisou que sairia de férias na segunda semana de setembro, e que se eu quisesse que ela fizesse o parto, poderíamos agendar até o fim da semana. Naquela época, o parto normal era o que se fazia de vez em quando, quando dava tempo, a maioria íamos para a lâmina da faca sem ter qualquer outra opção. Saindo do consultório, tinha a data marcada, nove do nove de mil novecentos e oitenta e nove – seria virginiano no final das contas, um perigo meticulosamente organizado.

Nos dias que se sucederam, não parei de trabalhar um minuto. Três horas antes do parto finalizei uma escova e um corte igual ao de uma das mulheres da novela das oito que acabava de começar. Acho que era Tieta, o nome – só sei do papel de *la* Betty Faria, que usava o cabelo nos ombros e cheio de ondas, foi muito pedido naquele ano no salão. *El* Orlando me ajudou a carregar a minha mala, e os dois caminhamos juntos até o ponto de ônibus. Seria um dos últimos momentos em que estaríamos verdadeiramente sozinhos, e deixamos o silêncio ser o mais alto de todos os sons. A mão dele, sempre firme no meu ombro, me dizia muitas coisas que ele nem sequer estava pensando e que nunca ouviria saindo de sua boca, mas a minha intuição me dizia que ele enumerava pequenas derrotas:

1) Estou do seu lado mesmo perdendo *el* Carlos, que para mim era um amigo, e por isso estou do seu lado. 2) Estou do seu lado mesmo que a ideia do choro de uma criança berrando me apavore, e eu estou do seu lado. 3) Estou do seu lado mesmo sabendo da quantidade de fraldas cagadas que terei de trocar, e eu estou do seu lado. 4) Estou do seu lado em todas as noites que vou virar segurando uma criança que, sim, me causava algo perto de ciúmes. 5) Estou do seu lado mesmo que eu sinta que só faça tudo isso por culpa de ser o quase primeiro filho que entrou

na sua vida com a rapidez com que *Mamá* correu na direção contrária à minha, e sempre estou do seu lado.

Mas essa sou eu, *la Chula*, não *el* Orlando. Entendo que falo muito sobre mim quando penso os pensamentos dos outros. Quiçá fossem culpas minhas formulando tudo aquilo ou, talvez, algum grau de insanidade. Isso é algo que me deixava acreditar na possibilidade de entrar no outro ao montar ligações esquisitas, estimando escolhas.

Chegamos às dezenove horas, e em quarenta e cinco minutos, eu estava pronta para entrar na sala de parto. *El* Orlando chacoalhava a perna como costumava fazer em qualquer situação de estresse, e o céu, já banhado pela luz da lua, se emoldurava pela janela. A obstetra entrou no quarto, escreveu algumas informações na prancheta e perguntou se eu estava pronta. Estava. Há muito tempo já estava pronta.

Primeiro veio a peridural, e com ela se foi a sensação da metade do meu corpo. Parara de sentir o ar gelado da sala de parto nos pés, se não os visse ali, ligados a mim, nunca acreditaria que faziam parte do meu corpo. A próxima lembrança que tenho é a de erguerem um lençol para que não conseguisse ver o procedimento – que a doutora chamou de "bem nojento". No ar, o cheiro metálico forte, quase ferroso, vinha das muitas camadas de pele cortadas para dar acesso ao interior de minha barriga, ou algo assim. Foi aí que deslizou para fora de mim um menino, que a doutora levantou como no filme *Rei Leão*. *Tenía pito, dos hojos, dos horejas, un culito redondo y un montón de dedos* que contei várias vezes para confirmar se cada um estava no seu lugar. Mais tarde, no quarto, examinei-o para que não tivesse nenhuma corcunda esquisita na coluna. Sei que a origem da minha é cultural, não biológica, mas será que depois de tantos anos convivendo comigo não encontrou uma maneira de se infiltrar no DNA desta Lung?

El guacho era grande, imenso, justificou a barriga que gerou. Três quilos e oitocentos. Não esperava todo esse peso quando o segurei pela primeira vez. Ao escorrer das lágrimas de alegria, foquei no rosto do meu filho, olhei mais um pouco. Tentava avaliar alguma coisa que ainda não identificara. Quando entendi o que me incomodava, comecei a sentir bastante culpa, e perguntei:

"Você tem certeza de que é o meu filho mesmo?"

A enfermeira riu, até engasgou um pouco com a saliva.

"Posso garantir que ele saiu de dentro de você", sorriu. "Certeza, eu vi tudinho."

Ele era peludo, de cabelinho preto, e somado a outras características fisionômicas peculiares, me lembrava à única pessoa que não queria enxergar. Era *el* Carlos na cara de um bebê, era lógica a possibilidade, mas a emoção está cagando para o pensamento lógico, e ali, na sala de parto, deixei escorrer mais algumas lágrimas, que quem estava perto entendeu como emoção, mas que, eu sei, foram um breve momento de pânico, um desgosto.

Mais tarde, no quarto, encontrei *con el* Orlando, que, muito rápido, chegou à mesma conclusão; rindo, de tempos em tempos, dizia:

"Não, não é tão parecido *con el* Carlos... Se eu fecho os dois olhos ao mesmo tempo, ele não é parecido com ninguém", falou ele, sem conseguir segurar a risada. "Agradece que o garoto não nasceu com aquele nariz, senão jamais passaria pelo corte da cesariana."

A verdade é que o nariz cresceu proporcionalmente nos primeiros catorze anos de vida do meu filho. Daí em diante a estrutura óssea duplicou seu tamanho, as narinas viraram cavernas, e entortou de leve para o lado esquerdo – hoje, quando encontro com ele, reconheço o narigão do pai.

El Orlando estava preenchendo as fichas de cadastro e me perguntou:

"E aí, *Chula*? Qual vai ser o nome do garoto?"

Respondi sem pensar, provocando uma descarga elétrica imediata em meu irmão.

"Pode anotar, o nome dele é Alberto Lung."

Três dias após a cesariana, já estava doida para empunhar o secador e minhas tesouras afiadas. Amava o meu filho, doía ter que dedicar tempo a outras coisas, mas quem ganha por dia não pode se dar ao luxo de tirar um tempo para si. Por isso as clientes teriam que se acostumar com uma mistura de salão-berçário. Meu garoto cresceu entre escovas e revistas *Caras*, com o barulho de papel-alumínio e com o passar de mão em mão quando começava a chorar. Ele costumava ficar mais calmo toda vez que *la* Elisa aparecia. Era como um *knockout* em poucos minutos. Sem eu me dar conta, o nome dele virou Beto, ou Betito, que, com o passar do tempo, começou a crescer nos braços das clientes na mesma proporção em que sugava a minha teta.

Eu era a Fontana di Trevi do leite materno, jorrava o líquido como uma torneira. Mesmo após encher meu filho até o topo, era uma das maiores doadoras ao banco de leite. Meus peitões que, já contei, me incomodavam não precisaram de intervenção cirúrgica para caírem aceleradamente até o final das minhas costelas. Lugar ao qual viajaram e nunca conseguiram retornar. Viraram uvas-passas das quais me orgulho bastante. Teria gostado de saber quantas outras crianças aproveitaram minha produção em série. Mesmo sabendo do disparate biológico, sempre que amamentava pensava que poderia ter nutrido todos os meus irmãos em poucos dias.

Fora isso, para a minha tranquilidade, os pelinhos corporais foram sumindo com cada banho, e o cabelinho ganhava a cor clara do meu, os olhos permaneciam castanhos, e não via mais *el* Carlos no menino – só isso bastava.

Seis meses depois ele já ria com as minhas caretas, abria a boca tentando falar, produzindo bolhas de saliva que estouravam. Já sentava sozinho usando as mãos como apoio e ensaiava alguns aplausos inaudíveis e desajeitados. Passava a maior parte do tempo no salão comigo e aprendeu a aceitar os braços de todas as clientes, sem fazer distinção. Por isso me senti confortável para deixar ele no berço enquanto ia lavar roupa na área de serviço.

Eu não conhecia ninguém tão ateia quanto eu, mas me lembro de sentir um frio na espinha muito forte que atribuí à água gelada que saía da torneira. Na minha visão periférica, enxergava um resplendor, não era exatamente uma luz e, sentindo alguma forma de medo, argumentei que não havia nada ali, pronto. Apenas uma tentativa pífia de autoconvencimento, mas não consegui me conter. Virei a cabeça noventa graus e vi algo que lembrava uma pessoa, um humano. Não conseguia ver o seu rosto pela luz que emitia, que era de um amarelo solar, e ao olhar direto para aquele ser, me cegava. Percebi que o resplendor começou a caminhar em direção à sala, não deslizava, flutuava sobre o chão, como eu já imaginara que esse tipo de entidade faria. Com o passar dos segundos, começou a se movimentar mais rápido, algo que entendi como uma certa urgência. Eu estava dividida entre acompanhar o trajeto ou continuar lavando a roupa como se nada estivesse acontecendo. Mas meu filho estava lá dentro, e a vontade de protegê-lo tomou conta de mim. Em seguida, comecei a ouvir uma voz: "*ma, ma, ma, ma, mam, a, mamá, mamá*". Então comecei a correr, desesperada – passei pelo que depois apelidei de anjo, mesmo não sendo a palavra que procurava, e pelo que consigo lembrar, o atravessei bem no meio sem pedir licença, igual a uma flecha que atravessa seu alvo.

No berço, *el* Beto estava da cor de um mirtilo, enrolado no pescoço por um lençol amarelo com desenhos de elefantes bordados, um presente de *la* Gorete. Desfiz o nó e a pequena respiração dos pulmões diminutos abocanhou todo o ar que conseguia até normalizar a entrada de oxigênio. Seus lábios continuaram roxos e gelados por um bom tempo. Pouco a pouco suas bochechas voltaram à cor normal, e eu o segurei o mais perto dos meus peitos que consegui enquanto ele berrava, não chorava o mesmo choro de sempre, eu sentia nele o desespero de quem quase morreu.

Somente contei o ocorrido a uma pessoa. Temia que se a informação se espalhasse eu pudesse perder a minha carteirinha de herege, de desistente de deus. Por isso guardei a história para uma outra pessoa, alguém que entendesse o ocorrido, nem *el* Orlando ou *el* Beto ficaram sabendo e, hoje, aos meus cinquenta e tantos continuam sem saber de nada. Não sei se era medo de ser vista como louca ou se seria temor por julgarem a minha negligência. O que eu me lembro é de me deitar aquela noite na cama e, sem desarrumar os lençóis, vi o contorno de luz gravado na parte interna das minhas pálpebras, da mesma maneira como o sol se registra quando olhamos direto para ele. Naquele momento de descanso, as imagens começaram a ficar mais nítidas, um homem da minha idade olhava direto para mim, e eu comecei a perceber certos traços familiares: a magreza aguda, o rosto endurecido pelo que só podia ser trabalhos manuais sob o sol, labor de campo. Nas mãos, calos demonstravam trabalho com pás, enxadas, e nos pés alpargatas que um dia foram brancas estavam encardidas pela terra. Abri os olhos, temendo perder a imagem, e os fechei em seguida. O rapaz continuava nas minhas pálpebras e, em um último olhar, tudo ficou nítido. Aquela entidade só poderia ser um Lung. Em vez de me considerar sortuda pelo contato amoroso, só conseguia pensar que não me surpreendia que alguém da família trabalhasse até no além. Assim que o reconheci, a imagem desapareceu.

Capítulo XXI

Era um dia de chuva fininha e vento sul, um domingo. O nariz e os lábios trincavam com facilidade e não havia manteiga de cacau que desse conta. Estava pendurando roupa no quintal com meu filho pertinho de mim e, no portão de madeira entre a rua e a casa, um cachorro bastante magro, costelas à vista, tremia mais do que eu. Usava a patinha para raspar uma das tábuas do portão que pintei de azul. Pensei que o bicho, naquele frio, não teria chances de sobreviver durante a noite, e se bem eu nunca tivera um animal todo meu, cultivava meu amor por cachorros desde que conhecera *el Teniente* em Maciá. Mas a morada dele era na rua. *Mamá* me mataria se o colocasse para dentro de casa, por isso acredito que não conta como experiência prévia.

Destranquei o portão e o cachorro correu até uma parte seca, coberta pelo teto da casa, nem se mexeu quando entrei para buscar alguma coisa a fim de cobri ele. Fiquei com pena e, parada no limiar entre o dentro e o fora, o chamei para entrar. Acabou por me ignorar completamente, continuava fiel à vida de andarilho, mas aceitou a coberta agradecido. Momento em que vi o que tinha que ver para saber que se tratava de um macho. Mesmo tentando me convencer a não me apegar, pensei no nome que lhe daria se decidisse ficar: *Valiente*.

Na manhã seguinte, continuava na mesma posição, até o chacoalhei um pouco para confirmar se continuava vivo, e em um pote entreguei a carne que sobrara do dia anterior, que olhou com desconfiança, mas acabou comendo. Quando o convidei a entrar pela segunda vez, nem me deixou terminar o comando, passou entre minhas pernas e circulou várias vezes a cozinha, deitando em um dos cantos. Apresentei a *el* Beto, sentei ele no chão do lado *del Valiente*, e a resposta do cachorro foi virar de barriga para cima, expondo suas partes frágeis. Nem se mexeu quando a mãozinha do meu filho batia perto dos seus pelos do peito ou apertava uma das suas orelhas.

El Orlando ficou mais contente do que eu, depois de se conhecerem por pouco mais do que trinta minutos, cheios de carinhos e lambidas, o levou para passear sem coleira. A química deles batia forte, pulsava. Seria cruel submeter um bicho livre a uma coleira, *el Valiente* não saiu de seu lado em todo o trajeto, e na volta correu até a cozinha para mendigar restos do que estava preparando. Ganhou a metade de uma cenoura que, praticamente, engoliu inteira. Satisfeito, deitou do lado do carrinho de Beto e ficou ali até que nos sentássemos à mesa. Quando tinha sono, saía para dormir ao ar livre e já tinha um cobertor para chamar de seu. Quando acordava no meio da noite, muitas vezes eu o encontrava patrulhando o quintal, cobrindo com as patas toda a extensão do terreno.

Sempre que *el* Beto chorava, *el Valiente* rodeava o carrinho ou berço. Seguia-me pela casa até o meu filho se acalmar. Eu queria perguntar ao bicho se fazia isso porque o choro de *el* Beto o irritava ou se partia de uma vontade de cuidado, carinho. Teria essa resposta logo nos dias seguintes. Mas antes ele comeu uma tigela inteira de arroz com pedaços de batata.

Alguns dias depois, em uma manhã fria, mas de sol pleno, deixei o carrinho de *el* Beto na varanda enquanto preparava a terra de um dos cantos do terreno para fazer uma horta. Ele começou a chorar a todo pulmão, e eu decidi que lhe faria bem treinar o fôlego. *El Valiente* foi correndo em sua direção e começou a girar em volta do menino, como se estivesse preocupado com alguma coisa. Fui para ver se havia algo de errado, mas, fora o choro, *el* Beto estava bem. Foi só eu virar e voltar para a horta que o inacreditável aconteceu. *El Valiente* segurou entre os dentes a redinha do porta-trecos do carrinho e puxava, de ré, e empurrava para a frente, em um movimento de balanço, vai e vem. Incansável, insistiu em continuar com aquele labor por quase dez minutos, mas o esforço valeu a pena. *El* Beto cessou de reclamar. Não sabia se o ocorrido fora um delírio meu ou se tinha um animal prodigioso. Mas descobri minha sanidade quando o vi repetir o mesmo comportamento nos dias seguintes.

O cachorro era um dos poucos machos que prestavam.

À noite, com o ponteiro quase batendo onze horas, do outro lado da gangorra, encontrei um policial federal batendo na porta de casa a ponto de achar que ela iria se desintegrar. Desde aquele dia em que a esposa dele e eu o cercamos, *el* Carlos sumira por completo. Mesmo quando fiquei sabendo que *el* Orlando, em um tráfico de informações que desconhecia, contou a ele que *el* Beto tinha nascido, *el hijo de puta* não se dignou a fazer uma visita.

"Quero ver meu filho, *Chula*. Quero ver agora!", gritava do lado de fora.

"Fala para *el pelotudo* que aqui não vai entrar nesse horário, não. Se quiser ver *el* Beto, que venha em horário comercial."

El Orlando levou o recado.

"Ele disse que vai dormir no quintal. A quantidade de pinga que carrega no corpo supera a da água", disse meu irmão.

El Valiente estava inquieto, rodava no lugar, ansioso. Quando viu uma fresta entre as pernas *del* Orlando, correu para fora e começou a latir sem parar na direção de *el* Carlos, que recuou da porta, retrocedendo à medida que o cachorro o levava em direção ao portão de entrada, que ele pulou de forma muito desajeitada – ralando as mãos. Eu o vi entrar no carro, mas não ouvi o barulho da ignição.

Voltei à cozinha, peguei o arroz que sobrara, cortei alguns pedaços de cenouras cruas e, fazendo festa, entreguei a recompensa do cachorro pela sua lealdade. No dia seguinte, o carro continuava parado na frente de casa, soube que *el* Carlos acordara pelo começo dos latidos *del Valiente*. Protegido pelo portão, me chamou para conversar.

"Ninguém disse que você não pode visitar o meu filho. Mas aqui você só entra sóbrio."

"*Chula*, eu só queria ver o garoto. O Orlando falou que é parecido comigo, que se chama Alberto, como eu."

"É", respondi curta. "Vem, ele está dormindo agora."

Em silêncio, nos curvamos em torno do berço – meu garoto dormia sereno.

A verdade é que nossas genéticas competiam por espaço no rosto dele. Consegui me ver retratada ao mesmo tempo que reconhecia traços de *el* Carlos.

"Eu acho que ele se parece com os dois", disse ele.

El Beto acordou com o nosso falatório. Levantei e, com ele, veio o cheiro de cocô. Seu pai, por mais que me parecesse estranho pensar nele nesses termos, se voluntariou para trocar a fralda. Ele tinha prática. No processo, apontou que o pintinho do filho puxara o do pai. Babaca. A próxima coisa de que me lembro é ele vir na minha direção tentando roubar um beijo.

"Não confunde as coisas", disse, empurrando seu corpo de volta à posição inicial. "Adeus. Já chega!"

Um dia antes do primeiro aniversário *del* Beto, peguei o bolo que comprei e que quase não cabia na geladeira, decorei o quintal com bandeirinhas coladas na linha de pendurar a roupa. Faziam um barulho forte com o vento. Eu mesma cortei uma por uma.

O que eu sentia, muito forte aliás, era a necessidade de lhe dar fartura na tentativa de que desde o primeiro aninho se afastasse da realidade Lung.

É bastante estranho fazer uma festinha no primeiro ano de vida de uma criatura. A grande maioria dos convidados eram adultos e as poucas crianças já tinham a habilidade de correrem soltas pelo gramado, por isso nem reparavam *en el* Beto e no seu aniversário. Mas o meu filho não parava de sorrir, agarrado pelas pernas ao meu torso. Vi que pelo carinho que ele recebia dos convidados o menino tinha a capacidade de seduzir até quem já declarou que não gostava muito de criança.

La Gorete trouxera uma barraca de criança para montar, passei inúmeras horas brincando e lendo os livrinhos infantis em espanhol que *la* Bettina trouxera como presente. Elisa deu um macacão de jeans com um leão bordado no peito. *El* Orlando comprara um Rambo à corda, do qual *el* Beto sentia o mais profundo pânico, e *la* Joana fez um móbile com figuras da Turma da Mônica que ela mesmo cortara das revistinhas, puro amor. Eu me sentia agradecida, até *el Señor* Assis passou para deixar um presente.

Com o sol começando a perder a força, cantamos os parabéns primeiro em português e logo em seguida em espanhol, em uma capela entre *el* Orlando e eu. Enquanto os convidados se despediam, *el* Beto levava a mão à boca e, fazendo um barulho de sucção com os lábios, atirava beijos para todos os lados. Ficamos eu, *la* Bettina e *la* Joana e, após desmontar o que ficou no quintal, sentamos ao redor da mesa da cozinha para tomar chimarrão.

Conversamos sobre tudo e nada ao mesmo tempo – e quando *el* Orlando entrou *con el Valiente*, não sei se por esquecimento, confusão ou cara de pau, deu um selinho *en la* Bettina e, sem cruzar olhares com ninguém, foi ao banheiro e trancou a porta. Ficou lá dentro uma vida inteira, e eu sorria na direção da minha nova nora, que me devolvia um olhar cúmplice. Sem dizer uma única palavra, caímos na gargalhada, nem *la* Joana se segurou. Eu queria esperar *el* Orlando voltar, mas, ou ele estava com uma puta diarreia, ou estava apenas sentado no vaso, mortificado pela situação. Naquele meio-tempo começamos a conversar entre amigas.

"Eu gosto dele desde aquela primeira vez que foi em casa."

"*Yo me acuerdo.*"

"Aí sempre que vinha pra cá dávamos um jeito de nos perder juntos."

Levantei e bati forte na porta do banheiro, com a intenção de assustar o garoto que estava lá dentro.

"*Dale, pelotudo. Salí que estoy recontenta.*"

Ouvi o clac da tranca da porta, e o barulho alto e fino das dobradiças mal lubrificadas.

"*Chula*, eu não queria que você ficasse sabendo assim."

"Se estão felizes, eu não preciso saber de nada mais."

El Orlando voltou à cozinha cabisbaixo, evitando cruzar o olhar comigo. Sentia que ele estava inundado de vergonha e intuí que, do lado dele, pesava mais ter guardado algo escondido de mim do que o conteúdo da mentira em si. Por isso, falei:

"Terminem aquele beijo, então!"

Uma semana depois do aniversário, *el* Beto começou a caminhar. Não me surpreendia, já que treinava todos os dias escapar com a força dos pezinhos de dentro do chiqueirinho. As pernas dele chegavam a ser musculosas, imagino, por causa do treino constante. Até que uma manhã, enquanto pintava um cabelo, vejo o pequeno parado no umbral da porta de acesso ao salão, rindo como quem compensa o errado com fofura e se dá bem.

Eu estava sozinha, *el* Orlando tinha seu trabalho, *la* Bettina voltara para a Argentina, por isso dependia da capacidade do chiqueirinho de segurar meu filho, um dos pilares da minha sanidade mental. É evidente que eu sabia que ele começaria a caminhar logo, mas fingi até aquele momento que não aconteceria, do contrário teria que admitir que precisava de ajuda. Não tinha como pagar por uma creche, muito menos alguém para ficar de olho nele. Nos dias que se seguiram, *el* Orlando passou uma noite inteira idealizando como fazer um teto de tule bem esticado para dificultar a saída do garoto. Mas *el* Beto precisou de menos de um minuto para aparecer na cozinha, onde tínhamos nos escondido.

No dia seguinte, meu irmão chegou com um rolo de tela mosquiteiro. Enquanto tirava as medidas e as cortava, experimentou como ficaria, e o vi balançar a cabeça. A única palavra para descrever a geringonça que vinha na minha cabeça era gaiola.

"*Chula*, isso parece um galinheiro. Não tenho coragem de deixar ele aqui."

Concordei, balançando a cabeça e me perguntando se ele se lembrava do buraco no chão de terra em que *Mamá* o deixava, um chiqueirinho de verdade. Mas era tão novinho que acho que seu disco rígido ainda não gravava lembranças. Decidi que o melhor seria poupá-lo e reconhecer que não precisava de uma grade para aprisionar o meu filho, precisava de uma pessoa – e mesmo refletindo muito, voltava sempre ao pensamento que cavalgava na direção errada: não se trata de um tema de família? Não é para isso que tenho um bando de irmãos, muitos dos quais eu mesma ajudei a criar? Temia que nenhum atendesse o meu pedido, que me deixassem segurando o telefone como naquela noite de chuva torrencial, invocando uma telefonista para falar, com voz decepcionada, que o outro lado não queria nem saber de mim.

Uma noite sem sono me fez ir cedo até o orelhão a fim de ligar para Maciá, sem ser a cobrar. *La* Amanda atendeu com aquele sotaque que começava a sumir em mim e me chamou pelo meu nome:

"*Chula! Qué haces? Seguis en Brasil?*"

"*Si, escúchame…*"

"*Debe ser lindo Brasil, con las playas, el mar.*"

"*Si, escúchame…*"

"*Y la comida? Qué comen los brazucas? Cosas raras, no?*"

"*Amanda, escúchame, que cuesta una fortuna la llamada.* Preciso que um de vocês venha para me ajudar."

"*Qué tipo de ayuda?*"

Somente ali me toquei que naquela cidade ninguém ouvira falar *del* Beto, mas precisava ser breve.

"*Tengo un hijo. Tiene un año. Preciso para que lo cuiden. Yo pago el pasaje, acá no van a tener que gastar nada. Pregúntale primero a la Marta.*"

"*Ok, dale. Hablo con toda la cria. Llámame mañana a esta hora.*"

Agradeci, e naquela noite fui dormir cedo para a chegada de um amanhã mais rápido. Não dava mais conta de ter que parar de atender para correr atrás de *el* Beto. No horário marcado, fomos conectadas.

"*Va la Marta, Chula, casi seguro. Puede ser otro, pero no creo; lo seguro es que sea la Marta.*"

Expliquei como íamos fazer com a passagem, que eu podia comprar para aquele fim de semana mesmo.

Com o ok dela, minhas pernas caminharam sozinhas até a rodoviária. Vinte minutos depois já tinha o dia e o horário de desembarque da minha fiel escudeira. *La* Marta ia adorar o bairro, a natureza. Pensando bem, ela não tinha um filho dela? Ela era casada. Esquecera completamente disso. Mas se escolheu vir, é porque podia. Sairia da Argentina sábado e chegaria no domingo. Eu ainda tinha dois dias para preparar tudo, mas o dia, quando chegou, veio com um ar premonitório. Quase bíblico, dadas as circunstâncias.

O dia começou com um calor desumano, sem nuvens, o sol imperava. Encostada em uma das paredes da casa, crescia uma bananeira quase saudável, que não produzia nenhum fruto há algum tempo e que me dava o maior trabalho, porque me incomodava quando as folhas mais velhas começavam a secar. Eu as arrancava uma a uma e deixava as mais altas para *el* Orlando, que achava o trabalho desnecessário. Juntei todas as folhas em um canto e, não me lembro por quê, fui até a casa pegar alguma coisa. Distraída por *el Valiente*, devo ter me perdido nos ponteiros.

Comecei a sentir cheiro de queimado vindo de fora, cheiro que parecia estar muito perto. As folhas secas ficaram embaixo do sol, impiedoso, logo resultando em fogo que subiu pela árvore inteira. Em poucos minutos o calor começou a derreter a linha de fios elétricos que cruzava o quintal. E eu comecei a encher panelas de água na tentativa de extingui-lo, chamando aos gritos por *el* Orlando. Ele assumiu o comando das panelas e eu corri para chamar nossos vizinhos a fim de nos ajudar. Éramos seis bombeiros voluntários, e as chamas começavam a diminuir, mas, logo antes disso, quando o fogo parecia descontrolado, senti no rosto um calor que só consigo classificar como infernal. Aquelas labaredas subiam desesperadas na tentativa de chegar mais perto do céu, e eu pensava como seria receber *la* Marta se a casa tivesse se tornado cinzas. Em retrospecto, penso que entendi mal a mensagem, me faltou interpretar de maneira minuciosa que aquele fogo todo era um portal, e não apenas um descuido, era uma carta de tarô.

Com a ajuda extra, dominamos as chamas; o resultado da minha irritação com as folhas secas culminara em uma cremação vegetal. Agora não daria fruto algum, mesmo que insistente, acho que a bananeira precisaria de muitos anos para se recompor. Há danos tão profundos que moram dentro do nosso corpo, não saram, mas não têm a força de nos destruir. Isso é uma bênção e um fardo ao mesmo tempo, já que nos habitam em uma relação de comensalismo cruel.

Mais calma, expliquei o ocorrido para a atendente da companhia de luz, e ela confirmou que só poderiam vistoriar os cabos na segunda pela manhã. Tanto *la* Martita quanto *el* Orlando e eu vivemos muito tempo sem energia elétrica, um dia não mataria ninguém. Mesmo na penumbra a nossa casa estava impecável, lustrei as torneiras da cozinha, esfreguei cada rejunte do banheiro, retoquei pintura em lugares que nunca ninguém veria, com palitinhos de dente tirei todos os meus cabelos da escova que compartilharia e acabei deitada no sofá, do qual não conseguia me mover porque as costas travaram. Belas heranças.

Quando encerrei a semana no sábado, fechei a porta do salão aliviada. A dor persistia, e ficar todo aquele tempo de pé com o incômodo foi uma tortura. *El sacrifício viene siempre en primer lugar,* diria *Mamá*. Mantra dos infernos. Acabei dormindo no sofá pela impossibilidade de locomoção e, como o meu despertador ficara no quarto, o mesmo que *la* Letícia me dera de "presente" no meu primeiro dia em Campana, dormi além da conta.

Não estava atrasada ainda, eu queria chegar mais cedo porque não é nada bonito estar perdido em um lugar onde você não entende ninguém, mas precisei correr para me trocar, o que resultou em mais dor. O ônibus, do qual era a única passageira, acelerava sempre que um ponto não tinha ninguém, e nessas manobras, uma freada brusca para não bater em um Fusca vermelho. Esquecendo da embreagem, o motorista deixou o motor morrer – e, quando tentou ligar novamente, o barulho de correntes fora de lugar indicou que a viagem tinha terminado. Meia hora depois, consegui subir em outro ônibus, mas desta vez tinha certeza de que chegaria tarde. O terminal do centro ficava muito perto da rodoviária, por isso corri da mesma maneira como a que fizera quando *el* Orlando chegou.

Abri caminho entre as pessoas, esbarrei em uma senhora que bufou pelo meu gesto e olhei para todos os lados perto da placa de desembarque, sem nenhum sucesso. Foi aí que senti uma descarga elétrica gelada por toda a minha coluna. Não era dor residual, era outra coisa, e a coisa é que ao piscar via a figura da senhora que bufou, como se veem as marcas de uma luz forte na direção da retina, quase como um fantasma, e foi aí que virei.

"*Mamá*?!"

"*Estás atrasada.*"

Capítulo XXII

Gigante do jeito que era, carregava um vestido florido muito parecido com os que usava na minha infância. Acredito que, se esticado, o tecido cobriria um carro popular inteiro. Nas orelhas, seus brincos de pérolas, presente da sua família antes do rompimento de laços, refletiam a pouca luz da rodoviária. Algo que escolheu conservar mesmo nos anos em que a fome se instalara no nosso lar. Essa é uma das que não consigo perdoar. O rosto, sem maquiagem alguma, tinha as novas marcas dos anos em que não nos vimos, trilhas cartográficas de uma vida mal aproveitada e que a envelheceram de modo exponencial. Ganhara mais alguns quilos desde a última vez que fui a Maciá, e sua postura continuava tendo um ar de general e a solenidade do canto à bandeira nos pelotões.

Sempre com o queixo apontando para o alto, me olhava como se eu estivesse alguns degraus abaixo dela. Seus sapatos de crente, com quase nenhum salto, me lembravam do modo como se vestia a mulher do pastor em Maciá, e por conseguinte, me arrepiava ter esses *drops* de lembranças. Rever o passado pode ser muito cruel, e eu estava passando por tudo isso em alguns segundos de silêncio.

No pescoço, carregava uma correntinha com um escapulário feito de retângulos de tecido grosso marrom com as duas figurinhas em papel coladas. Uma tentativa de se mostrar simples, como toda devota acha que deveria ser. Seu cabelo carregava uma escova feita há pouco tempo por alguma profissional, e eu só queria saber de onde ela tirava dinheiro para tudo isso.

Com a desconexão entre os Lung da Argentina, eu não sabia como era o esquema financeiro entre meus irmãos e *la* Teresa, se continuavam financiando uma mulher que ainda poderia trabalhar muito, mas que escolhe esquecer suas habilidades, como a costura, para não ter que se afastar um segundo da igreja que tanto idolatrava. Imagino que meu rosto se contorcia nos lapsos das falas, e olhando para o chão vi uma mala gigante sem rodinhas. Entendi que *Mamá* planejava ficar por um bom tempo – aliás, nem sabia como ela conseguiu carregar todo aquele peso com a mão, e como eu, desprovida do porte físico de *la* Teresa, conseguiria mexer (muito menos levantar) algo como aquilo. Eu não era capaz de pensar em outra coisa: ela já estava me pedindo a revanche. Ela sabia que a minha coluna torta não daria conta, mas nem fez o gesto de levantar a mala por mim. Voltávamos aos baldes de latão.

Na minha mente, gravado como tatuagem, o mantra "*Donde está la Marta? Ella no es la Marta, yo quiero a la Marta*" se repetia até o infinito em um desses *loops* sem fim, mas em alguma das rodadas devo ter dito isso em voz alta porque *la* Teresa me respondeu:

"*Ella no sabe ni criar su propio hijo.*"

La Teresa se virou e deu o primeiro passo em direção à saída, a mala ainda nos meus pés, e o seu andar altivo fazia que as outras pessoas se desviassem dos seus caminhos quando ela nunca – nunca – estava disposta a mudar o dela. Dividia multidões como a proa de um barco. Já eu tive dificuldade de não esbarrar em uma dezena de pessoas com o trambolho em que trouxe suas roupas. Eu não conseguia acompanhar seu passo, parecia ter pressa para chegar a um lugar que não sabia onde ficava. Apenas olhava para trás nos cruzamentos, esperando que eu indicasse a direção. Sem fôlego, para mim custava segurar a mala com uma mão e indicar o trajeto a partir de gestos com a outra.

O mantra da Marta deu lugar a outro um pouco mais agressivo. Sinto que budistas condenariam o uso da palavra para o pensamento circular que me acometia. Vou matar os meus irmãos. *Los voy a matar a los ocho de una vez por todas. El* Orlando se salvou por estar do lado de cá, mal conseguia imaginar qual seria a sua reação. Para ele, a dor era mais embaixo, na altura do umbigo, do cordão umbilical entupido, o único que ele teve. Também queria ver qual seria a sua cara quando a visse na nossa casa.

Ensaiando a cordialidade, fiz um total de três perguntas no ônibus, que ela respondeu com barulhos guturais, sem formar palavras. Por isso a nossa decisão foi permanecer em silêncio e olhando pela janela o mar e as casinhas de pescadores. Nada parecia satisfazer a *la* Teresa, que permanecia sem esboçar um sorriso ou qualquer emoção.

Subir o morro até a casa foi uma tarefa hercúlea, e a primeira coisa que ela falou desde que saímos da rodoviária foi:

"*No había un lugar más apartado?*"

Nem respondi.

Atravessamos o portão, e, batendo palmas, chamei por *el* Orlando, coisa que eu nunca fazia. Ele apareceu pela porta da lavanderia falando:

"*Donde está la Marta que le quiero dar un abrazo gigante.*"

Quando viu *la* Teresa a olhou, olho no olho, por alguns segundos e voltou a entrar na casa sem dizer nada.

"*Sigue maleducado este chico.*"

"*No, Teresa, él sigue traumatizado.*"

Eu me dei conta, ao entregar a frase, que desde a sua chegada a chamara de *Mamá* uma única vez. Não foi de propósito, mas foi uma expressão autêntica vinda da surpresa. Ela sempre fugiu da minha ideia de amor materno e, pela reação das pessoas que conheci no Brasil ao contar as minhas anedotas de infância, eu sabia que não tinha obrigatoriedade alguma com ela.

Essa conta não era minha. Esse boleto eu já paguei.

Aprendi tudo isso porque tive nos ouvidos os conselhos de todas as minhas mães que encontrei no percurso. *La* santa Elisa é minha mãe; *la Doña* Rosa é minha mãe; *la* Letícia foi, por pouco tempo, mas ainda valendo, um pouco minha mãe; a professora Marta fora minha mãe; *la* Eugenia, que agora nem queria me ver na sua frente, me ensinou a profissão que me sustenta até hoje, e isso é coisa de mãe; *la* Gorete, que tentou encontrar um amor para mim e ficou do meu lado quando tudo deu errado, também fazia coisa de mãe.

Todos corações imensos que, comparados ao de minha *Mamá*, tinham o espaço de um órgão de boi, quando o de *la* Teresa era de frango de cativeiro, fulminado pela ração de farelos transgênicos.

Mais um som gutural vindo dela indicava que o uso da palavra *traumatizado* lhe parecia exagerado e que pouco se lixava com o garoto que abandonou.

El Orlando se trancou no quarto, de onde só saiu para ir trabalhar na segunda, certificando, lógico, de que *Mamá* ainda estivesse dormindo.

O encontro entre ela e *el* Beto se resumiu a uma única frase. Que se alguma outra pessoa me contasse, eu não conseguiria acreditar:

"*Si no fuese por los hojos marrones, sería un Lung completo. Eso deve venir del lado brasileño.*"

Ignorar é uma ferramenta poderosa, e só fui chamada ao real quando *la* Teresa tentou acender a luz e não conseguiu.

"*Margarita, ni la luz son capazes de pagar?*", perguntou enquanto se levantou e trouxe *el* Beto, que começava a querer chorar, até a cozinha. Eu conseguia imaginar como ela contaria para todos os habitantes de Maciá que vivíamos na miséria, que nem as contas básicas éramos capazes de cobrir.

Do nada ouvi *Mamá* começar uma das cantigas alemãs que cantava quando costurava, nunca como forma de entretenimento para os seus filhos. Era melhor não questionar. Quando terminou, alguns minutos depois, *el* Beto dormia em seus braços enquanto eu preparava o jantar. Sem me virar, percebi que repetia o nome do meu menino baixinho:

"Alberto Lung, Alberto Lung, Alberto Lung, Alberto Lung."

Na manhã de segunda, *el* Orlando saiu mais cedo do que nunca. Consegui escapar de ter que conversar con *la* Teresa. Quando acordei, ela já estava preparando o chimarrão e, no meio da mesa, deixou uma lata de *pasta de maní*. Uma delícia, que costumávamos comer uma vez por ano, quando familiares mandavam caixas de roupa e doces para se sentirem caridosos. Surpreendia-me notar que ela tinha esse afeto para dar, já que na minha lembrança a única coisa que ela dava eram tapas certeiros – a cabeça balançava como prédios em terremotos, oscilando de um lado a outro.

Depois do chimarrão, momento em que quase não trocamos uma palavra, abri o salão e carreguei a placa até a entrada que dava para a rua. No meio do caminho, *la* Teresa veio na minha direção e, segurando a placa pelas patas, ajudou a carregar o peso. Gostaria de ter lhe dado um bom reforço positivo, mas me sentia confusa. Meus pensamentos direcionados a *Mamá* carregavam um fardo histórico de exploração infantil e violência indelével, com a minha coluna como testemunha.

Também lidávamos com os traumas que ficavam embaixo da pele. *El* Orlando tinha tanto medo de ser rejeitado que perguntava para *la* Bettina uma e outra vez se ela não estava pensando em mandá-lo pastar. Na duração de um filme ele perguntava isso uma dezena de vezes, algo bastante cansativo, mas que conseguíamos entender.

Ao meio-dia ela me esperou com o almoço. Trouxera linguiças de campo na mala, que cortou em rodelas e adicionou a um guisado de lentilhas. Em compensação, tive que escutá-la falando mal de todos os outros filhos, deixou *el* Orlando e eu de fora como estratégia, mas sei que na casa dos meus outros irmãos ela falaria coisas piores sobre nós.

Não tinha apenas duas caras, tinha cinco, e uma tomava o lugar da outra muito rápido. Saber disso, agora que sou adulta, me permitia perceber as incongruências que a construíam. Mas quando achava que eu começava a conhecer um pouco mais sobre ela, me despistava, saindo na direção contrária.

"*Gracias por el almuerzo.*"

"Demorei para começar porque tive que esfregar todas as panelas. Eu não te ensinei a lavar a louça desse jeito."

A verdade é que eu nunca a perdoaria pela infância que tivemos. Não sinto que caiba o perdão neste caso. A palavra me parece impossível de associar com *Mamá*.

O que eu sei é que as marcas estão em mim até hoje como tatuagens indesejadas, e mesmo sem conseguir contar quantos hematomas ela já me causou, me parecia cruel usar o passado como uma arma apontada direto para a cabeça. Eu não sinto que isso seja justo com ninguém. A verdade é que precisava reconhecer que *la* Teresa que veio para o Brasil era diferente da *Mamá* que deixei em Maciá, no dia em que levei *el* Orlando para Campana comigo. Ela continuava com as opiniões ácidas, não perdia uma oportunidade de crítica, mas tratava *el* Beto com um carinho que me era alienígena – ele cresceria com uma avó que nunca foi a minha *Mamá* de afeto. Parece que o carinho dela pulou uma geração, porque naquela noite, quando *el* Orlando chegou do trabalho, ela estava cantando baixinho para fazer dormir *el* Beto, e, ao ver meu irmão entrar na cozinha, silenciou. O próximo som a pairar no ar veio *del* Orlando, uma onomatopeia:

"Hum."

Seguido de mais silêncio, que eu decidi romper.

"Vou fazer tortas fritas, o que vocês acham?"

"*Y vos sabes hacerlas bien?*"

"Eu sei fazer da forma como sei fazer."

"*Anotá mi receta. Medio kilo de harina, un sobre de levadura instanta...*"

"Não, Teresa, eu vou fazer a minha receita. Eu gosto da minha receita, na minha casa se come assim."

El Orlando sorriu na minha direção e *Mamá* respondeu desviando o olhar.

Comecei a incorporar a massa, e a cada passo mudava a receita um pouquinho para irritar *la* Teresa. Fiz questão de misturar tudo em um ângulo em que ela conseguisse acompanhar. Após fritar cada um dos discos de massa, levei o resultado em uma cesta de sisal até a mesa da sala.

Mamá pegou a primeira, deu duas mordidas e a devolveu à posição inicial sem falar nada. *El* Orlando foi se deitar e ficamos só nós duas, o que me deu a oportunidade de falar sobre um assunto que me intrigava, mas que sabia que seria difícil de engolir para ela.

"*Teresa, te quiero contar algo.*"

"*Hay, Dios mío. Qué hicieron ahora?!*"

"Nada. Presta atenção. Outro dia estava lavando roupa. Deixei *el* Beto dormindo aqui na casa, e vi uma figura, iluminada, como se estivesse flutuando, e ouvi o barulho do choro *del* Beto, que nunca conseguiria chegar até lá fora. Quando cheguei ao quarto, ele tinha um lençol enrolado no pescoço."

Estava olhando direto nos olhos de *Mamá* enquanto falava, e naquele momento ela era como uma boia furada que colapsa por causa do ar escapando por uma fissura. Murchou pouco a pouco, como se estivesse sendo engolida pelo sofá. Foi aí que alguma coisa mudou, e eu a vi girando os polegares como costumava fazer quando se sentia nervosa, percebi que seus olhos produziram algo que eu nunca vira neles antes. *Ni en el funeral de Papá. En casi treinta años nunca vi a Mamá soltar una lágrima.* Naquela ocasião, o máximo que se permitiu foi deixar os olhos ficarem umedecidos – e, com algumas piscadas e a ajuda do verso da mão, destruiu todas as evidências do que para ela era um deslize emocional.

Por isso continuei:

"Quando ele começou a respirar, e as bochechas ficaram coradas, voltei para ver a figura. Eu acho que queria agradecer, seja o que fosse aquela coisa. E tudo ficou gravado nos meus olhos. Era um homem magrelo, da minha idade..."

"O que você viu foi Deus, ou até mesmo Jesus", disse ela, me interrompendo.

"Mas ele estava com as calças cheias de terra. Daria até para plantar sementes na fenda do tecido. Parecia um homem do campo, e não sei como falar isso, mas ele parecia ser um membro da nossa família, um Lung..."

Os polegares de *Mamá* giravam cada vez mais rápido. Parecia até que sairiam dos eixos nos próximos segundos. Ela direcionou seu olhar para as coxas, evasiva. Entendeu o que eu queria lhe falar sem que precisasse explicitar, uma novidade na nossa forma de comunicação. Tem coisas que ouvimos sem refletir, tem outras que provocam um rombo largo como o de uma bala de ponta oca, muito precisa, muito rápida e muito destrutiva. Quando entra no corpo, se expande, mas não faz um furo limpo, fica entalada, agarrada, dificultando muito a intervenção médica.

Havia um desses projéteis saindo do tambor da arma de *Mamá* e vinha na minha direção.

"*El Aurelio no se transformó en un angel. El cometió suicidio*", disse *Mamá*, solene. "*Y el suicidio no tiene perdón.*"

O alvo – que era meu peito – se estilhaçou em pedaços menores de angústia. Pensava: até que ponto se pode transformar a realidade sem cair na loucura? Quando *Mamá* afirma que um bebê de poucos meses juntou as mãozinhas finas de fome, agarrou uma das pontas do lençol, enrolou-a no seu próprio pescoço, apertou até se asfixiar e, de modo tortuoso, se deixou morrer.

A culpa, como o universo, não para de se expandir, e como esse conceito é difícil de explicar, de entender e de visualizar, desisti de apresentar qualquer argumento plausível.

Cancelar aquela mentira me parecia insensível, até cruel. *El* Aurelio estava morto mesmo, e vendo a predisposição dele em salvar meu filho, eu estava agradecida por sua vinda em forma de plasma. Mas o que me irritou ainda assim, o que me deixou sem dormir a noite toda, era que, bem no fundo, pensava se existia a possibilidade de ele ter desistido quando percebeu o que era ser um Lung.

O que se seguiu foi um silêncio expansivo, com a força de calar não só nossa casa, mas as vizinhas e quiçá o bairro todo. Por quase um minuto nem as folhas produziram som. O vento cessou e os insetos emudeceram. O barulho que quebrou todo o silêncio foi o das pernas de *Mamá* descolando do sofá de couro e avisando que iria dormir. Eu me pergunto se ela conseguiu.

Trabalhei o dia seguinte sem paradas e sem ter fechado os olhos um segundo. Durante a noite, de quinze em quinze minutos entrava no quarto *del* Beto para ver se ele estava a salvo. Sincronizava minha respiração com a dele para me certificar de que o fluxo de oxigênio seria o suficiente para o manter vivo – teste sem validade alguma, mas que me acalmava – e pensava: "ok, tudo ok, vivinho, totalmente vivo". Mas pouco tempo depois voltei ao quarto, o levantei com as mãos, fingi que o acordei sem intenção e sentei na poltrona que uso para amamentar. Um sofá de tecido corrugado preto, que já vira muitas batalhas, estava manchado desde quando o compramos na loja, mas ganhou uma decoração combinada de jatos de leite, vômitos *del* Beto e um furo feito por um cigarro *del* Orlando. Uma poltrona que sobreviveu para poder me propiciar aquele momento sublime em que *el* Beto, apoiado no meu peito, começou a mexer os lábios como quem vai degustar algo. Piscou várias vezes antes de acordar e, sem chorar, sem barulhos – como se soubesse que era disso que eu precisava –, nos conectamos no laço que transmite desde anticorpos até o calor materno.

É evidente que também fortalecia a arcada dentária, e com os primeiros dentes a coisa ficou um pouco mais complicada, mas era um projeto meu amamentar até quando *el* Beto quisesse. Acho que hoje, ao meus cinquenta e tantos, chamam isso de livre demanda. Não me arrependo nem um pouquinho dessa escolha. Esperava que o dia do desmame não chegasse tão cedo. Adorava como mesmo de olhos fechados ele saía na direção do peito como a flor busca luz. Feito radar que aponta na direção exata do mamilo no espaço.

A relação entre mim e meu filho era feita de carinho, de troca – e pensar que logo ao lado dormia a mulher que me ensinou que chorar não poderia durar mais do que uma lágrima, que deu mais prioridade ao dinheiro do que à saúde de seus filhos e que, poucas horas antes, declarou que um bebê de poucos meses era capaz de se apagar do plano terreno de modo intencional. De barriga cheia, meu filho voltou a dormir, e eu voltei ao meu quarto.

Não conseguia parar de me perguntar se, do outro lado da parede, *Mamá* também estava silente, sem conseguir dormir diante da possibilidade de que *el* Aurelio se materializasse na casa mais uma vez. Mas todas as portas dos quartos permaneciam abertas para que pudéssemos ouvir melhor a *el* Beto, caso chorasse, e escapava pelo umbral da porta de onde ela dormia um ronco pesado. Como sussurra Jorge Drexler em uma de suas músicas que mais mexe comigo, que já mencionei até, mas que agora tinha outros versos para destacar – os dois primeiros:

Volví a creer que se tiene
Lo que se merece
La vida es más compleja
De lo que parece

Nada mais a falar.

As próximas semanas foram mais tranquilas. Sim, tínhamos uma briga por dia entre mim e *Mamá*, mas era por coisas pequenas. Aprendi que nunca deveria tocar em algum tema que tangenciasse qualquer tipo de profundidade.

Eu marcava meu território como um filhote, atirando para todos os lados. Como acontece com talheres baratos, de má qualidade, eu queria que *Mamá* ou se dobrasse ou se partisse ao meio. Toda vez corrigia como eu cozinhava – falava que faltava tempero, que não sabia dosar o sal, que essas misturas de condimentos do Brasil tinham gosto de comida de pobre e, o que mais me irritava, era quando todas essas coisas se combinavam e, ao sair da cozinha por um segundo, ela "*corregía los sabores*". *En la primeira vez la mandé a la reputa de su madre* em silêncio, na segunda, e não me orgulho do desperdício, mas faria tudo de novo mesmo assim, foi quando ela insistiu que faltava sal na sopa que eu estava preparando, me perguntando uma e outra vez se eu faria algo a respeito. Sem pensar muito, e me certificando que olhava na minha direção, abri o frasco de sal cheio e perguntei:

"*Una cucharadita o dos?*", disse isso apenas para fazer do meu próximo ato uma performance.

"*Dos, le falta bastante a eso.*"

Conté en voz alta, una, dos... tres, e virei o frasco inteiro de sal na panela.

"*Despues contame si quedó rica.*" Adicionei.

Dei, pelo menos, uma mijada territorial de um cachorro de meio porte. Mas percebi que começava a me entender com esses confrontos. Não sei se me interpretava como louca ou forte, mas eu conseguiria aceitar as duas etiquetas sem problemas. Essas duas palavras sempre foram positivas para mim.

Exatamente no dia em que se completava um mês da vinda dela, observei que *el Valiente* caminhava esquisito. *Mamá* me chamou no quintal porque ele não parava de vomitar, não por piedade, mas por nojo, sentia que o que ela queria dizer era: "Tira esta coisa asquerosa que está me atrapalhando".

Era uma mulher do campo que pensava apenas na utilidade dos bichos, estava cagando para que tivessem uma boa vida. Sem compaixão, chegou perto do cachorro e deu um chute na lateral com o intuito, errado, de que parasse de fazer a nojeira toda, mas só o fez engasgar. Eu nunca vira *el Valiente* tossindo, nem sabia que cães faziam isso, mas foi assim que ele ficou o dia inteiro. Eu avisei para *Mamá* que se tocasse mais uma vez nele, eu comprava a passagem de ida que mais demorasse para voltar à Argentina.

Quando *el* Orlando chegou, deixou a mochila na cozinha e passou o restante da tarde sentado do lado *del Valiente*. No momento que o sol se entregou para a lua, ele cozinhou um pouco de arroz branco fervido e, com as mãos, o ajudou a comer.

Mas tudo o que entrava saía minutos depois. *Mamá* repetia que ele acordaria melhor no dia seguinte, que cachorros sabem se cuidar sozinhos. Mas *el* Orlando decidiu não dar nem meio ouvido para ela, e não sei se existia alguém que tivesse mais esse direito do que ele. Do seu quarto, carregou um cobertor grosso até o quintal e transferiu o cão até embaixo do teto da varanda. Dormiram juntos até o céu clarear, quando acordei, *el* Orlando veio até a cozinha chorando.

"*Se está muriendo, Chula, casi no respira.*"

Segui meu irmão e nos sentamos juntos na frente *del Valiente*, uma das nossas mãos se entrelaçava entre mim e *el* Orlando, e a outra, na barriga do nosso quatro patas. Com o risco de soar egocêntrica, eu acho que o bicho segurou a morte até que estivéssemos os dois juntos. *Mamá* veio na nossa direção *con el* Beto nos braços, com o talento que tinha para ser inconveniente, disse do alto:

"*Hay que enterrarlo bien si no tienen un olor fuerte. Por adentro estos bichos son asquerosos, se pudren desde que los escupen para fuera las perras.*"

Antes de morrer, *el Valiente* levantou o focinho com dificuldade na direção de *Mamá* e dedicou seu último respiro, que veio na forma de uma rosnada, em direção a ela.

Tanto meu irmão quanto eu expressávamos o carinho que tínhamos pelo cachorro condensando lágrimas. *El* Orlando entrou para buscar um lençol grande com o qual o cobriu e o carregou até embaixo da bananeira carbonizada. Eu pedi para *Mamá* que levasse *el* Beto para dentro, não queria que a imagem de um sepultamento se materializasse tão cedo nas suas retinas. Dizem que lembramos de tudo o que vemos muito antes de poder nos comunicar – e isso eu sei que é verdade, meus relatos são testemunhas disso. Eu queria que o cão fosse enterrado embaixo daquela planta para que se transformasse e se incorporasse dentro das veias cheias de seiva que corriam pelas folhas que se salvaram do fogo. Ainda havia muita vida lá e, pensando bem, a decomposição *del Valiente* fora seu último ato de carinho para o quintal que o recebera após pedir que nós o deixássemos entrar com suas patinhas.

Enquanto via a *el* Orlando cavando o buraco, me lembrei novamente daquele que *Mamá* me fez escavar no pátio da nossa casa em Maciá. Um chiqueirinho cruel, coberto por um plástico que serviu de hospedagem para o menino toda vez que *Mamá* se irritava com a sua presença, ou seja, sempre.

Quando terminamos, ainda faltava um dia inteiro de trabalho pela frente. *El* Orlando foi até a rodoviária para trabalhar e eu abri o salão. No meio da manhã, enquanto *Mamá* balançava o carrinho *del* Beto na sombra da varanda no pátio, aproveitando o ar fresco, percebi que a navalha que usava para finalizar alguns cortes não estava na minha bancada. Sabia que tinha uma similar na gaveta da mesa de cabeceira do quarto onde *Mamá* dormia, costumava deixar lá as ferramentas de trabalho mais antigas, tanto por uma questão de nostalgia quanto de respeito por quem já me dera de comer, e como a cliente estava com pressa, entrei sem pedir licença. Quando abri a gaveta *casi me caí de culo*. A navalha antiga estava lá, logo embaixo de um pacote grande de uva passa consumido até a metade.

Pensei em usar a minha ferramenta de trabalho como arma branca, mas as consequências de derramar o sangue de *la* Teresa não valiam a pena. No entanto, que dava muita vontade, dava. Aquele tipo de uva, mesmo se consumida em poucas quantidades, era veneno para cães, tão tóxico que mata rápido e sem deixar muitas evidências. Eu sabia disso porque *la* Teresa, quando eu tinha doze ou treze anos, usou o mesmo método com o cachorro dos vizinhos em Maciá. E, pela aparência meio vazia do pacote, *la hija de puta* deu toda aquela quantidade dessas coisas murchas para *el Valiente*, que não teve nem chance de se opor – dava até para exterminar um canil inteiro.

Esqueci da cliente por alguns minutos. Segurei o pacote entre as mãos e decidi que o esconderia no meu quarto. Quando as procurasse, *la* Teresa entenderia a minha mensagem: "*Yo sé muy bien lo que hiciste*". Mas só de pensar no sofrimento que o ocorrido causaria no meu irmão, revi duas coisas: 1) a ideia de que um escândalo traria alguma resolução; e 2) a minha certeza de que mentir vem sempre de mãos dadas com a trapaça e a malícia.

Decidi que não diria nada, e guardei esse segredo sem traços físicos nas caixas empilhadas da minha memória, onde permaneceu até que comecei a fazer o grafite da lapiseira ranger no contato com a folha, derrubando todo o conteúdo das caixas de papelão nas linhas que escrevo hoje, já aos meus cinquenta e alguma coisa. Não tenho medo de revelar qualquer verdade, mesmo se ela viesse na forma de um soco na cara. Meu filho, quando era adolescente, me disse uma frase que nunca esqueci, *el* Beto até me falou que era de um escritor que ele venerava, mas me falha a memória. A sentença era: "a verdade te libertará, mas não antes de te consumir de maneira lenta e por inteiro". Ou algo assim.

Concordo, a verdade fere e afaga ao mesmo tempo, e a transparência costuma ser mais dolorosa do que o inventado. O segundo oferece saídas de emergência, e o primeiro, longas escadas caracol onde mesmo após subir duzentos degraus não se chega nem no primeiro andar. Porém, se o esforço for esgotador, até se pode chegar ao topo, mas o que se descobre é que não há nada lá em cima além da perspectiva de ter que descer tudo que se subiu. Eu sempre tentei encarar as escadas, mas vez ou outra me vi destrancando a porta de emergência para poupar aos outros, sem medo do que guardar essas lembranças poderia me causar.

Por todo o primeiro mês desde que chegou, *Mamá* manteve o comportamento austero que era sua característica. Mas pela metade do segundo consegui dar uma domada na bicha na base da ignorância. Ainda precisava que ela cuidasse *del* Beto, então me mantive tão serena quanto possível. Contudo, no comecinho do terceiro mês, em um final de tarde enquanto fechava o salão, recebi uma ligação que mudou o jogo. Abrira uma vaga na creche municipal, e *el* Beto poderia começar já na semana seguinte.

Sem medo de parecer mal agradecida peguei a minha carteira, deixei a brisa de mar entrar pela janela do ônibus e caminhei, num passo acelerado, na direção da rodoviária. Comprei a melhor passagem que se podia adquirir: leito, com serviço de bordo, suquinhos e sanduíches incluídos, não dava para ser mais direto. Quando cheguei em casa, deixei a passagem no travesseiro do quarto dela, e ao contrário do que eu esperava, ela não veio me perguntar se a estava expulsando, apenas fechou a porta do quarto e só a abriu perto do jantar, quando, passando para o banheiro, vi sua mala pronta para a partida.

Poucos dias depois, quando chegou a data da sua volta, *Mamá* não parecia nem contente nem brava, o que via era uma neutralidade assustadora. Percebi que agora não me parecia tão gigante aquele corpo, tão ameaçadoras aquelas mãos, tão firmes todos os seus passos. Era uma mulher que mostrou carinho incondicional com meu filho, em um momento em que não tinha nenhuma outra alternativa. E se bem eu esperava um irmão, e não uma assassina de cachorros, desta vez *Mamá* me surpreendeu ao se dobrar perante alguns dos meus questionamentos. Algo inédito. Esperou uma geração inteiramente nova para mudar um pouquinho – quem sabe, quando se tornasse bisavó não virasse uma velhinha doce.

Logo antes de sair para a rodoviária, sentamos na cozinha para tomar os últimos goles de chimarrão amargo, como as duas gostávamos.

"Você guardou os presentes para *la* Marta?", perguntei. "Entrega quando estiverem sozinhas, não tenho como comprar algo para todos."

"*Sí, sí, ya lo guardé.*"

Soube algumas semanas depois que ela nunca entregou nada. Eram duas caixas de doces brasileiros. Quando me contaram, eu a imaginei sozinha na sua cozinha, escondida, sentada na cadeira de madeira no meio da noite, com a mercadoria desviada, desfrutando da doçura de um Lollo, de um Prestígio ou Alpino e se empanturrando na avareza.

O que me surpreendeu foi ver *el* Orlando trocado e avisando que iria com a gente, até perfume ele colocou.

"*Chula, no entiendes. Este es el día más feliz de mi vida.* Se tivesse um terno e gravata, vestia. *Le compre una flor, y le pedí al vendedor que le deje las espinas.*"

Até engasguei na tentativa de segurar a gargalhada e, um pouco mais tarde, quando meu irmão se ofereceu para carregar a mala, tive que conter outra risada também. Era tudo uma encenação, e *Mamá* sabia muito bem disso – aliás, nós gostávamos de que ela soubesse, de que o significado fosse explícito, direto.

Entreguei uma sacolinha cheia de pão de queijo para a viagem e mediei o pedido para que enchessem a garrafa de água quente para o chimarrão. Que segurei enquanto ela carregava *el* Beto para se despedir. Sendo justa, ela cuidou do meu filho exatamente ao contrário de como criara *el* Orlando e eu, e se bem isso não justificasse nada, o carinho que tinha pelo menino era tão inédito que me fazia pensar se ela não tinha mudado um pouco nesses tempos no Brasil. Aí ela me fala o seguinte:

"*Yo sé que me están echando de su casa. Eso dios no lo perdona, se respeta a la madre siempre. La que los hecha soy yo. Y un último consejo: no hay misterio para criar al nene. Hagan lo contrario de lo que piensan hacer.*"

Contive-me, ela não mudou nem um pouquinho, lógico. Por isso pensei que a melhor maneira de dizer adeus seria com uma mentira ardilosa. Uma ajuda cósmica para evitar que o nosso reencontro demorasse para chegar, ou que não chegasse nunca – pode até parecer forte falar uma coisa dessas, mas se tratava de uma assassina serial de animais.

"Teresa, eu sei que você não acredita nessas coisas, mas temos um costume para quem quer voltar à cidade. É bem simples, quando o ônibus estiver passando pela ponte você vira e olha direto para a ilha ficando pequenininha. Quando não der mais para ver a cidade, pode parar de olhar."

Tudo às avessas.

Mamá respondeu com um barulho que demonstrava seu desprezo pelo que, tenho certeza, soava até como um sacrilégio para ela. Mas eu tentei, e se bem nunca soube o que ela fez ao cruzar a ponte, intuía que longe de nós se permitiria um pouco de bruxaria.

Porém estava errada, ela voltou para a ilha, de avião inclusive, mas isso acontece quase uma década depois da sua partida, e melhor esperar. O dinheiro da passagem aérea saiu do meu bolso, porque se bem aprendo com os meus erros, nunca aprendi a aprender com *Mamá*.

Capítulo XXIII

Com as idas e vindas de *la* Bettina, viramos uma quadrilha de traficantes de produtos argentinos. Ela tomou a decisão de ficar no Brasil e, se bem veio com um forte apoio financeiro dos pais, como sempre, ela tinha torrado o dinheiro indo de barzinho em barzinho *con el* Orlando. Se somados, acho que nem em toda a minha vida consegui comer a quantidade total de camarão à milanesa que pediam sempre para petiscar. Pelo menos compartilhavam os ganhos quando saía com eles. Do meu ponto de vista, qualquer grana extra era apreciada, por isso carregou nas malas quilos de erva mate, alfajores Jorgito de chocolate e frutas, potes de três quilos de doce de leite, Mantecol, que chegara meio derretido, e o best-seller: mais brincos como os que eu vendia no centro de convivência.

Seguindo meus conselhos, *la* Bettina aprendeu como ganhar dinheiro comigo. Contei que poderia vender os brincos na universidade e que os argentinos que moravam na ilha iriam tirar os doces da mão dela sem esforço. Expliquei que seria bom apelar para a nostalgia. "A saudade vende muito", falei um dia no jantar – algo que se tornou uma verdade absoluta quando uma mulher e um cara vieram juntos para buscar Mantecol e só sobrara uma barra. Sem a necessidade da minha intervenção, começaram a fazer um leilão do tipo quem dá mais! E a moça acabou levando, porque o cara não tinha dinheiro suficiente no bolso, saiu puto e xingando *la* Bettina.

Ensinei para ela tudo o que sabia de negócios: como calcular, quanto cobrar levando em consideração a viagem, o tempo gasto. E terminamos decidindo que deveria pedir, no mínimo, uma margem de cem por cento em cada item. Ensinamentos que ela agradeceu, mas que ficaram apenas na gratidão.

Quando chegou o aluguel e a conta de luz no fim do mês, ela não se ofereceu para dividir nada. *El* Orlando não era bobo, mas ele tentava ser diplomático cobrindo o buraco que ela abria com o pouco dinheiro que ganhava. A verdade é que eu não reclamei por respeito a todo o apoio que ela me dera naqueles últimos anos. Mas acho que tinha várias pulgas morando atrás da minha orelha mesmo assim – uma boate inteira de pulgas.

Quando vendeu tudo o que ela trouxera da Argentina, *la* Bettina decidiu empreender fazendo salgados por encomenda. No salão, empilhados nas duas bancadas, deixei os bilhetes de propaganda escritos com caneta Bic, que, sem que se pudesse perceber de primeira, tinham o mesmo número de telefone que o do salão. Quando me dei conta, a população de pulgas se multiplicou em progressão geométrica com os movimentos da minha amiga.

Na noite seguinte, após trancar as janelas do salão, busquei a *el* Beto e o carreguei até a cozinha pendurado na minha teta. O cheiro de gordura tomava conta de cada centímetro cúbico, em uma das minhas panelas, *la* Bettina colocava coxinhas para fritar em óleo, que só poderia estar gelado, já que pingavam o líquido viscoso que poderia entupir uma coronária até em um atleta profissional.

Ao terminar, me perguntou se tudo bem ela lavar a louça amanhã assim que acordasse, e eu disse *"sí, no hay problema"*, mentindo. Quando ela e *el* Orlando saíram da cozinha para se deitar, eu abri todas as janelas para me livrar do cheiro. Fui até a porta onde guardávamos os mantimentos e quando abri me dei conta de que nenhuma das minhas garrafas de óleo estavam onde deveriam. Encontrei no lixo o plástico retorcido de três delas – o conteúdo eu sabia onde estava, tudo absorvido pelos salgados que eu não teria coragem de vender para ninguém. Naquele momento, as pulgas se aglomeravam até a entrada do canal auditivo, algumas evoluíram e viraram carrapatos que sugavam meu sangue do modo mais vagaroso.

Tentei dormir, mas não conseguia. Sempre que fechava os olhos via a imagem da cozinha bagunçada: o óleo escorrendo pelas laterais das panelas, as marcas de dedos gordurosos nos puxadores das gavetas, e se bem tentava me desfazer das neuras da minha mãe, a mania de limpeza e eu já experimentávamos uma simbiose que me permitia manter tudo limpo, o tempo todo. Minhas costas pagavam o preço, claro, mas uma coisa é a dor de limpar o que não é seu, outra é o cuidado com as conquistas pessoais. Se colocadas em um gráfico, as dores formariam a mesma curva de intensidade, porém os músculos eram mais gentis comigo quando me sentia satisfeita por ter tudo brilhando.

Após trinta minutos sem conseguir pôr um ponto-final no dia, fui até a cozinha, decidida a passar uma mensagem. A esponja estava nojenta, mas eu estocava pacotinhos de quatro unidades escondidos na última gaveta. Percebi que usaram durante o processo as duas garrafas de detergente que eu tinha comprado. "*Basta. Basta. Basta.*" Repeti algumas vezes sussurrando o que, na verdade, era um grito engasgado.

El Orlando já tinha a idade para se virar sozinho. Eu até o protegia demais, e também tinha um certo desejo de ver *la* Bettina sobrevivendo de feijão em lata e macarrão instantâneo. Se ainda não tivessem asas fortes para sair do ninho, no dia seguinte aprenderiam a voar com o pânico da queda – um incentivo infalível que experimentei algumas vezes, antes mesmo dos meus dezesseis anos. É lógico que depende de quem é que te impulsiona na direção do precipício. Eu nunca seria como a mão gorda de *Mamá* empurrando *el* Orlando para meu lado. Eu simplesmente os convidaria a sair, mas sem qualquer possibilidade de renovarem o aluguel gratuito do qual usufruíam. Tinha certeza, e foi algo que comprovei com o passar dos anos, que ao tomar aquela decisão lhes faria um bem.

Os dois ficaram bastante putos, começaram a fazer as malas antes mesmo de ter um novo lugar para morar. Perceberam logo que a grana dos dois somada não conseguiria alugar uma casa de alvenaria, tábuas de madeira teriam que ser suficientes. Não seria fácil achar algo assim, e desde meu anúncio até a saída deles foram quase duas semanas de tensão. Porém encontraram, no cu do mundo, mas acharam. Assim que acertaram o primeiro mês com a dona do terreno no Pântano do Sul, me convidaram para uma visita.

No restante da semana, desde que saíram de casa, o sol imperou, dando ao meio do inverno uma trégua do frio congelante vindo da brisa de mar – da qual não se pode fugir quando se mora em uma ilha. Os raios eram absorvidos pela minha pele branca como uma esponja, como se o tecido epitelial fosse um campo de painéis de energia solar. Recarregada, bati na porta.

"*Chula! Betito, entren, entren. Estamos terminando de preparar el almuerzo*", disse *el* Orlando enquanto me dava um abraço. Parecia feliz, e isso era tudo o que queria para ele, minha primeira cria deu um pouco certo.

A casa ficava em um terreno cuja grama curta parecia neon de tão verde, a porta de entrada dava para uma ruazinha de terra na qual se chegava pela rua principal; a outra porta dava direto para a praia – estavam isolados, as outras construções de madeira que dava para enxergar eram os barracos que os pescadores usavam como apoio.

Era um único ambiente retangular, com a cama em um canto, um móvel de cozinha pré-fabricada no outro e duas redes penduradas, que, imaginei, lhes serviriam caso o mar insistisse em subir. *El* Beto corria de um lado a outro aplaudindo, só parou quando se lembrou das minhas tetas. Ele mesmo puxava meu peito para fora do sutiã. Setembro estava chegando, e já faria dois anos desde que aquela criatura saiu de dentro de mim.

Bettina fritava os camarões à milanesa e, em uma frigideira, selava postas de uma tainha que só o mar de Florianópolis consegue reproduzir. As ovas alaranjadas eram um manjar do qual eu pretendia desfrutar garfada a garfada. Mas eu me perguntava: como é que eles conseguiam comprar tudo o que serviam à mesa?

Resulta que *el* Orlando, desde que se mudaram, acordava todos os dias às cinco da manhã, ajudava os pescadores a puxarem seus barcos pelas tábuas de madeira carcomidas pela água salgada e, pelo esforço, sempre ganhava um peixe ou frutos do mar para levar para casa.

Como era longe, levava quase duas horas para chegar na loja em que trabalhava na rodoviária. Quatro horas por dia de transporte se tornariam pesadas em poucas semanas, principalmente se ele continuasse acordando tão cedo. Também sabia que *la* Bettina não adorava a ideia de ficar sozinha o dia inteiro. Minha intuição, esse órgão vital que mora pertinho do fígado, anunciava que a situação não ficaria calma por muito tempo. Eu vira no jornal local da noite anterior que uma frente fria brava vinda da Argentina se aproximava, o tal de vento suli que o manezinho da ilha conhece bem.

Minha preocupação era que o que os separava do exterior era apenas uma camada de tábuas de madeira finas. Tampouco gostei de que não havia vizinhos aos quais recorrer; a outra casa que vi ficava a alguns quilômetros de distância. Mas decidi não falar nada naquele momento, mesmo já tendo uma boa ideia de como poderia os ajudar, preferi esperar até depois de repartimos o pão, servirmos o peixe e devorarmos os camarões à milanesa que, como tudo o que sai fresquinho do mar, estavam uma delícia. Quando só sobrava a calda e a cabeça do peixe, *la* Bettina filtrou um café tão diluído que parecia chá. Avisei que daria uma volta na areia. Subi *el* Beto no meu colo e aproveitei a caminhada para tirar do meu molho de chaves uma cópia extra que tinha da porta principal de casa – a que costumava ser *del* Orlando, que ele me devolveu com um pouco de raiva quando decidiram ir embora.

"*Chicos, tengo un regalo.* Se alguma vez vocês precisarem ficar lá em casa, pegar alguma coisa emprestada, vir tomar chimarrão comigo, não é porque fiquei irritada com a louça que eu não quero vocês lá."

Coloquei a chave no meio da mesa.

"Vocês são sempre bem-vindos."

Nós nos despedimos. Peguei o ônibus que ia até a universidade, e no caminho um senhor carregando um rádio a pilha escutava o jornal enquanto *el* Beto ria sem parar. Foquei a atenção quando falaram da previsão do tempo. Naquela madrugada a temperatura cairia para dez graus.

Ao chegar em casa aprontei tudo para me deitar. Quando entrei no meu quarto vi a grossura do meu edredom e tive dificuldade para parar de pensar nos dois deitados e abraçados, tentando compartilhar calor.

Acordei com o despertador berrando. Fiz um café instantâneo e quase me caguei de susto quando do corredor vi aparecer *el* Orlando e *la* Bettina, cada um enrolado em uma colcha, mendigando uma bebida quente.

Setembro se apresentou com temperaturas mais agradáveis. A ilha era linda antes dos dias mais quentes chegarem, e a falta de turistas era sempre bem-vinda. Se bem sempre fui uma fã da areia e da praia, o frescor leve daquele dia nove me ajudou a não morrer todas as vezes em que precisava ir atrás *del* Beto. Ele começou a correr bastante rápido, mas tinha dificuldade de se balancear quando tentava parar. Como resultado, ia para o chão e começava a chorar. Pelo menos o gramado atenuava a queda. Fizemos um segundo aniversário com menos convidados do que o primeiro aninho. Chamamos apenas os colegas da creche *del* Beto, mas não tinha me dado conta de que dez crianças daquela idade juntas já conseguiam invocar um pandemônio.

Mesmo depois de me despedir da última criança, ainda não conseguimos tirar os choros, gritos e *berrinches* da nossa cabeça. Depois do caos, *la* Bettina, *el* Orlando, *la* Joana e eu nos sentamos ao redor da mesa da cozinha com um zumbido esquisito nos ouvidos, como se, mesmo a distância, o barulho daquelas crianças encontrasse o caminho até as nossas orelhas.

"*Chula, tenemos algo para contarte*", disse meu irmão em um plural que me incomodava.

Olhando ao redor, percebi que estávamos sentados quase da mesma forma que um ano atrás, quando ele, sem intenção, revelou o namoro *con la* Bettina. Apoiei a cuia do chimarrão na mesa e falei: "*Es mejor ir directo al punto.* Vai, manda."

"*La Bettina y yo nos vamos a casar.*"

Pelo menos por essa eu esperava, mesmo sem conseguir entender por que duas pessoas se amarrariam em uma instituição tão retrógrada. Mas, bem, não era eu que iria me casar, azar o deles. Contaram sobre os planos de fazer a cerimônia na igrejinha do Pântano do Sul, e que a mãe de *la* Bettina, *la* Pocha, mandaria uma grana para ajudar.

"Não vejo anéis nos dedos de vocês."

"Estávamos esperando para te contar."

Sentia que *la* Joana estava aguardando que eu me mexesse primeiro antes de demonstrar a sua alegria. Em poucos segundos estávamos todos nos abraçando.

El Orlando puxou do bolso da calça dois anéis sem caixinha. Fiquei sabendo depois que ele mesmo entortara o latão e polira o metal até que parecesse um anel de prata, quanto amor! Para eles eu tinha apenas um único conselho: é melhor tomar a antitetânica.

Mil novecentos e noventa e dois foi um ano marcado pela tranquilidade. Eu merecia algo assim desde que tinha menos do que uma dezena de anos, e foi isso que o mundo me entregou – mundo é o caralho, fui eu que construí a calma sozinha. Ou melhor, esse tal de universo, quiçá, tomou vergonha na cara, parou de preguiça e pensou um pouco no bem-estar de *la Chula*. Não faltou comida, não faltou o que vestir, não faltou uma saída eventual para comer à beira da praia; sobrou amizade – agora que éramos família, *la* Bettina e eu não nos desgrudávamos. Tampouco faltou carinho, sempre que entrava na casa de *la* Joana, *la* Ondina e *el* Manequinha me recebiam com os braços abertos; *el* Beto era como um neto para eles. Sobrou pagode e samba nos barzinhos que vendiam a cerveja mais barata, e uma ou duas vezes ao ano, comprávamos uma bandeja de presunto parma para comer com fatias de melão.

Também foi nesse ano que retomei as idas ao cinema – desde que saí de Campana a nossa realidade financeira não comportava esse tipo de luxo, assistia apenas aos filmes que passavam na TV, mas os comerciais no meio da trama me enraiveciam. Nas quartas-feiras, sempre que podia, aproveitava os ingressos mais baratos do meio da semana. Eu me encontrei *con el* Hannibal Lecter e *la* Clarice Starling; dancei com lobos e cultivei um amor platônico por *el* Kevin Costner; lembrei muito de *el* Carlos com o monólogo *del* Cyrano de Bergerac e o seu nariz que era quase um aspirador de pó; vibrei com cada tiro nos três *O poderoso chefão*, e me encantei pela cena do casamento que descrevi em detalhes para que *la* Bettina usasse de inspiração.

Ela e *el* Orlando começaram a planejar a cerimônia e marcaram a data para o final de junho – os pais e as irmãs dela já tinham a passagem de avião comprada, e algumas das nossas amigas de Campana confirmaram presença. Já do lado dos Lung, soubemos de muito pouca coisa. Acompanhei a criação de um vestido de noiva muito simples, com poucas camadas de tecido e completamente coberto, da linha mágica das rendeiras que, com uma destreza inigualável, tornavam o fio fino em uma das tramas mais bonitas que existem – trabalhavam noite e dia, criando em casinhas de madeira noite e dia, não é à toa que o bairro onde escolheram ficar se chamava Lagoa da Conceição.

Em uma segunda-feira de folga, esperei *el* Orlando sair da rodoviária para escolher com ele o terno do casamento. Ele tinha vinte e quatro anos, mas eu ainda via um menino. Todas as roupas que escolhi eram consideravelmente menores do que o corpo do meu irmão. Como se não conseguisse ter uma visão nítida de que ele cresceu, de que suas dimensões mudaram. Ele gostou de um conjunto azul-bebê e camisa branca. Quando saiu do provador consegui ver o homem que ele era. Com todos satisfeitos, *el* Orlando voltou para as suas roupas normais e, ao tentar pagar, a atendente avisou que eu já tinha acertado tudo.

Ele virou na minha direção abrindo os braços. Meu primeiro filho.

"*Es un regalo mío por todo lo que pasamos juntos.*"

Ficamos em silêncio por alguns segundos. Eu me pergunto se ele, como eu, via imagens que retrocediam no tempo até a infância, que reviravam o estômago, que era onde ficavam os únicos ácidos capazes de desintegrar aquelas lembranças. *El* Orlando foi o primeiro a falar.

"*Chula, te quiero pedir algo... Yo no tuve Papá, y Mamá tengo una sola. Que sos vos.*"

Apoiei a minha mão em seu ombro e o puxei para perto de mim.

"Eu gostaria de saber se você não entraria junto comigo na igreja."

"*Sí, hijo, mil vezes sí.*"

O dia da cerimônia foi, também, a primeira vez em mais de uma década que entrava na "casa de deus". Tinha certeza de que um raio me partiria ao meio se meus pés atravessassem o umbral da porta, mas nem queimação na pele senti. Apenas para testar, fui até o recipiente de água benta, molhei o dedo indicador e, como sou fiel ao meu histórico, não desenhei uma cruz na testa, fiz um quadrado, forma que não tinha significado algum para mim e, enquanto fazia, disse em voz baixa o suficiente para que somente eu pudesse me ouvir: "*En el nobre de la madre, la hija y la tal de la espiritu santa.*"

Olhando para o cristo na cruz, pensei em todas as marteladas que dera naqueles pregos, e mais importante, lembrei que não me importava nem um pouco com tudo isso. Nossa relação tinha uma fissura que nos separava desde as aulas de catequese em Maciá, desde que as doações para o pastor passaram a ser maiores do que aquilo que ficava para transformar em comida, desde que carregava os baldes de latão e uma versão menor da cruz com um jesus feito de bronze que assistia a tudo calado.

Do lado de fora, o dia não era o mais bonito – o mar parecia tingido de marrom, as nuvens anunciavam chuva e a brisa do mar gelava as melecas das narinas. *La* Pocha chorava antes mesmo de a cerimônia começar, *el* Pichino, pai de *la* Bettina, estava elegante com um terno que, eu sabia, custava mais do que todo o meu patrimônio somado.

Me juntei a eles porque sabia que não iriam recusar a possibilidade de fumar um cigarro e achei estranho quando, do nada, *la* Pocha me contou que, agora, em Campana, haviam escolas bilíngues de espanhol e português. Mas o tempo para pensar nisso foi pouco porque *la* Bettina veio correndo na minha direção, completamente descabelada. A vinda de carro desfez o penteado lindo que eu montara. Da minha bolsa, que era como a da Mary Poppins, puxei um secador dobrável, uma lata de spray, uma sacolinha de tik taks e uma escova. Entramos na sala onde o padre se preparava para as missas, algo de que ele não gostou nem um pouco, declarando: "Que ousadia!". Para o que respondi: "Se Eva e Adão tiveram dois filhos, de onde saíram todos os outros humanos?". Ele não respondeu, apenas me olhou enquanto saía pela porta dos fundos.

Assim que cada fio encontrou seu lugar, *la* Joana veio nos avisar que o padre fugira em um Fusca azul, depois de falar firmemente que "este casamento, com aquela madrinha desequilibrada, não vou celebrar, não". E, segundo *la* Joana, pela aceleração do motor na saída, não iria mesmo.

"*Qué hacemos ahora, la puta madre!*", disse *la* Bettina. "Posso dizer isso dentro de uma igreja?"

"É muito importante para vocês que o casamento seja oficial para a religião?"

"Já nos casamos no cartório. Fomos sozinhos. Hoje é mais uma oportunidade para juntar a família e amigos."

"*Entonces déjame a mí. Esto es una iglesia sin padre. Vos prepárate para entrar que deven estar esperando y yo soluciono el resto.* Pede para alguém avisar *el* Orlando que não vou poder entrar com ele, vou fazer uma surpresa."

La Bettina saiu, e eu me vi sozinha naquele lugar repleto de signos. Peguei uma estola verde, com bordados dourados, e a acomodei ao redor do meu pescoço. O que o espelho me devolveu me fez rir até quase engasgar. Foi a mesma reação que os convidados tiveram quando me viram subir no altar devidamente indumentada. *La* Bettina entrou, e com cada um no seu lugar, comecei:

"Amigos, família, estamos aqui reunidos porque dois jovens decidiram fazer uma loucura: se unirem em matrimônio. Como se fosse pouco, perante os olhos de deus. Nosso padre fugiu, por isso sou eu quem vai presidir este ritual. Se o cara aqui de trás começar a chorar...", disse apontando para o cristo que nos observava do alto, "...me avisem, não sou muito fã de me molhar".

A igreja se encheu de risadas, mesmo os mais crentes não conseguiram segurar, balançavam a cabeça em desaprovação, mas a posição dos lábios delatava a maioria. Depois da cerimônia, veio a festa no quintal de casa. *El* Pichino comprou uma caixa de garrafas de uísque nas lojas do aeroporto, e *el* Orlando economizou ao máximo e transformara todo o dinheiro em cervejas e gelo.

Éramos poucos convidados, vinte, mais ou menos, mas tínhamos a alegria de uma multidão.

Sentada *con el* Beto pendurado na minha teta, vendo tudo o que construí e as pessoas que me querem, ensaiei um pensamento profundo, mas o meu filho devolveu a metade do leite que bebeu e quebrou o clima. Aproveitei uma das pontas da estola que roubara da igreja para limpar o vômito.

Capítulo XXIV

E assim se foi junho, *el* Orlando e *la* Bettina continuavam morando comigo e era muito bonito ver o carinho que sentiam um pelo outro. Dava-me vontade de me casar também? *Antes muerta que boluda.* Já tinha me queimado *con el* Carlos e isso me fez aprender algumas lições, mas percebi que desde que lhe dei a última comida de rabo ele parou de aparecer de surpresa. Meu tratamento frio o levou a me ligar antes de fazer uma visita e, se bem eu nunca proibiria que pai e filho tenham uma relação, continuei mandando ele embora quando sentia que estava alto de bebida.

Acredito que dava para contar as visitas dele em uma mão com dois dedos amputados. Na última vez que veio aqui em casa, eu estava *con el* Beto pendurado no peito. Quando abri o portão, a primeira coisa que ele me disse, olhando para meu seio, foi: "Que triste ver a ação da gravidade". Empurrei-o de volta para fora e passei a tranca na porta. Depois disso não veio por um bom tempo.

El Orlando me contou que viajaria *con la* Bettina para passar um tempo em Campana, na casa dos pais dela. *La* Pocha reclamava essa visita desde o dia do casamento e mandou duas passagens de avião para eles. Segundo minhas contas, ficaram pouco mais de um mês lá; a casa estava vazia sem eles – e, se bem sempre soube me cuidar sozinha todos aqueles anos, quase nunca reinou o silêncio na casa do morro. Ser independente era uma coisa, ser sozinha era outra totalmente diferente. Tenho que reconhecer que assistir à televisão sem conseguir comentar com alguém me deprimia, e acho que essa foi a primeira vez que usei essa palavra para me descrever.

Muitas vezes, no meio da noite, eu fazia barulhos quando visitava o quarto do meu filho, para que ele acordasse e eu pudesse sentir o calor do seu rosto no peito. Mantinha diálogos extensos respondidos apenas com bolhas de baba.

Quando voltaram, percebi que *la* Bettina trouxe uma mala bem menor do que a que tinha levado. Ela procurou na bagagem uma barra de Mantecol, a abriu e cortou em quadrados menores. Eu me atraquei com o doce que lembrava a minha infância – naquelas raras ocasiões em que o dividíamos em porções muito pequenas para que cada um dos dez irmãos conseguisse sentir o gosto, mesmo que de modo breve.

Nós três nos sentamos à mesa da cozinha para tomar chimarrão. Via de maneira nítida que havia algo que não estava sendo dito. Uma penca de sentimentos ocultos, de planos não comunicados, de intenções que se tornaram certeza antes de que pudesse dar a minha opinião e tudo isso pipocaria junto algumas semanas depois. Questões cruciais e que poderiam mudar meu futuro se eu as deixasse – e eu deixei.

"*Chula, la Bettina quiere volver a vivir en Argentina.*"

Bingo.

"A família dela quer construir uma casa para nós no quintal de onde moram. Onde vocês costumavam tomar sol, e o pai dela disse que tem trabalho para mim…"

Foi aí que *Mamá* se apoderou do meu corpo sem pedir licença.

"*Y me vas a dejar sola acá?*", falei com o mesmo tom de indignação que *la* Teresa.

"Na verdade, a ideia é que você venha junto."

"Ideia de quem!?"

"Minha... e dos pais da Bettina..."

Bingo.

"Mas eu não me mudo se você não vier comigo", completou, enquanto eu sentia a pressão de ser uma variável capaz de mudar a vida de algumas outras pessoas.

A conversa desandou, tomávamos chimarrão com água que perdera a sua temperatura pelo tempo do nosso silêncio, mas nenhum dos dois reclamou ou trocou a erva da cuia, nem sequer esquentamos mais água. O desconforto era análogo ao de um grão de areia depositado pelas ondas de um mar revoltado bem na parte branca do globo ocular, e que ameaçava trilhar até a córnea e talvez as lentes das pupilas, riscando tudo por onde passava. *El* Orlando levantou primeiro, e pelo modo como empurrou a cadeira senti que eu não era sua pessoa favorita naquele momento. No dia seguinte, quando estava no salão, o telefone tocou e ouvi a voz de fumante de *la* Pocha dizendo:

"Margarita, quero te dizer que Campana mudou muito. Aqui você não vai ficar sozinha."

Cada vez mais grãos de areia começavam a se aglomerar e o desconforto aumentava. Eu os juntaria para formar a orla da minha própria praia, onde nenhum dos envolvidos nesta cruzada conseguiria me visitar.

Ouvindo a mãe de *la* Bettina, intuí que tudo o que falava era mentira – eu sabia muito bem quais eram as limitações de Campana. Ela mentia como criança encurralada, como mente alguém que está disposto a leiloar sua palavra mesmo se o lance viesse do capeta. Para *la* Pocha, meu filho e eu éramos apenas um efeito colateral. Ela queria ter a filha perto de si, que só se mudaria para Campana se *el* Orlando fosse junto – e para que *el* Orlando confirmasse a sua partida ele requeria ver a minha passagem de volta comprada.

Uma semana depois, o bombardeio continuou na forma de dezenas de telefonemas de *la* Pocha, e *el* Orlando continuava a discursar longos monólogos regados a chimarrão. Como resultado, passei noites maldormidas ouvindo vozes que entravam pelos ouvidos e ressoavam no crânio como um amplificador acústico cerebral.

Cansada, invoquei um cessar-fogo quando avisei que tomaria a decisão somente depois do aniversário de três anos *del* Beto, e que, até lá, não queria mais tocar no assunto. Mesmo assim, quando entrava em algum cômodo da casa em que eles estavam se produzia um pequeno silêncio que só era rompido por comentários elogiosos para a cidade da qual já fugi uma vez. Comiam meu cérebro pelas beiradas. *La* Bettina, sempre que encontrava uma brecha, me contava sobre como as nossas amigas estavam, que a maioria já tinha se casado, e como cada uma delas estava bem de vida. Me poupem.

Era o "se casou" que me incomodava, jamais trocaria segurança financeira por lavar cuecas freadas. Justo eu, que banquei meu filho sozinha sem nenhuma moeda *del* Carlos, não conseguia me imaginar amarrando o meu futuro às bolas peludas de um cara que nem precisava conhecer para saber que não prestava.

Sempre que esse tipo de conversa começava, eu saía na direção do quintal e pendurava roupas que já estavam secas no varal. Usava sempre as mesmas peças que escondia em um balde de plástico na lavanderia. Ia e voltava, e podia jurar que uma trilha começava a se desenhar no gramado.

Quando percebia que eles voltariam a atacar, ia novamente repetir o teatro encarnando um Sísifo de origem argentina. Nas minhas contas, fazia isso em média umas quatro vezes por dia – nem sempre conseguia escapar, e nesses momentos insistiam em tentar arrancar uma resposta da minha parte.

Em todas essas tentativas, eu abria a boca apenas para lembrar ao casal de que minha decisão tinha data marcada para ser anunciada, e que se a pressão continuasse, eu me mudaria *con el* Beto para o Alasca e montaria um iglu só para nós.

Quando faltava apenas uma semana para o aniversário do meu filho, eu estava focada na comemoração, mesmo sentindo a tensão se agravar no triângulo que formávamos – *el* Orlando, *la* Bettina *y yo*. Naquela semana, como efeito da véspera da minha decisão, eles acataram o meu pedido por tranquilidade, mas, mesmo assim, o silêncio que produziam gerava um barulho ultrassônico dentro de mim.

O melhor que poderia fazer era encher eles de tarefas na tentativa de mantê-los entretidos. *La* Bettina enrolou centenas de brigadeiros, cortou triângulos de papel metálico para decorar o quintal e conseguiu cornetas das que se enrolam e desenrolam com o sopro cheio de baba das crianças, uma cultura de bactérias. Meu irmão fez uma dezena de viagens até o supermercado que tinha a cerveja mais em conta, e quando entrava na cozinha e descarregava as latinhas, eu pedia que buscasse mais.

"*Chula*, quanta gente você convidou para a festa? Tá querendo deixar todo mundo bêbado?", perguntou *el* Orlando.

"*Llamé a todos. Todos, todos.*"

Meu objetivo ao fazer uma festa maior do que nos anos retrasados era duplo: se eu decidisse ficar no Brasil, o casal teria o suporte dos nossos amigos. Se eu escolhesse voltar para a Argentina, haveria pessoas suficientes para me chamar de doida e tentar me convencer a ficar na ilha pela qual era apaixonada.

A dúvida e todos os meus titubeios me geraram uma coceira insuportável no couro cabeludo. *La* Bettina chegou a dar uma olhada porque eu tinha certeza de que eram piolhos, mas o diagnóstico dela era pouco conclusivo, somente disse que estava *al rojo vivo*. Eu parecia *el Valiente* usando as mãos no lugar de patas para esfregar a cabeça. Era a primeira vez que isso acontecia comigo, e só poderia ser um termômetro de que algo não andava bem.

Depois de um tempo, meu cabelo começou a cair como nunca, quando terminava de varrer a casa o aglomerado de fios parecia o resultado de um corte de cabelo.

Não é difícil imaginar o porquê, se bem que estava acostumada a viver com incertezas – aliás, muitas delas –, sempre que tomei uma decisão – aliás, muitas delas – o efeito do resultado poderia até respingar nos demais, mas o grosso da bosta ficava por minha conta. Desde que pulei o muro quando *Mamá* foi me buscar na quadra de basquete, a tomada de decisões aumentou de maneira vertiginosa, e, desde cedo, aprendi a ser responsável por cada uma delas. Eu era só uma criança, uma menina encarregada de montar uma vida que tinha várias peças faltando.

Mas a merda, desta vez, veio na forma de um jato de diarreia que eu tentava segurar, mas que sabia que teria que largar mais cedo ou mais tarde. Para ajudar, *el* Orlando continuava repetindo firme: "*Si la Chula no va, yo me quedo en Brasil*". E sempre que meu irmão falava isso *la* Bettina ficava vermelha de raiva e saía do quarto onde estávamos.

Eu, que nunca me enfiei em um relacionamento justamente para me ver livre de decisões como essas, para ser mais independente, era, agora, responsável pelo futuro de um casamento que não era meu.

Eu pensava, gritava e repetia sem produzir sons. Tem a cidade; tem o salão; tem a casa; tem os móveis – transportam móveis de um país para outro? Consigo pagar por isso? Se mudasse novamente de país, chegaria sem nada? Tem todas as nossas roupas, a tevê que compramos usada, o rádio no qual ouvia Elis Regina cantar em português doce e sofrido ao mesmo tempo, aliás, tinha o português, eu perderia o idioma? Tinha as praias onde *el* Beto, cheio de areia, corria para se pendurar no meu peito farto, que pode não parecer algo legal, mas, no meu caso, só de pensar nesses momentos fico feliz; tem o lar que montei para meu filho, para *el* Orlando – meu outro descendente – e *la* Bettina; tem *la* Joana e todos os Quirinos pelos quais *el* Beto se apaixonara. Tem *la* Elisa, *la* Rosa, *la* Marli, *la* Gorete, as amigas-clientes, e todas as outras mulheres que formaram os degraus que me permitiram ver tudo de cada vez mais alto – não apenas por morar na subida de um morro que, aliás, reconheço, não sentiria tanta falta de subir se me mudasse; tinha também a expansão da minha visão, que agora se estendia para além dos limites dos espaços físicos, dos prédios da universidade que via do meu quintal, dos corpos que encontrei no caminho – passei a enxergar a essência das pessoas, sem toda essa baboseira de alma.

Era quase como se, primeiro, tivesse que viver cada pessoa, cada bairro nos quais morei, cada bar em que compartilhei uma cerveja, cada caminhada para economizar a condução *con el* Orlando, cada visita às pedras das bruxas, cada vez que contava para alguém a história daquelas rochas, cada praia que me recebeu e cada olhar para a ponte iluminada, eram todos elementos que se somavam até o infinito e que me permitiram entender a cidade como um todo, uma cidade viva.

Tinha a certeza de que não conseguiria falar a mesma coisa de Campana, lá são só tijolos, rejuntes e marretadas.

A véspera do aniversário do meu filho chegou. Completaria três anos em menos de vinte e quatro horas. Nossa geladeira estava repleta, e tivemos que pedir ajuda aos vizinhos para gelar tudo. Como boa negociante, avisei que quem ajudasse não precisava trazer presentes – esse tipo de pragmatismo me aliviava.

El Orlando e *la* Bettina, mesmo ocupados com a celebração, orbitavam o entorno do meu campo de visão como os bichinhos costumam rodear as luzes fortes durante a noite, vendo na iluminação um sol. Eu não sabia, naquele momento, se me tornaria raios quentes ou se derreteria sonhos. Eu mesma, com toda a força que tenho até hoje e que já narrei, munida da minha insolência proposital, me via diante de uma decisão com infinitas ramificações, me via escrava de uma escolha na qual alguém sempre sairia perdendo.

No dia seguinte, nove de setembro, aos dois informei:

"*Les prometo que hoy a la noche hablamos. Por favor, no me rompan las pelotas ahora.* Agora é melhor vocês dois buscarem o gelo, que em duas horas chega todo mundo."

Todo mundo era realmente todo mundo. Cansei meus indicadores de tanto fazer a rodinha do telefone girar, a lista inclui boa parte das clientes, ex-colegas de trabalho, a família toda de *la* Joana, *la* santa Elisa e todas as outras pessoas legais com as quais cruzei na ilha nos últimos anos. Também chamei alguns dos colegas da creche *del* Beto, aqueles cujas mães não me irritavam. De certa maneira, estava criando uma atmosfera para me ajudar na escolha. Queria sentir todo o carinho que conquistei e que tenho para distribuir concentrado no meu quintal.

Mas antes disso, quando *el* Orlando e *la* Bettina saíram, percebi que naquele momento só *el* Beto e eu respirávamos dentro da cozinha. Segurei meu filho no colo e percorri cada cômodo percebendo os silêncios de uma casa vazia. E aí o barulho do metal batendo no metal ressoou pela casa como os efeitos sonoros de um filme de terror. A porta de entrada, que tinha a certeza de que estava segurada por uma cadeira bastante pesada, se fechou, e a cadeira foi parar no meio da cozinha.

Ao abrir a porta novamente notei que não corria vento algum, inclusive as roupas que precisava despendurar do varal nem se mexiam, e se bem tive uma sensação gelada percorrendo pela minha espinha, me distraí quando vi que os dois voltaram com os sacos de gelo, que já começavam a derreter. O tempo, como pedras de gelo, alguma hora se esgota.

Assim que as pessoas começaram a chegar, *el* Beto se encarregou de encantá-las pulando de um colo para outro. Meu filho não era de falar muito, mas naquele dia usou todas as palavras que aprendeu.

Fora minha escolha falar sempre em português com ele, mas algumas palavras saiam em espanhol, divertindo os convidados.

Coloquei a maioria dos brinquedos dele na varanda da casa para que pudesse brincar com as outras crianças. Era muito bonito ver todos se comunicando com diferentes níveis de desenvoltura. Foi minha ideia que os convidados entregassem os presentes para mim, que os guardava dentro de casa. E, cada vez que entrava no meu quarto para deixar outro pacote, pensava: como caralhos vou levar tudo isso para Campana se essa for minha escolha?

De cerveja em cerveja, todas as línguas ficaram soltas, principalmente a de *la* Gorete, que contava para *la* Bettina e *el* Orlando como foi o dia em que conheci *el* Carlos – tão feio e tão charmoso.

La santa Elisa, cujo apartamento foi a minha primeira morada na ilha, se juntou à roda falando como cheguei apenas com uma mochila para dormir no chão frio. "Nunca vi ninguém tão empenhada em ganhar a vida honestamente como você." E, quase sem a deixar terminar a fala, abri os braços e a apertei tão forte quanto podia.

Esse tipo de anedota continuou até o anoitecer, e após escutar as que eu protagonizei, os amigos *del* Orlando da rodoviária começaram a desenhar um irmão que não conhecia. Segundo eles, antes de *la* Bettina era um garanhão, principalmente com mulheres de cinquenta anos para cima, o chefe dele, *el Señor* Assis, tinha uma quitinete perto da rodoviária que emprestava para meu irmão, onde... bom... não preciso falar mais nada. Mais tarde ele veio até mim e disse:

"Não fica brava. Fui eu que convidei. Pensei que seria importante ele vir hoje."

No portão de entrada vejo *el* Carlos parado. Parecia ainda mais careca do que a última vez em que o vi. Ele esperava meu convite para entrar. Carregava na mão o que claramente era uma bola embrulhada para presente. Acho importante dizer que *el* Beto nunca, nem até agora, nos meus cinquenta e sete, gostou de futebol.

"Pode entrar, hoje estou boazinha." Entreguei sorrindo o que escondia nas minhas costas: uma cerveja estupidamente gelada. Mas suspeitava que não era a primeira latinha que ele tomaria naquele dia. Chamei *el* Beto, que veio correndo, e *el* Carlos o segurou no colo e, apontando para o próprio peito, repetia:

"Pa-pai, eu sou o papai, *chico*."

Senti que meu garoto não fazia ideia do que essa palavra significava, e tenho que reconhecer: me sentia um pouco orgulhosa disso.

Carregando *el* Beto nos ombros, os dois conquistavam a atenção de todos os círculos de conversa pelo quais passavam. A imagem, devo confessar, não era ruim de se olhar.

Já com o céu completamente escurecido, poucas nuvens e muitas estrelas, fui até a varanda da casa, com o objetivo de me distanciar para poder enxergar melhor – sentia algo como uma hipermetropia da alma.

Parada, observando tudo, acho que foi minha cara de preocupada que chamou a atenção *del* Orlando e de *la* Bettina. Sem dizer nada, cada um se apoderou de uma das minhas mãos e naquele momento comecei a chorar, *sentía que las* lágrimas no *pararian de caer.*

"Esto, chicos, es nuestra despedida."

Quanto tempo levou para desmontar uma casa, objeto por objeto, memória por memória? Menos de quatro semanas – três e meia para ser exata. Os espaços cresceram à medida que os móveis foram vendidos, cada um negociado até a exaustão. *El* Orlando chorava de rir com a minha capacidade de vender móveis usados mais caro do que os paguei na época.

Para jantar, nós nos sentávamos no chão. Naqueles últimos dias na ilha, tudo o que comíamos saía de latas ou se resumia a macarrão instantâneo aditivado com pedacinhos de linguiça. Passávamos a maior parte das refeições em silêncio. A verdade é que todos nós estávamos tristes. Apesar de *el* Orlando e *la* Bettina estarem seguros com as mudanças que se aproximavam, era difícil deixar para trás o mar verde-azul, a areia fina e os verões nos quais torrávamos a pele embaixo do sol. Em Campana tínhamos um rio marrom-escuro, e só.

Eu, diferentemente do casal, não sentia segurança alguma. Entrei em um modo muito parecido com o que me fez iniciar a vida naquela cidade: pensar pouco e colocar o corpo em movimento. Uma música de Jorge Drexler, que só passaria a existir nos meus cinquenta anos, resumiria bem como me sentia na época:

Somos una especie en viaje
No tenemos pertenencias, sino equipaje

Sempre gostei do camelô que ficava no centro da cidade, era o melhor lugar para negociar. Em um dos boxes comprei as maiores malas que já vira na vida, desenroladas iam desde meus pés até a metade das costelas. No total foram seis bagagens gigantes cheias de roupas, louças, roupas de cama, brinquedos, meu material do salão e três latas de brigadeiro para enrolar, que *el* Beto adorava. *El* Orlando conversou com os motoristas da linha que me levaria a Campana, e como ele era bastante conhecido na rodoviária, nem pensaram duas vezes e prometeram que levariam tudo.

El Beto aproveitou que a casa estava vazia e transformou tudo em uma pista para o triciclo que ganhara de aniversário. Isso eu não vou conseguir levar, assim como muitos outros de seus brinquedos, que doei para a creche onde ele estudava. O dia em que fui até a escola para levar tudo o que sobrou e contar que estávamos de saída, a professora que acompanhava meu garoto segurou *el* Beto no colo e não conseguiu conter as lágrimas.

"Não chora. Não. Chora não", disse meu filho fazendo carícias no rosto dela.

Naquele momento, desabei.

Eu não podia chorar, não no dia da viagem. Percebi na última semana que *el* Beto não estava imune às mudanças. Mesmo com todo o esforço que fiz para manter a vida dele normal até o último minuto, era difícil explicar o choro dos demais. Na noite anterior à viagem, me sentei para brincar com ele e os blocos de montar. Da maneira como consegui, contei que faríamos uma viagem de ônibus para ir até o nosso novo lar. Não sei quanto disso ele conseguiu entender, estava bastante concentrado nos bloquinhos, mas o que ouvi em seguida me tranquilizou:

"Mamãe, quero a teti."

Dormiu nos meus braços, ainda fazendo o movimento de sucção.

Ele e eu estaríamos bem.

Meu irmão e *la* Bettina compraram a passagem para o dia seguinte da minha partida. Assim, eles conseguiriam me ajudar a carregar o incarregável, mas logo percebemos que três pessoas não dariam conta. *La* Joana, cúmplice como sempre, veio com um dos seus irmãos com uma caminhonete emprestada, e quando subíamos a última das malas, ela secava os olhos com a manga do casaco.

A caminhonete cheia parecia rebaixada, cada lombada era um ato de coragem da carroceria. Eu, *el* Beto e *la* Joana sentimos cada uma das vibrações nas trocas de marcha. Andávamos tão devagar que chegamos depois *del* Orlando e de *la* Bettina, que foram de ônibus.

Passagens e documentos nas mãos? Ok. Lanches? Ok. Garrafa vazia caso *el* Beto quisesse mijar no meio do caminho? Ok. Cabeça no lugar? Não trabalhamos.

Levamos as seis malas até uma área perto do embarque onde dava para me sentar. Minhas pernas não paravam de se mexer, e *el* Orlando tentava me acalmar, falando sobre trivialidades que o meu momento não comportava. Do nosso lado ficava uma lanchonete, e vi que na geladeira havia Chambinho para vender e me veio um desespero quando pensei: "*el* Beto adora, mas *el* Beto não comeria mais". Por isso levantei e comprei todos os que tinham disponíveis. Para mim, comprei um saquinho de pão de queijo para o chimarrão durante a viagem – a água já estava fervente na garrafa.

Essas pequenas despedidas sozinhas, das comidas e objetos que se deixam para trás, eram suportáveis, mas o que nos derruba são seus contextos: eu não via um Chambinho, eu via o rosto do meu filho coberto do creme rosa, esticando a língua tentando lamber a ponta do nariz. Já os pães de queijo foram fiéis escudeiros quando batia a incessante fome dos primeiros tempos em Florianópolis.

Na maior parte do tempo fiquei sentada, *la* Bettina cuidava de *el* Beto e ele corria pelo chão preto emborrachado da rodoviária, rindo sem parar. "Fui eu que fiz", pensei.

As pessoas, no ambiente de uma rodoviária, se resumiam em duas grandes frentes: 1) aquelas que se despedem com abraços longos e beijos fortes, típicos de quem tem medo de nunca mais voltar; e 2) as que partiam para férias com passagens de volta compradas. Acredito que não preciso falar em qual me encaixava. No alto-falante, uma voz distorcida, quase ininteligível, repetia que um ônibus com direção ao Rio de Janeiro sairia em quinze minutos. Era uma proposta tentadora.

Mas a minha realidade era outra. Naquele momento me imaginei voltando para a cidade que me violentou de todas as formas imagináveis e bateu um desespero que contive para não assustar o meu filho. Por que escolhemos voltar aos lugares que nos fizeram infelizes? Era burrice, lógico, mas era uma burrice intencionada.

O alto-falante acusou que era a nossa vez.

"*Chula, nosotros vamos a llegar el sábado*. Os pais da Bettina vão te buscar na rodoviária de Campana", disse *el* Orlando.

"*Mis papás les prepararon una habitación solo para ustedes*. Ela disse que comprou um monte de brinquedos para Beto."

Eu passava de mão em mão, de abraço em abraço. *La* Joana tentou se conter, mas o seu queixo tremia como quando estamos à beira do pranto. *El* Orlando e o irmão de *la* Joana carregaram todas as malas para perto do ônibus, e meu primeiro filho agradeceu o favor ao motorista.

"É melhor subir, já vamos sair."

"*Te quiero, Chula. Te quiero mucho*", disse *el* Orlando.

O ônibus estava quase vazio, *el* Beto não parava de sorrir. Quando percebeu que escorriam lágrimas pelas minhas bochechas, colocou os braços ao redor do meu pescoço fazendo carícias, da mesma maneira como eu fazia quando ele chorava. Encontrei duas poltronas no fundo e depositei a fonte de todo aquele carinho no lado da janela, para que pudesse ver seus tios se despedindo. Eu não conseguia olhar. Com um tranco, o ônibus começou a dar ré até sair do terreno da rodoviária. Puxei meu filho da cadeira ao lado e o sentei nas minhas pernas. Eu fazia caretas porque queria ver o seu sorriso.

Algumas manobras depois, endireitamos para a ponte e me lembrei de algo essencial: uma das poucas superstições às quais me permitia. Nem morta sairíamos da cidade olhando para atrás. Meus olhos estavam concentrados na cadeira à minha frente e quando vi que *el* Beto ameaçou olhar para o lado endireitei a sua cabeça. Reconheço que a segurei com um pouco mais de força do que gostaria. Ele mesmo parecia incomodado. Eu beijava o topo da sua cabeça em consolação. Foi aí que comecei a sussurrar: "*no mires para atras. No mires para atras. No mires para atras*".

FONTE Minion Pro
PAPEL Pólen Natural 80 g/m²
IMPRESSÃO Paym